INTERPRÉTEZ VOS RÊVES

123, boulevard de Grenelle, 75015 Paris

Direction éditoriale : Isabelle Schonhaber
Édition : Julie Légère assistée de Allison Delas
Illustrations : © Casajordi
(sauf pages 11, 16, 18, 21, 31, 36, 58, 72, 73, 90, 118, 123, 130, 158, 179, 184, 234, 237, 245, 256, 265, 283, 287, 288, 309, 315, 316, 329, 334, 365 : © Fotolia)
Fabrication : Isabelle Simon-Bourg
Création graphique et mise en pages : Agence Twapimoa
Partenariats : Sophie Morier (smorier@hachette-livre.fr)
Relations presse : Johanna Rodrigues-Faitot (jrodrigue@hachette-livre.fr)

ISBN : 978-2-01-238677-8
78-1109-01-8
Dépôt légal : février 2015

Achevé d'imprimer en Espagne par Industria Gráfica Cayfosa en janvier 2015

DIDIER
COLIN

ILLUSTRATIONS DE CASAJORDI

INTERPRÉTEZ VOS RÊVES

hachette

Sommaire

L'art de l'interprétation des rêves
ne s'apprend pas dans les livres ;
les méthodes et les règles ne sont bonnes
que pour celui qui est capable de s'en passer.

Seul dispose de la faculté réelle celui qui
a la grâce du savoir et de la compréhension
vivante, seul celui qui, compréhensif,
en a le don gratuit.

Quiconque ne se connaît pas soi-même ne
peut prétendre connaître autrui. Et en chacun
de nous sommeille un étranger au visage
inconnu. Il nous entretient par le truchement
du rêve et nous fait savoir combien la vision
qu'il a de nous est différente de celle
dans laquelle nous nous complaisons.

C'est pourquoi, lorsque nous nous débattons
dans une situation aux difficultés insolubles,
c'est l'autre, l'étranger en nous, qui peut,
à l'occasion, nous dessiller les yeux et
répandre les seules clartés susceptibles de
transformer de fond en comble notre attitude
qui nous a menés au cœur de la situation
inextricable et y a fait faillite.

Carl Gustav Jung,
L'homme à la découverte de son âme,
éditions du Mont-Blanc,
Genève, 1962

Introduction

Je ne suis l'élève ou le disciple d'aucun maître. Cependant, si d'emblée j'ouvre la première page de ce livre sur une citation du grand psychanalyste suisse, c'est parce qu'elle fait écho à ma pensée et qu'elle illustre ma propre expérience des rêves. En effet, chaque expérience des rêves est unique. Il n'existe donc aucune méthode universelle, aucune règle « scientifique » pour interpréter nos rêves. En voulant les faire entrer de force dans une grille constituée de lois et principes déterminés une fois pour toutes par des spécialistes selon des critères fondés non sur ce qui nous distingue les uns des autres, mais sur ce que nous possédons en commun, nous nous privons d'une vraie rencontre avec notre vérité intérieure.

Vous êtes unique. Nous le sommes tous

Certes, il est important d'avoir l'humilité d'admettre que, tous autant que nous sommes, nous avons beaucoup de choses en commun. Mais une fois admis que je ne suis qu'un être humain comme les autres, je dois apprendre à m'identifier et à me différencier ; je dois alors comprendre ainsi que si, entre autres, mon iris, mes empreintes digitales et la double hélice des brins de molécule d'acide désoxyribonucléique (ADN) s'enroulant en spirale et servant de support à mes caractères héréditaires sont uniques, mon psychisme et mon âme le sont également. Mais il est plus aisé de marquer mon identité à l'aide de mesures scientifiques et matérielles que d'estimer en quoi mon psychisme et mon âme sont uniques.

De la dépersonnalisation au développement personnel

Pour tout ce qui ressortit à notre esprit, notre intelligence, nos sentiments, nos désirs, nos aspirations, nos motivations et à nos goûts personnels, nous nous référons à des modèles. Nous avons besoin de modèles pour « modeler » notre personnalité. Mais si nous ressemblons trop à nos modèles, nous ne sommes plus nous-mêmes : nous sommes un cocktail de concepts, de schémas, d'idées reçues, de préjugés, de convictions qui ne résultent pas de notre propre expérience vécue et sur lesquels nous projetons si bien notre identité que nous nous privons d'être nous-mêmes. Nous nous dépersonnalisons, en quelque sorte et, ce faisant, nous éprouvons un mal-être résultant du fait que nous sommes devenus étrangers à nous-mêmes. C'est alors que nous aspirons au développement personnel quand, en réalité, nous devrions apprendre à déchirer l'enveloppe qui dissimule notre vraie personnalité, et à nous en dépouiller.

Un modèle d'interprétation des rêves

Ce que je vous propose ici, ce n'est pas une méthode, mais un modèle d'interprétation des rêves. En vous référant à ce modèle, vous pourrez, si vous le souhaitez vraiment et si vous vous y efforcez, entrer en relation avec votre psychisme et dialoguer avec vous-même par le biais de vos rêves. Ce faisant, vous en apprendrez davantage sur vous-même que vous n'en avez jamais su, l'enveloppe enrobant le noyau de votre personnalité s'ouvrant peu à peu comme celle d'un fruit dont le goût vous semblera tantôt amer, tantôt délicieux. Car bien sûr, chacun d'entre nous est constitué d'un mélange d'amertume et de douceur. Vous irez de découverte en découverte et vous percevrez peut-être que la réalité, toute « votre » réalité, est contenue dans vos rêves.

L'atelier des rêves

Ainsi, ne voyez dans ce livre qu'un guide vous invitant à regarder par la fenêtre ouverte de votre maison intérieure, afin de pénétrer en vous-même et comprendre que le monde extérieur et la vie intérieure sont étroitement liés l'un à l'autre, qu'ils s'interpénètrent. Dans votre vie de tous les jours – où, comme chacun de nous, vous êtes plus souvent investi par des préoccupations qui proviennent du monde extérieur et exercent une emprise de plus en plus grande sur la réalité ou sur ce que nous percevons comme telle –, vous pourriez, en vous aidant du contenu de ce livre, vous ménager un espace intime : un atelier pour vous pencher sur vos rêves et les messages qu'ils contiennent.

Votre vérité

Chef cuisinier ou médecin de l'âme, notre grand esprit des rêves nous veut tout le bien que nous nous voulons à nous-mêmes. Depuis de longues années, je suis attentif aux messages qu'il me transmet ou qu'il délivre à certaines personnes proches ou étrangères qui ont bien voulu me confier leurs rêves. Or, j'ai dû me rendre à l'évidence : la vérité est en soi ! Certes, la vérité change souvent, quasiment à chaque instant. À peine croyons-nous la connaître qu'elle se dérobe, se transforme, voire se contredit pour nous pousser à réfléchir, à ne pas nous endormir sur nos lauriers, à agir, à évoluer. Il n'y a pas une vérité standard valable pour toutes et tous. C'est vous-même qui forgez votre propre vérité chaque jour, avec le concours de votre grand esprit des rêves qui, durant la nuit, vous aide à comprendre si vous êtes sur la bonne voie, ou si vous faites fausse route. À l'aide de ce livre et du modèle d'interprétation de vos rêves qu'il contient, vous pourrez mettre la main à la pâte, et vous réaliserez peu à peu que les solutions à vos problèmes et les remèdes à vos maux sont précisément à portée de votre main, que vous pouvez la tendre, et atteindre ainsi au meilleur de vous-même.

BIENVENUE DANS L'ATELIER DES RÊVES !

L'atelier des rêves, c'est le lieu privilégié où je vous invite à devenir l'artisan de votre propre découverte de vous-même en étudiant, analysant et interprétant vos rêves.

Préférez-vous être le spectateur ou l'acteur de votre vie? Idéalement, vous devriez pouvoir jouer simultanément ou alternativement ces deux rôles. Mais de nos jours, tout nous invite à regarder le grand spectacle du monde sur nos écrans, sans vraiment nous y impliquer. Et pourtant, ce monde est le nôtre et chacun de nous y a sa place et peut y jouer son rôle. Avoir sa place et jouer un rôle, cela ne se résume pas à des schémas psychologiques, sociaux, moraux, ou autres. Pour ce faire, nous devons être ce que nous sommes, tout ce que nous sommes, sans rien exclure ou rejeter de nous-mêmes. Et pour nous aider à devenir ce que nous sommes réellement, nous portons en nous un bien d'une grande richesse, une force quasiment omnisciente: notre psyché inconsciente. Cette dernière nous parle par l'intermédiaire de nos rêves.

Les messagers

Nos rêves sont porteurs de messages que nous nous adressons à nous-mêmes. Cependant, le plus souvent, nous ne comprenons pas leurs significations, nous ne savons pas comment les interpréter. Pourtant, nous avons fréquemment l'intuition ou le pressentiment que tout rêve provient de la partie la plus intime de notre être et qu'il contient probablement un message important.

Le langage des rêves

Notre difficulté à interpréter nos rêves et à en trouver une signification personnelle et intime résulte de notre méconnaissance du langage universel des symboles et des mythes, qui est le langage de la psyché inconsciente collective et individuelle. Apprendre, ou plus exactement réapprendre, ce langage ou ce code peut nous aider à interpréter nos rêves. En trouvant les significations de nos rêves, nous entrons en relation avec nous-mêmes ; pas seulement avec notre « moi », mais avec tout ce qui fait ce que nous sommes.

Le dialogue

Ce nouveau dialogue entamé avec nous-mêmes par le biais de nos rêves peut nous aider à comprendre ce qui se passe presque toujours à notre insu en nous, mais aussi autour de nous, autrement dit, à devenir plus conscient de nous-mêmes, de notre relation aux autres, des situations dans lesquelles nous nous trouvons et des événements qui se produisent dans notre existence.

La connaissance de soi

Cette conscience, ou connaissance de soi que nous acquérons en étant attentifs à nos rêves, puis en dialoguant avec nous-mêmes par leur intermédiaire, peut ainsi se révéler à l'origine de prises de conscience importantes, voire de remises en question. En effet, si certains rêves contiennent des réponses aux questions que nous nous posons, d'autres, en revanche, nous invitent ou nous poussent à nous interroger sur nous-mêmes. Dans le premier cas, nous sommes évidemment soulagés, mais dans le second, nous devons nous efforcer de nous poser les vraies questions. Il s'agit parfois de questions « qui fâchent », bousculant nos habitudes ou allant à l'encontre de nos certitudes ou convictions. En aucun cas nous ne pouvons influer sur ce qui se passe au tréfonds de notre être, sur la psyché inconsciente collective ou individuelle. Cependant, les rêves produits par notre psychisme peuvent nous enrichir considérablement si nous nous efforçons d'en comprendre les significations et si nous en tirons, dans notre vie consciente, des enseignements pour nous-mêmes que nous mettons en application.

Les conseils de notre psychisme

Par le biais de nos rêves, la psyché inconsciente nous prodigue des conseils, des encouragements, des avertissements lorsque nous commettons des erreurs de jugement sur nous-mêmes ou sur autrui, lorsque nous faisons fausse route, voire lorsque nous nous mettons en danger. Dans l'absolu, notre psyché inconsciente est bienveillante. Tout rêve important qu'elle nous adresse contient un message qui, si nous apprenons à le comprendre et si nous voulons bien en tirer profit, peut nous aider à être juste et honnête vis-à-vis de nous-mêmes et à vivre en harmonie avec nous-mêmes, les autres et le monde extérieur. Mais il faut bien admettre qu'il ne suffit pas de comprendre le langage que parlent nos rêves ni d'interpréter ces derniers ; encore faut-il agir ou réagir en conséquence dans notre vie consciente et matérielle afin de changer ou de transformer, si besoin est, nos comportements, nos attitudes, notre état d'esprit du moment ou telle ou telle situation ne correspondant plus à nos besoins réels.

L'imagination au pouvoir

De même, pour interpréter les messages contenus dans nos rêves et, ce faisant, dialoguer avec nous-mêmes, nous devons d'emblée admettre le fait que la raison, l'esprit logique, rationnel et d'analyse, la morale et la loi de cause à effet, autrement dit, la plupart des principes sur lesquels reposent notre interprétation du monde et notre sens des réalités, ne nous seront quasiment d'aucune utilité. En revanche, l'imagination, l'intuition, le sens du paradoxe, l'humour aussi, et bien sûr les symboles et mythes universels communs à toutes les cultures, mais qui ont toujours une signification unique, originale et singulière pour chaque rêveur, tels seront les instruments dont vous disposerez dans votre atelier des rêves pour interpréter ces derniers. Vous réaliserez ainsi que vous êtes la seule personne à pouvoir découvrir, comprendre et exploiter leurs significations : d'une part pour pénétrer les rouages profonds de votre être, d'autre part pour vivre en employant au mieux vos qualités, y compris celles dont vous ne soupçonniez peut-être pas l'existence avant d'apprendre à interpréter vos rêves. En définitive, quels que soient les messages contenus dans vos rêves, ils sont ce que vous êtes à l'instant où vous rêvez !

Notre grand esprit des rêves

Malgré les nombreux outils de communication dont nous disposons de nos jours, nous sommes toujours aussi maladroits lorsqu'il s'agit de parler sincèrement et objectivement de nous-mêmes ou d'écouter ce que nos interlocuteurs occasionnels ou privilégiés veulent ou voudraient nous dire d'eux-mêmes. Bref, nous ne sommes pas vraiment prêts ou aptes au dialogue. Ce n'est pas une fatalité. Nous pouvons remédier à cet état de fait. Comment ? En étant attentifs à nos rêves et en nous efforçant de comprendre les messages qui nous sont ainsi délivrés pour apprendre à dialoguer avec nous-mêmes.

L'inconscient

Qui nous délivre ces messages ? L'inconscient, répondent les psychologues. Cependant, l'inconscient demeure un concept abstrait, voire irrationnel, quoi qu'il en soit peu propice au dialogue comme l'est une tierce personne. Et puis nous n'aimons pas beaucoup croire que quelqu'un ou quelque chose pense et agit à notre place et à notre insu. C'est pourquoi la psychanalyse fait allusion à « notre » inconscient. Mais l'inconscient ne nous appartient pas. Ou plus exactement, l'inconscient est simultanément commun à tous et unique en son genre pour chacun d'entre nous. Enfin, il va de soi que tout dialogue implique au moins deux interlocuteurs. Nous ne pouvons pas dialoguer avec un concept, aussi « scientifique » soit-il.

Rencontre avec votre grand esprit des rêves

Pour que vous ayez vraiment l'impression de dialoguer avec quelqu'un, je vous propose de nommer cette grande richesse qui est en vous, et que vous pouvez bien sûr assimiler à l'inconscient, le « grand esprit des rêves ». Tout se passe ainsi, comme si, enfouie au fond de vous, mais partout présente avec vous, une personne pourvue d'un esprit vaste et d'une mémoire universelle, sachant tout de vous et prête à tout vous apprendre sur vous-même, vous délivrait des messages, par l'intermédiaire de vos rêves, certes, mais pas exclusivement. Dans votre atelier des rêves, vous trouverez également des instruments pour dialoguer, bien sûr, mais aussi pour entrer en relation de plus en plus intime avec votre grand esprit des rêves, qui est simultanément commun à nous tous et unique en son genre pour vous, car il est tout ce que vous êtes, c'est-à-dire rien d'autre que vous-même.

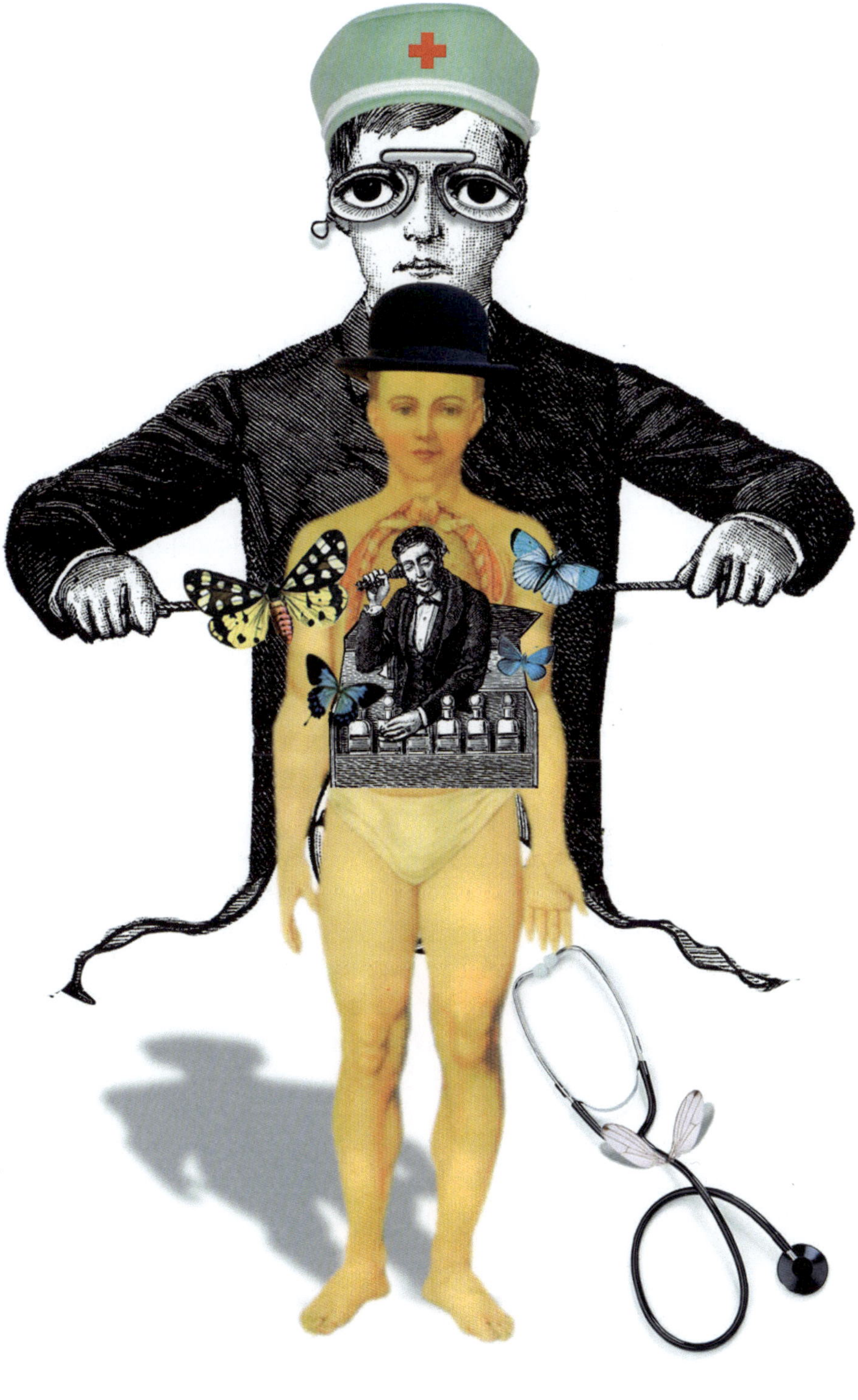

QU'EST-CE QUE LE PSYCHISME ?

Le psychisme de chacun d'entre nous est constitué de l'inconscient et de la conscience (le conscient, en termes psychanalytiques) dans une proportion d'environ 94% pour 6%, du moins si l'on en croit les observations des spécialistes.

L'ego, la conscience collective et la conscience individuelle

La conscience personnelle ou individuelle, en grande partie régie par l'ego (le moi, en termes psychanalytiques), est considérablement influencée par la conscience collective, mais elle influe également sur elle. Ainsi, depuis notre plus petite enfance et au fil des années, nous forgeons notre ego à partir de nos sensations d'abord, puis de toutes sortes de données familiales, culturelles, sociales et/ou religieuses auxquelles l'individu en formation que nous devenons s'identifie plus ou moins consciemment, et à partir desquelles il affirme sa singularité. Mais simultanément, et bien que nous en soyons peu ou pas conscients, nous exerçons une influence sur notre entourage intime et social. Nos pensées, nos désirs, nos choix, nos décisions, nos paroles, nos actes ont un impact sur notre environnement relationnel et social, ainsi que sur les circonstances et les événements de notre vie.

Les messages contenus dans nos rêves peuvent nous aider à mesurer et estimer la portée de cet impact, leurs conseils nous donnant l'occasion d'agir à bon escient et au moment adéquat, ou de nous abstenir, selon le cas.

Le développement personnel

Le développement personnel, si prisé de nos jours, résulte d'un besoin de plus en plus vif d'affirmer son individualité, du fait de l'oppression qu'exerce la conscience collective désormais omniprésente (médias et informations provenant du monde extérieur, surpopulation, etc.) et de l'insécurité psychologique, physique, morale, affective, spirituelle et matérielle qu'elle engendre. Par exemple, l'engouement pour les tatouages et les piercings procède d'une même angoisse existentielle et des difficultés de plus en plus grandes que rencontrent les êtres des nouvelles générations à affirmer leur identité ou leur personnalité. Il s'agit là d'un retour « inconscient » aux communautés primitives dont nous sommes tous issus, où l'individu, suivant des rites de passage, était marqué, identifié et, ce faisant, intégré dans sa communauté, mais pouvait aussi s'en distinguer ou s'en différencier par des marques symboliques singulières que lui seul était en droit de porter.

L'inconscient collectif et l'inconscient personnel

De même qu'il existe une conscience collective dont s'imprègne la conscience individuelle, la première exerçant une influence plus ou moins grande sur la seconde selon le degré de discernement et/ou la force de caractère de l'individu, de même il existe un inconscient collectif dont s'inspire l'inconscient personnel ou individuel, notamment, mais pas seulement, pour produire les rêves. L'inconscient personnel ou individuel n'est pas une « poubelle » dans laquelle l'individu déverserait continuellement tout ce qu'il rejette ou refoule à l'état conscient. Et les rêves ne sont pas les détritus de la psyché inconsciente. Ils sont plutôt l'essence et les reflets de tout ce que nous sommes, de tout ce dont nous sommes conscients et inconscients.

Psyché, psychisme et miroir

La psyché inconsciente est un immense miroir qui nous renvoie notre propre image par le biais de nos rêves. Plus nous connaissons les significations de nos rêves, plus l'image de nous-mêmes que nous renvoie le miroir de notre psyché inconsciente est vraie, juste et belle et plus elle nous ressemble. En effet, nous mettre en présence de ce juste reflet de nous-mêmes implique également que nous découvrions des facettes de notre personnalité qui nous sembleront beaucoup moins gratifiantes.

Les clefs de nos rêves

Quoi qu'il en soit, les rêves, purs produits de notre psyché inconsciente, contiennent des clefs. À l'aide de ces clefs, nous pouvons ouvrir une à une toutes les portes de la prison où nous enferme ou nous isole notre ego qui, malgré nous, limite nos possibilités, nos capacités, nos aptitudes au bonheur et à l'amour. Plus nous comprenons les significations de nos rêves, plus notre conscience s'élargit et plus nous devenons heureux, bienveillants et généreux vis-à-vis de nous-mêmes comme à l'égard d'autrui.

POINT IMPORTANT

Interprétations psychologiques et interprétations divinatoires

Depuis qu'il prétend s'être rendu maître de la réalité et du monde tel qu'il le perçoit et le domine aujourd'hui, l'être humain est enclin à se priver d'expériences et de connaissances qu'il a acquises au fil des millénaires, oubliant un peu trop vite qu'il ne serait pas ce qu'il est et que « son » monde ne serait pas non plus ce qu'il est s'il n'avait pas parcouru tout ce chemin. Ainsi, la psychanalyse et la psychologie modernes sont enclines à suivre des règles et des principes excluant totalement le langage des rêves tel que le percevaient nos ancêtres. Dans votre atelier des rêves, suivant ma propre expérience d'interprète des rêves et m'inspirant de travaux réalisés par des psychologues et psychanalystes qui ne se sont jamais contentés de n'être que des « spécialistes », je vous invite à envisager deux niveaux d'interprétation de vos rêves. Les symboles et les mythes qui apparaissent dans vos rêves vous offrent en effet un certain nombre d'interprétations abordées et proposées sous deux angles distincts et complémentaires.

Le premier angle d'interprétation : il s'inspire des avancées de la psychologie, considérant à raison que chaque rêveur étant un être unique ses rêves sont eux aussi uniques en leur genre et qu'ils doivent être interprétés comme tels. Autrement dit, vous devez admettre que vos rêves sont très personnels, qu'ils mettent en scène des préoccupations intimes qui ne concernent que vous. Quels que soient les éléments qui constituent l'un de vos rêves, ils représentent tous des composantes de votre personnalité. Cependant, ce postulat psychologique n'est pas vraiment juste dans les faits. Il ne s'applique pas à tous les rêves. D'où l'intérêt d'un second angle d'interprétation.

Le second angle d'interprétation : il s'inspire de l'oniromancie traditionnelle, c'est-à-dire de la divination par les rêves, qui fut une constante dans toutes les cultures et civilisations antiques. Suivant cette grande tradition vieille de plusieurs millénaires et selon la situation au cœur de laquelle apparaît tel ou tel symbole dans l'un de vos rêves, le symbole en question n'aura pas la même signification. Dès lors, le plus souvent, pour chaque symbole proposé, vous aurez le choix entre plusieurs interprétations psychologiques et divinatoires. Et bien sûr, en vous inspirant du modèle d'interprétation que je vous propose, vous trouverez des conseils pratiques pour apprendre à sélectionner l'interprétation la plus adaptée ou adéquate à tel ou tel symbole présent dans l'un de vos rêves.

ET SI L'INCONSCIENT ÉTAIT UN CHEF CUISINIER...

Pour vous aider à vous familiariser avec vos rêves, à les intégrer dans votre vie quotidienne, et bien sûr à tenir compte des messages qu'ils vous délivrent, j'ai pris le parti de surnommer votre psyché inconsciente votre « grand esprit des rêves ». Cette formulation se réfère au « Grand Esprit des plaines et des montagnes » que vénéraient la plupart des peuples amérindiens, les Sioux notamment, et dont le Soleil constituait un intermédiaire entre la divinité (le Ciel) et l'homme (la Terre). Elle s'inspire aussi de l'« Esprit » contenu dans la trilogie religieuse universelle « Esprit – Âme – Corps » qui compose la structure originelle, spirituelle et matérielle de l'être humain.

Un chef dans l'atelier de cuisine des rêves

Enfin, pour que ce concept soit aussi proche que possible de nos préoccupations actuelles et de notre temps, j'ai jugé opportun de l'identifier au chef œuvrant dans l'atelier de cuisine des rêves. Que fait un chef cuisinier ? Il utilise un certain nombre d'ingrédients puisés dans le grand jardin de la nature pour composer des recettes originales dont lui seul a le secret. Toutefois, bien que tous les chefs emploient les mêmes ingrédients, chacun d'eux possède l'art de les mélanger et de les agrémenter à son goût. Tant et si bien qu'une même recette réalisée à la lettre par différents chefs produira un résultat distinct et singulier selon la personnalité, l'expérience, le talent, la créativité de chaque cuisinier, mais aussi selon son état d'esprit du moment, les circonstances dans lesquelles il œuvrera, et le contexte où il préparera son plat.

Les ingrédients de la cuisine des rêves

Par ailleurs, le terme d'« ingrédients » me paraît plus simple et mieux adapté à l'univers des rêves que celui de « matériaux », qu'emploient volontiers les psychologues et les psychanalystes. Notamment si l'on songe aux ingrédients que tout cuisinier, toute cuisinière utilise pour réaliser des préparations culinaires. Les ingrédients que nous propose la nature sont si nombreux, et les recettes de cuisine venues de tous horizons si multiples et variées, que le parallèle avec l'art d'agrémenter les ingrédients pour préparer de bons petits plats, chacun selon son style et sa manière, m'apparaît d'emblée bien plus approprié à la façon dont s'y prend votre psyché inconsciente pour préparer tel ou tel rêve dont vous vous souviendrez peut-être au matin, vous demandant alors : « Où vais-je chercher tout ça ? »

Des recettes et des rêves uniques en leur genre

Nous pouvons ainsi comparer le chef cuisinier à la psyché inconsciente qui, en puisant dans l'incommensurable mémoire inconsciente collective, contenant tout ce que nous fûmes, nous sommes et serons, tout ce que la vie recèle de formes et de manifestations, y compris celles que nous ne croyons pas connaître, prépare et réalise pour nous les « recettes » de nos rêves. Cependant, bien que, sans distinction de race ou de culture, nous ayons tous affaire au même chef, pour chacun d'entre nous, ce dernier prépare des recettes et produit des rêves uniques en leur genre. Et lorsqu'il arrive parfois que nous fassions le même rêve au même moment, pour chacun d'entre nous, il a toujours une signification différente et singulière.

Le goût des rêves

Si vous vous laissez inviter à sa table, si vous recevez en toute confiance les menus variés, parfois surprenants, étonnants ou déroutants, toujours opportuns qu'il vous propose, le chef aux talents et pouvoirs innombrables vous donnera le goût des rêves. Chaque rêve que vous ferez deviendra pour vous l'occasion d'en découvrir puis d'en savoir plus sur vous-même, votre vraie personnalité, vos qualités et vos faiblesses, et votre force intérieure. En savourant le contenu de vos rêves, vous saurez ce que vous êtes.

CITATIONS

Savoir savourer et être sage

« Saveur et savoir partagent une étymologie commune dans le verbe latin *sapere*, qui signifiait simultanément "avoir du goût, exhaler une odeur, sentir par le sens du goût", d'où par figure : "avoir de l'intelligence, du jugement, être sage" ; transitivement, le verbe signifie "se connaître en quelque chose, connaître, comprendre". »

Alain Rey, *Dictionnaire historique de la langue française*, Dictionnaires Le Robert, Paris, 1992.

Les nourritures de l'âme et du corps

« Les saveurs les plus ingénues, les mariages de saveurs les plus simples sont parfaits. [...] Entre la nature et la nature de l'homme, il y a métabolisme exquis, entière transsubstantiation, par longueur d'onde, ambiance, osmose, sympathie, écho. D'où que la nourriture a double fonction, elle répond au rêve de notre âme comme à l'appétit de nos entrailles. »

Joseph Delteil, *La cuisine paléolithique*, Arléa, Paris, 1998.

La salade composée de la femme de Jean Kepler (1571-1630), considéré comme le père de l'astronomie moderne

« "Je rapporterai à mes antagonismes une opinion qui n'est pas de moi, mais de ma femme. [...] Hier, j'étais fatigué d'écrire, et j'avais l'esprit mis en miettes par ces considérations sur les atomes, quand elle [sa femme] m'appelle à table : elle m'apporte de la salade. Ainsi donc, lui dis-je, si on envoyait voler en l'air les plats d'étain, les feuilles de laitue, les grains de sel, les gouttes d'eau, de vinaigre et d'huile, les rondelles d'œuf, et si cela durait éternellement, il faudrait bien au bout du compte que cette salade se fasse par hasard. Ma belle me répondit : 'Pas avec cette présentation, ni avec cet ordre.'" Cette remarque conjugale et culinaire lui permet de préciser sa pensée : le problème n'est pas celui des chances successives de voir se réaliser toutes les combinaisons possibles, mais celui qu'un nombre immense de facteurs produise d'un seul coup un agencement parfaitement ordonné. Il estime en ce cas que même en concédant l'éternité, la probabilité de l'événement est nul. »

Gérard Simon, *Kepler, astronome astrologue*, Gallimard, Paris, 1979.

CHAPITRE

1

QUE FAIRE DE VOS RÊVES ?

Lorsque vous vous levez de bon matin, ou lorsque dans la journée le souvenir d'un rêve vous revient en mémoire, vous vous dites « *j'ai fait un mauvais rêve* » ou bien « *j'ai fait un beau rêve* ». Mais en quoi et comment votre rêve vous affecte-t-il ? Que signifie-t-il ? A-t-il seulement un sens ? Sollicité par vos activités et vos travaux journaliers, par les nombreuses informations que vous recevez quotidiennement du monde extérieur, vous pensez vaguement à l'un de vos rêves, ou vous vous en remémorez le contenu, puis vous passez à autre chose. Mais savez-vous tout le bien que vous pourriez vous faire en étant plus attentif à vos rêves ?

La conscience et la psyché inconsciente

Selon les recherches des neurophysiologistes, la conscience que nous avons de la réalité et de nous-mêmes n'exploite qu'environ 6 % de nos facultés cérébrales. Les 94 % restants, si j'ose dire, relèvent de la psyché inconsciente. La conscience constitue ainsi la face émergée de notre être, tandis que la partie immergée est largement plus conséquente. Néanmoins, nous ne devons pas les percevoir telles deux zones séparées de notre être, mais comme un tout, notre psychisme étant en effet constitué par la conscience que nous avons du monde et de nous-mêmes et par la psyché inconsciente. Nos rêves étant des produits de la psyché inconsciente, autrement dit, de la partie cachée de notre être, nous pouvons, si nous le voulons, chercher à en comprendre les significations. Le décryptage du contenu de nos rêves est un exercice délicat, mais pas impossible. Il faut simplement apprendre à se familiariser avec le langage employé par la psyché inconsciente pour nous transmettre des messages de la plus haute importance nous concernant personnellement et intimement.

Pourquoi chercher à comprendre le sens de vos rêves ?

1. Parce que vous ne pouvez exclure de votre vie votre psyché inconsciente, qui constitue la majeure partie de tout ce qui compose votre être et qui, *a priori*, vous est caché. En étant attentif à vos rêves et en vous initiant à leur interprétation, vous apprendrez peu à peu à entrer en relation avec cette zone apparemment obscure de vous-même, qui peut se révéler d'une très grande richesse d'informations dès lors que vous l'intégrez telle une composante vivante et essentielle de votre personnalité.

2. Parce que la fonction du rêve est vitale et parce que vous ne pouvez pas l'ignorer, et encore moins négliger de prendre en compte les messages salutaires que vos songes vous transmettent.

3. Parce que dans tous les moments importants de votre vie, y compris dans les situations critiques ou lorsque vous êtes aux prises avec des difficultés, vous rêvez. Et là encore, certains de vos rêves contiennent fréquemment des solutions à vos problèmes ou des recettes pour trouver une issue bien réelle à une situation qui vous semblait pourtant inextricable.

La nuit porte conseil

« La nuit porte conseil », dit la sagesse populaire. C'est vrai. Mais en réalité, ce sont nos rêves qui nous prodiguent toutes sortes de conseils utiles que nous pouvons ensuite mettre en application si nous apprenons à parler la langue des rêves ou de la psyché inconsciente. Qui d'entre nous n'aurait pas envie d'être prévenu d'un drame, d'une catastrophe, d'une maladie avant que les signes ou les symptômes avant-coureurs de tels événements ne surgissent dans sa vie consciente ? C'est possible. Vos rêves, dans leur langage, vous avertissent de ces faits, mais vous les ignorez ou vous négligez de les prendre au sérieux.

Tout est dans nos rêves

Tout ou presque est dans nos rêves. Leur contenu s'inspire de choses vues, entendues, vécues dans notre vie consciente. Ainsi, lorsque nous sommes en proie au doute, que nous devons faire un choix important, prendre une décision, nos rêves nous indiquent la voie à suivre, l'attitude juste à adopter vis-à-vis de nous-mêmes, des autres et du monde extérieur. Ils nous précisent si nous devons ou pouvons ou non agir, sachant qu'il est des moments, dans notre existence, où il convient d'agir et de réagir sans tarder, tandis qu'il en est d'autres où il est préférable de s'abstenir de toute intervention ou initiative, d'attendre, de patienter, de comprendre le sens profond d'une situation, en quoi elle nous affecte et comment nous sommes enclins à interférer sur son bon déroulement.

Que faire de nos rêves ?

Chercher à en comprendre le sens, évidemment, puisqu'ils contiennent des messages importants pour vous, et puisqu'en vous faisant l'interprète de vos rêves, vous renouez avec votre nature originelle. Dans l'absolu, vous êtes seul à pouvoir trouver la véritable signification d'un rêve, dont l'interprétation est autant le produit des circonstances et des événements de votre vie au moment où vous faites ce rêve que des informations que vous glanerez à partir des symboles présents dans votre rêve. En intégrant la réalité de vos rêves dans votre vie consciente, vous faites remonter jusqu'à vous une autre réalité qui est en vous, et qui peut vous ouvrir des horizons dont vous ne soupçonnez même pas l'ampleur et la vastitude.

La thérapie des rêves

En prenant vos rêves au sérieux, vous pourrez même acquérir un plus grand bien-être, une certaine maîtrise de soi, et vous poserez volontiers un regard plus objectif sur les êtres et sur les choses, sans que votre subjectivité n'en soit altérée pour autant. L'interprétation des rêves est une pratique thérapeutique favorisant la connaissance de soi, l'ouverture de votre conscience, la souplesse de votre esprit et l'élévation de votre âme.

CITATIONS

Les rêves ne mentent jamais

« Les rêves ne sont pas des inventions intentionnelles et volontaires, mais au contraire des phénomènes naturels et qui ne diffèrent pas de ce qu'ils représentent. Ils n'illusionnent pas, ne mentent pas, ne déforment ni ne maquillent ; au contraire, ils annoncent naïvement ce qu'ils sont et ce qu'ils pensent. Ils ne sont agaçants et trompeurs que parce que nous ne les comprenons pas. Ils n'utilisent aucun artifice pour dissimuler quelque chose ; ils disent ce qui constitue leur contenu à leur façon et aussi nettement que possible. Nous sommes à même de reconnaître pour quelle raison ils sont si originaux et si difficiles : l'expérience montre, en effet, qu'ils s'efforcent toujours d'exprimer quelque chose que le moi ne sait et ne comprend pas. »

Carl Gustav Jung, *Psychologie et éducation*,
Buchet-Chastel, Paris, 1963.

Un rêve de papillon qui rêve

« Jadis Tchouang Tcheou rêva qu'il était un papillon, un joyeux papillon. Il s'ébattait à sa fantaisie, sans savoir qu'il était Tcheou. Soudain il s'éveilla et, en un sursaut, se retrouva Tcheou. Il ne savait plus si c'était Tcheou qui avait rêvé qu'il était un papillon ou si c'était le papillon qui avait rêvé qu'il était Tcheou. »

Tchouang tseu (philosophe taoïste du IVe siècle avant notre ère),
Les chapitres intérieurs, éditions du Cerf, Paris, 1995.

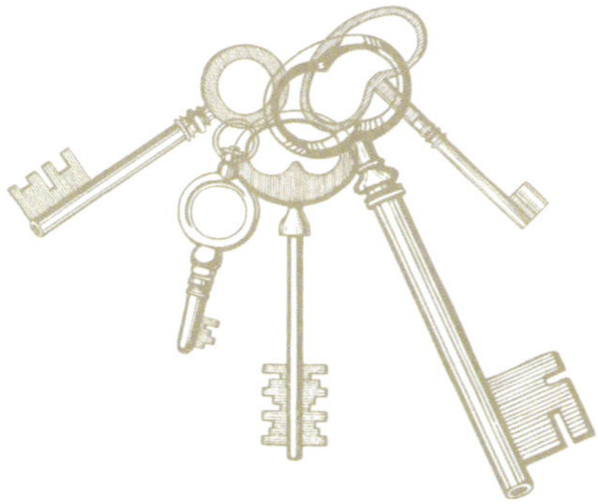

DE LA CLEF DES SONGES À LA SCIENCE DES RÊVES

Pouvons-nous mettre en parallèle cette science du passé, très contestée de nos jours, qu'est l'oniromancie (ou divination par les rêves), qui exerce toujours une grande fascination sur nos consciences, et la science relativement récente de la psychanalyse, dont nous devons bien admettre qu'elle suscite toujours de grandes réticences de notre part, bien qu'elle semble bien ancrée dans nos mœurs ?

Divination et psychologie : deux approches opposées ou complémentaires ?

Certes, les psychanalystes contemporains, purs et durs, d'obédience freudienne surtout, sont enclins à rejeter en bloc les quelque cinq mille ans d'études et d'interprétations des rêves, transcrites et transmises au fil des siècles, qui ont précédé les premiers travaux des psychanalystes. Mais, dans ce domaine comme dans tant d'autres, n'est-il pas regrettable, voire absurde et très présomptueux de croire que, sous prétexte que nous nous sommes élevés à un niveau supérieur d'intelligence et de lucidité mentale (du moins si nous le comparons à celui, présumé tel, de nos lointains ancêtres), notre interprétation actuelle de la réalité serait la seule acceptable, raisonnable, sensée ? Et si nous envisagions plutôt une approche complémentaire des apports de la divination traditionnelle et de la psychologie, de sorte qu'ils s'éclairent mutuellement ou indiquent même plusieurs interprétations simultanées de la réalité et de nos états de conscience…

Que « voyaient » nos ancêtres dans leurs rêves ?

L'analyse des rêves telle qu'elle est envisagée par les psychanalystes doit-elle induire ces derniers à rejeter purement et simplement toutes les interprétations des rêves des oniromanciens du temps jadis ? Cette approche des interprètes des rêves qu'est l'oniromancie, et qui s'inspire autant de la connaissance du langage des mythes et des symboles que de la divination inspirée ou déductive, nous a-t-elle livré tous ses secrets ? Savons-nous ce que nos ancêtres « voyaient » dans leurs rêves et ce qu'ils en déduisaient en termes de vie ? La psychanalyse, cette nouvelle forme d'étude des rêves qui revisite les mythes et les symboles, peut-elle, à terme, balayer définitivement l'oniromancie ?

Deux plans de conscience distincts, mais complémentaires

Ou bien ne peut-on pas concevoir que ces deux approches sont complémentaires ? En effet, chacune d'elles se situant sur un plan de conscience différent, ensemble, elles contribuent à nous livrer une vision globale et profonde de la réalité toujours changeante de nos rêves qui nous relie à ce qui, en nous, est en perpétuelle transformation. Nous allons tenter de remonter dans le temps et de refaire le chemin qui nous aidera à comprendre comment notre conception de la vie et de l'univers s'inscrit dans la continuité de celle de nos ancêtres.

La nouvelle clef des songes

Il est intéressant de mettre côte à côte les interprétations divinatoires traditionnelles des rêves, telles qu'elles furent appréhendées durant de longs siècles sous toutes les latitudes et dans diverses civilisations antiques, et les interprétations que nous abordons désormais plus volontiers sous un angle psychologique. D'après mon expérience, non seulement l'une et l'autre ne sont pas incompatibles, mais il arrive même que, en réalisant l'interprétation de tel ou tel rêve, nous soyons amenés à faire une synthèse intuitive de ces significations révélées sous deux angles distincts. Nous pouvons dès lors envisager une nouvelle clef des songes, incluant l'interprétation divinatoire et l'interprétation psychologique. Pour illustrer brièvement mon propos, voici un exemple d'interprétation d'un rêve abordé simultanément selon les règles de la divination et de la psychologie.

Un rêve interprété selon les règles de la divination et de la psychologie

Antonia, une femme grecque mariée d'une cinquantaine d'années, a fait récemment le rêve suivant à un moment de sa vie où elle se trouvait aux prises avec de graves difficultés économiques :

> « J'avance sur une petite colline où se trouve ma maison. Ce n'est pas réellement ma maison, mais dans mon rêve, il s'agit bien de la mienne. Toutefois, je m'aperçois qu'elle est dans un trou et renversée, le toit se trouvant au fond du trou, et le plancher au niveau du sol. Apparaît alors un homme inconnu, grand, brun, bel homme, tout de noir vêtu, qui se propose de m'aider à remettre ma maison sur pied. Pour ce faire, nous utilisons une espèce de bâche glissée sous le toit de ma maison, et nous réussissons effectivement à la remettre dans la bonne position, hors du trou, et sur la terre ferme. »

• Interprétation divinatoire

Dans la situation très difficile où se trouvaient Antonia et son mari, la banque ayant entamé une procédure d'adjudication pour saisir leur maison, comme cela s'est trop souvent produit en Grèce et dans d'autres pays d'Europe ces dernières années, il va de soi que, d'emblée, l'interprétation divinatoire est très tentante. Cette dernière nous indique ainsi que, selon toute probabilité, grâce à une intervention extérieure inattendue et providentielle (l'homme inconnu de son rêve qui l'aide à redresser sa maison), Antonia va réussir à rétablir sa situation et à sauver sa maison.

• Interprétation psychologique

Néanmoins, sous l'angle psychologique, il est aussi intéressant de relever que la maison étant fréquemment une représentation symbolique de la personne (en l'occurrence, ici, notre rêveuse), le rêve d'Antonia conseille à cette dernière de se redresser elle-même, de sortir du trou, de se remettre debout, de se tenir droite, si elle veut pouvoir rétablir sa situation. Et pour ce faire, elle doit solliciter l'aide intérieure de son principe masculin, autrement dit, ajouter et intégrer à ses qualités féminines le courage, la volonté, la force, voire certaines composantes de son caractère qu'elle juge sombres ou obscures, pour ne pas dire hostiles, ce personnage inconnu lui apparaissant tout de noir vêtu, quand en réalité ce qu'il représente peut lui être très utile pour vaincre ses difficultés.

Aide-toi et le ciel t'aidera

Comme l'illustre cet exemple, les deux interprétations, l'une divinatoire, l'autre psychologique, sont parfaitement complémentaires. Elles ne s'annulent pas l'une l'autre. La première constitue un encouragement, le message contenu dans le rêve d'Antonia lui indiquant en effet que l'intervention providentielle d'une tierce personne qu'elle ne perçoit pas *a priori* sous un jour favorable, puisque dans son rêve cette personne est vêtue de noir, la sauvera. La seconde interprétation lui fournit en quelque sorte le mode d'emploi de cette intervention salvatrice : elle doit elle-même s'efforcer d'intégrer une composante de sa part d'ombre, c'est-à-dire ce qu'elle est encline à refouler et rejeter ou dont elle a peine à prendre conscience, figurée dans son rêve par la présence de cet homme plutôt séduisant, si l'on en croit sa description, néanmoins inquiétant et sombre selon elle, puisqu'il est vêtu de noir. Aide-toi et le ciel t'aidera ! C'est le message contenu dans le rêve d'Antonia, d'autant plus compréhensible qu'elle l'interprète simultanément sous un angle divinatoire et psychologique.

Pactiser avec le diable

En certaines circonstances de notre vie, il est parfois nécessaire, pour ne pas dire vital, de « pactiser avec le diable » ou, si vous préférez, de laisser remonter jusqu'à notre conscience un aspect sombre (ou que nous percevons comme tel, l'ayant nous-mêmes diabolisé sans nous en rendre compte) de notre personnalité, afin d'échapper à son emprise. Sinon, c'est lui qui nous entraîne dans une catastrophe, dans une situation inextricable ou dans un drame, ce qui, d'un point de vue psychologique, équivaut à une vengeance accomplie par cette composante de notre personnalité que nous avons ignorée, rejetée, voire spoliée, et dont nous sommes devenus victimes. En nous confrontant à de telles difficultés, elle se rappelle à notre souvenir.

UN PEU D'HISTOIRE

De la « clef des songes » à la « science des rêves »

Au XIXe siècle, puis durant la première moitié du XXe siècle, tandis que la psychanalyse de Freud et la psychologie analytique de Jung prenaient racine, les ouvrages consacrés à l'interprétation des rêves s'inspirant de la grande tradition historique de l'oniromancie fleurissaient et remportaient un très vif succès populaire. L'expression « clef des songes » a désormais quelque chose de désuet. Néanmoins, elle tient son origine d'un ouvrage du IIe siècle de notre ère qui fit référence bien au-delà de cette époque. Sigmund Freud lui-même en vantait la pertinence. Quant à la « science des rêves », l'expression provient justement du titre d'un ouvrage composé de longs siècles plus tard par ce même Sigmund Freud, considéré comme le père de la psychanalyse.

Complexes et démons

En effet, le plus souvent, nous engendrons nos propres problèmes et difficultés en résistant inconsciemment à des forces psychiques agissant en nous à notre insu et qui font partie intégrante de notre personnalité. En cela, la psychologie rejoint la divination : les complexes transformés en forces psychiques hostiles que nous générons malgré nous et qui se retournent contre nous parce que nous refusons de reconnaître ou d'accepter leur existence, tels qu'ils sont aujourd'hui perçus par les psychologues, font écho aux mauvais esprits et aux démons du temps jadis qui « possédaient » les âmes ou les corps des individus.

L'œuvre au noir

Dans le rêve d'Antonia, l'homme inconnu tout de noir vêtu fait aussi allusion, symboliquement bien sûr, à « l'œuvre au noir » des alchimistes, révélant ainsi qu'une transformation est nécessaire, vitale même. Autrement dit, Antonia doit transformer son attitude et son point de vue vis-à-vis de cette composante de sa personnalité. Moyennant quoi, posant ce nouveau regard sur elle-même, elle sera apte à transformer sa situation. Et en changeant ainsi de point de vue sur elle-même, elle se donnera la chance et les moyens de rétablir sa situation.

ARTÉMIDORE ET LA CLEF DES SONGES

Les rêves de nos ancêtres ressemblaient-ils ou différaient-ils des nôtres ? Et comment les interprétaient-ils ? Ces questions, un écrivain grec ayant vécu il y a presque deux mille ans, durant la première moitié du Ier siècle de notre ère, se les était déjà posées, et il n'eut de cesse de trouver des réponses. D'Artémidore, nous savons très peu de chose, sinon qu'un beau matin, ayant pris son baluchon, il voyagea et enquêta en Asie Mineure, en Grèce et en Italie, pour y glaner les interprétations des rêves que prodiguaient les spécialistes de son temps. En effet, ces oniromanciens, ou interprètes des rêves, se référaient encore à une très ancienne tradition d'interprétation des rêves qui se perdait dans la nuit des temps, pratiquée couramment durant toute l'Antiquité. Mais dans chaque pays, ville ou village qu'il traversait, Artémidore découvrit des significations tantôt similaires, tantôt nuancées, voire très différentes, d'un même symbole présent dans un rêve.

« La clef des songes »

C'est ainsi qu'au fil des années, de ses pérégrinations et de ses recherches, Artémidore compila une somme d'interprétations des symboles présents dans les rêves de ses contemporains, qu'il réunit dans un ouvrage intitulé *Onirocritique*. Celui-ci obtint un grand succès en son temps. Véritable œuvre d'ethnologue avant la lettre, s'agissant d'un recueil des croyances, des mœurs et de l'univers onirique de ce début du premier millénaire de notre ère, ce livre fut traduit en latin, puis en italien, en français et en allemand. Il refit surface aux XVIe et XVIIe siècles en Europe, sous le titre *La Clef des songes*. Il fut l'objet d'un tel plébiscite auprès de l'élite intellectuelle de la Renaissance qu'il ne fut plus jamais oublié.

La bible de l'interprétation des rêves

Au début du XXe siècle, Sigmund Freud lui-même y fit référence dans son introduction à *L'interprétation des rêves* en précisant qu'il s'agissait de « l'exposé le plus complet et le plus consciencieux sur l'interprétation des songes dans le monde gréco-romain ». Cependant, ce fut surtout le succès populaire que remporta cet ouvrage qui fit de *La Clef des songes* le livre par excellence de l'interprétation des rêves. Au point que, de nos jours encore, l'intitulé « La clef des songes » semble parfaitement résumer tout travail ou toute œuvre consacrés à l'interprétation des rêves. L'*Onirocritique* d'Artémidore est ainsi et en quelque sorte la bible de l'interprétation des rêves.

CITATION

Les rêves bons et mauvais selon Artémidore

En plus de nous proposer un traité d'interprétation des symboles oniriques du passé, *La Clef des songes* d'Artémidore est aussi un modèle d'interprétation des rêves, constitué notamment de nombreux conseils s'inspirant bien sûr de ceux que prodiguaient les oniromanciens de l'Antiquité. En voici un exemple : « À ceux qui veulent savoir s'il est possible, pour la même circonstance, d'avoir des rêves et bons et mauvais, et qui demandent auxquels se fier – aux mauvais ou aux bons –, et s'ils s'annulent ou se renforcent les uns les autres, tu pourras répondre que non seulement lors d'une circonstance unique, mais la même nuit, et dans le même rêve, il est souvent possible de voir du bon et du mauvais. Tu mettras alors en avant des rêves qui signifient beaucoup au moyen de peu, ou beaucoup au moyen de beaucoup. Rien d'étonnant à cela, d'ailleurs, puisqu'ainsi vont les affaires des hommes et leur vie : souvent, la même circonstance fait éprouver du bon et du mauvais. »

ARTÉMIDORE, *La Clef des songes, Onirocritique*, trad. Jean-Yves Boriaud, Arléa, Paris, 1998.

Tout est symbole

Dans l'univers de nos rêves, tout ou presque est symbole. Cette approche de ce que nos ancêtres ne concevaient pas encore sous l'angle de la théorie de l'inconscient fut ainsi adoptée d'emblée, spontanément. Il est fort probable en effet que, durant un temps indéterminé, mais relativement long, l'esprit humain est demeuré à un niveau de conscience en équilibre instable à la frontière de ce qu'aujourd'hui nous définissons comme le monde conscient ou réel d'une part, et l'univers inconscient d'autre part. Notre ancêtre pas si lointain ne savait donc pas bien se différencier, lui, en tant qu'individu, du monde environnant. Ce faisant, tout ce qu'il percevait en lui et dans le monde extérieur formait un tout indifférencié qu'il appréhendait à l'aide de symboles vivants. Ce qu'il rêvait n'était pas loin de se confondre avec ce qu'il vivait. Le rêve et la réalité s'interpénétraient tant et si bien pour lui que les éléments qu'il voyait en songe et ceux qu'il voyait les yeux ouverts se manifestaient quasiment sur le même plan, sa conscience confuse n'ayant pas encore découvert le fameux « moi, je », qui nous est devenu si cher.

Le centre de cure d'Épidaure

Cependant, peu à peu, l'être humain apprit à se percevoir tel un individu à part entière. Et plus il prit conscience de lui-même, plus il distingua le rêve de la réalité. Il n'en persista pas moins à croire à l'autre réalité de ses rêves, qu'il assimilait volontiers à l'univers des dieux et des démons, ces derniers apparaissant dans ses songes pour l'avertir, lui dicter sa conduite ou le punir, selon le cas. Durant toute l'Antiquité notamment, en Égypte, en Sumer et à Babylone, en Perse, à Rome et en Chine, bref, partout dans le monde, les traités d'oniromancie ou d'interprétation des rêves abondèrent. Beaucoup furent détruits, mais au temps d'Artémidore, ces enseignements avaient subsisté. Pour la plupart, ils étaient mis en application par des spécialistes ou des exégètes qui exerçaient notamment dans de véritables centres de cure, tel celui qui se trouvait à Épidaure où les prêtres et médecins sondaient les rêves de leurs patients pour établir leurs diagnostics.

UN PEU D'HISTOIRE

Le *Traité des songes* de Jérôme Cardan

En 1563, le médecin, mathématicien et astrologue italien Girolamo Cardano (1501-1576), initiateur de la théorie des équations algébriques et du fameux mode de suspension qui porte son nom (le cardan), écrivit le *Traité des songes*, ouvrage qui eut un profond retentissement en son temps. Bien avant Sigmund Freud, dans l'introduction à son ouvrage, il fit référence à Artémidore et à sa *Clef des songes*, qu'il considérait comme la première méthode d'interprétation des rêves digne d'intérêt.

QU'EST-CE QUE LA DIVINATION ?

Il peut sembler absurde ou dérisoire de poser une telle question dans un monde où tout semble prévu, organisé à l'avance, où l'esprit scientifique aidant, nous sommes censés ne plus rien laisser au hasard. Nous pourrions longuement disserter à propos de la divination, dont l'origine se perd dans la nuit des temps, depuis que le monde est monde, pourrions-nous dire, tant le divin et le devin qui met en relation avec lui semblent avoir toujours fait partie intégrante de la pensée et de la mentalité de l'être humain.

Un jeu et un art

Pour autant et dans l'absolu, nous pourrions définir la divination tels un jeu et un art d'homme sage préoccupé de son avenir, soucieux de son bien-être, de sa préservation et de la sauvegarde de sa communauté (notre lointain ancêtre avait en effet des préoccupations moins égoïstes que les nôtres, mais il est vrai que la conscience qu'il avait de son ego était encore bien peu développée). Cet ancêtre averti savait pertinemment que nul n'échappe à son destin, qu'il est dès lors souhaitable d'agir et de vivre en harmonie avec tous les éléments visibles et invisibles qui constituent le monde extérieur, notre environnement, comme nous dirions plus volontiers de nos jours.

Un rêve prémonitoire qui n'a pas l'air d'en être un

Il arrive que les interprétations que nous donnons de certains rêves nous plongent dans l'expectative. Par exemple, nous avons le sentiment de bien avoir interprété tel ou tel rêve, mais nous ne comprenons pas quelle résonance son interprétation peut avoir sur nous, et quel avantage nous pourrions éventuellement en tirer. Et puis, juste après avoir fait ce rêve, ou parfois beaucoup plus tard, nous nous trouvons dans une situation ou dans des circonstances qui nous éclairent pleinement sur la signification du rêve en question. Un rêve de ce genre est dit prémonitoire. En effet, tout se passe comme si nous avions la prémonition inconsciente d'un événement à venir, bien que le contenu de notre rêve ne corresponde que très rarement aux faits auxquels nous allons être confrontés.

Notre grand esprit des rêves est omniscient

Il s'agit plutôt d'un rêve dont l'interprétation agira sur nous pour nous mettre en condition de faire face à une situation que nous n'avons pas encore vécue, mais dont notre grand esprit des rêves savait que nous allions la vivre. En effet, rien ne lui échappe de notre passé, de notre présent et de notre avenir, bien que le premier soit enfoui dans notre mémoire, que nous soyons bien peu conscients du deuxième, et que le troisième, en raison de sa virtualité, nous soit inconnu. Ainsi, il est probable que nos très lointains ancêtres – qui bien sûr rêvaient déjà depuis longtemps avant d'être conscients de rêver – furent assez rapidement interpellés par le contenu de leurs rêves, observant par exemple que certains événements s'étant produits dans leurs rêves se reproduisaient quasiment à l'identique dans le monde réel.

Les dieux et les mythes sont nés dans nos rêves

En réalité, justement, ces lointains ancêtres étaient enclins à vivre dans leur monde environnant constitué par le grand jardin de la nature dans un état de pseudo-conscience. Ils ne devaient pas savoir discerner le rêve de la réalité. D'où l'importance, puis le caractère sacré d'abord, divin ensuite, qu'ils attribuèrent à leurs rêves, à tous les événements extraordinaires qui s'y produisaient, aux exploits qu'ils y accomplissaient, aux expériences hors du commun qu'ils y vivaient, aux êtres exceptionnels et aux animaux fabuleux qu'ils y rencontraient. De ces événements rêvés, ils firent des mythes ; de ces êtres exceptionnels, des divinités. Et comme dans les rêves que nous faisons encore de nos jours, ces mythes étaient parfois merveilleux, d'autres fois tragiques, ces divinités parfois bénéfiques, généreuses et protectrices, d'autres fois maléfiques ou dangereuses. C'est donc probablement à partir de leurs rêves prémonitoires que nos lointains ancêtres ont imaginé l'art de la divination et inventé des jeux pour s'adonner à ce grand art.

Le grand jeu de la vie

Lorsque l'être humain s'est adonné au jeu, il s'est hissé au rang des dieux ; comme eux, il est devenu maître de ses émotions. Or, cette maîtrise acquise en jouant lui a permis de faire des choix, de prendre des décisions, d'agir « en toute conscience » ou « en toute bonne foi ». Il faisait ce qu'il croyait bon de faire. Il le faisait d'autant plus et d'autant mieux qu'il obtenait un signe, une approbation, un conseil. C'est la raison pour laquelle il interrogeait l'oracle et pratiquait la divination. Le grand jeu de la vie, c'est la réalité. Par la divination, l'être humain a toujours cherché à ne pas perdre sa vie, mais à la gagner, c'est-à-dire à devenir maître de son destin et à en être digne.

Le grand jeu des rêves

Absorbé malgré lui dans le grand jeu de la vie, l'être humain fut aussi entraîné dans le grand jeu des rêves. Toutefois, s'il lui était donné de pouvoir consulter l'oracle suivant sa volonté ou son désir, il ne pouvait commander à ses rêves.

C'est du moins ce qu'il crut durant de longs millénaires, tant qu'il n'avait pas compris les processus et mécanismes subtils des rêves. En revanche, d'emblée, il vit dans ses rêves des messages transmis, selon le cas, par les dieux ou les démons, c'est-à-dire des forces ou des puissances supérieures à lui, dont il lui fallait évidemment traduire et comprendre le sens s'il ne voulait pas subir la colère des dieux ou devenir le jouet des démons. C'est probablement ainsi que fut assignée aux chamans, aux devins, puis aux prêtres exorcistes la tâche d'interpréter les rêves selon les règles de la divination pure, inductive ou déductive. Les rêves des chefs de clans ou de tribus, puis des rois retinrent tout particulièrement l'attention de nos ancêtres. En effet, les rêves que faisaient ces personnages éminents pouvaient être porteurs de présages, véritables révélations pour toute la communauté, la cité, le peuple, le pays, le royaume, l'empire sur lequel ils régnaient.

Divination et prémonition

C'est ainsi qu'il m'a paru judicieux d'envisager pour chaque symbole présent dans un rêve, en plus des interprétations psychologiques, ou plus exactement simultanément à elles, des interprétations divinatoires. En effet, jadis, aux yeux de tous ceux qui s'intéressaient de près aux rêves, notre grand esprit des rêves jouait le rôle d'un oracle. Dès lors, pour les oniromanciens, tout rêve avait un caractère divinatoire, en cela que, selon eux, il devait anticiper systématiquement des événements à venir. C'est en m'inspirant des ouvrages qui furent réalisés selon ce principe par le passé que, chaque fois que je vous exposerai mon modèle d'interprétation d'un rêve, je vous livrerai un certain nombre d'interprétations divinatoires en complément des interprétations psychologiques. Cependant, ces clefs divinatoires présentes dans de nombreux rêves ne doivent pas être confondues avec les rêves dits prémonitoires, lesquels mettent en scène des événements ou des situations pouvant parfois se produire dans la réalité tels qu'ils sont apparus dans nos rêves. Une interprétation divinatoire vous permet de deviner et d'anticiper un ou des événements signalés par un rêve, tandis qu'un rêve prémonitoire vous prévient d'un événement ou d'un fait réel qui se produira probablement ou fatalement et qui, parfois, ne vous concerne ou ne vous implique pas personnellement.

L'ONIROMANCIE
OU LA DIVINATION PAR LES RÊVES

Selon cet art divinatoire, l'un des plus anciens, et qui fut l'objet de nombreux recueils et traités durant l'Antiquité, chaque rêve annonce une situation ou un événement susceptible de se produire dans un avenir plus ou moins proche et que l'on peut comprendre en s'aidant du langage des symboles et des analogies. En réalité, comme nous l'avons vu, tout laisse croire que le rêve offre plusieurs niveaux d'interprétation, dont certains peuvent être simultanés ou se cumuler dans un même rêve.

De nos jours, suivant les théories de la psychanalyse, d'obédience freudienne surtout, nous sommes enclins à aborder l'univers onirique d'un individu sous l'angle des multiples compensations à des complexes inconscients. Mais ce faisant, nous réduisons la personnalité à des schémas et à des mécanismes psychologiques fonctionnant et se reproduisant à l'identique et à l'infini.

De l'analogie à l'association

Nos ancêtres eux aussi furent enclins à céder à la tentation d'une certaine systématisation. Ils croyaient volontiers que leurs rêves leur étaient transmis par des puissances surnaturelles, des divinités, des démons ou par un dieu suprême et qu'ils contenaient tous des messages prédictifs. Les interprètes des rêves des temps jadis, chamans, prophètes, prêtres ou devins, procédaient par analogie, l'ancêtre du processus d'association cher aux psychanalystes et psychologues modernes, pour comprendre la signification de tel ou tel rêve.

Ce principe analogique fut tant et si bien prisé par les hommes et les femmes de l'Antiquité et il fonctionnait si bien que la plupart des savants (alchimistes, astrologues, médecins, mathématiciens, etc.) du monde médiéval et du Moyen Âge s'en servirent pour observer le ciel, la terre, toutes les formes de vie et l'être humain qui se trouve au centre de tout cela, suivant leurs similitudes.

Notre grand esprit des rêves nous prévient, mais il n'a rien d'un prévisionniste

Si nous voulons bien admettre que notre grand esprit des rêves détient une espèce de savoir absolu, qu'il connaît le passé, le présent et l'avenir de chaque individu, voire de toute l'humanité, alors pourquoi ne pas convenir que, lorsque cela s'avère nécessaire, il est en mesure de nous prévenir de tel ou tel fait ou événement à venir, susceptible de se produire dans notre existence, et suffisamment important ou grave pour mériter d'être porté à notre attention ? Cependant, il convient d'être nuancé à ce sujet. Tout rêve est certes toujours prémonitoire en cela qu'il prévient le rêveur – c'est-à-dire qu'il l'informe ou l'avertit, si vous préférez –, mais en aucun cas il annonce systématiquement que l'événement se produisant dans tel ou tel rêve, ou la situation dans laquelle le rêveur se trouve, se reproduira à l'état de veille. Cela arrive parfois, mais c'est exceptionnel.

Chaque expérience est unique

Et lorsque cela se produit, le rêve et la situation dont celui-ci nous prévient ont un sens bien particulier qui n'a d'intérêt que pour le rêveur concerné, et qui ne peut jamais être soumis à des règles ou des lois immuables et générales. Il arrive plus fréquemment que nous soyons enclins à le croire, que ce qui est bon et intéressant pour nous, ne le soit pas pour une autre personne. Voilà pourquoi, s'il est toujours utile de faire profiter autrui de nos propres expériences, il ne faut pas nous aventurer à dégager de notre propre expérience onirique des règles immuables et universelles. Notre témoignage suffit. À chacun ensuite d'en tirer éventuellement parti si cela l'intéresse.

Tous les rêves peuvent-ils être interprétés sous un angle divinatoire et prévisionnel?

Il est intéressant de soumettre n'importe quel rêve aux principes de la divination afin de constater s'il se prête ou non à cette observation ou s'il nous informe éventuellement d'un événement à venir. En effet, l'interprétation psychologique d'un rêve s'inscrit dans un « ordre » acausal et amoral, autrement dit, au sein duquel les frontières séparant le passé, le présent et l'avenir, la loi de cause à effet et le sens moral ne reposent plus sur les mêmes critères que ceux auxquels nous nous référons dans la vie consciente. Par contre, l'interprétation divinatoire s'inspire de l'ordre temporel, chronologique et moral, s'inscrivant en cela dans la loi de cause à effet. Sur ces points, l'interprétation divinatoire telle que la pratiquèrent nos ancêtres pendant des millénaires et l'interprétation psychologique des rêves, relativement récente, diffèrent notablement. Elles n'en partagent pas moins un point commun : ces deux modes d'interprétation ne peuvent s'exercer sans connaître le langage des symboles.

Les dangers de la divination

Une interprétation erronée d'un rêve peut avoir parfois de graves conséquences. C'est pourquoi il convient de garder le silence sur ses rêves, de ne pas les exposer à des personnes qui ignorent tout de notre psychologie profonde. Nous pouvons les confier à une personne de confiance qui elle aussi nous parlera de ses rêves ou, si nous choisissons d'entamer une analyse, à un psychologue, non seulement professionnel, mais aussi talentueux. En effet, en psychanalyse ou en psychologie, comme en toute autre discipline d'ailleurs, le diplôme ne suffit pas ; encore le thérapeute doit-il éprouver de l'empathie pour son patient et savoir faire preuve d'imagination. En d'autres termes, il ne doit surtout pas enfermer ledit patient dans des schémas préétablis. De même, lorsqu'il s'agit d'appliquer la divination inspirée à l'étude des rêves, il faut se garder de formuler des interprétations d'où se dégage une vision unilatérale et schématique. Je vous rappelle (et j'y reviendrai de très nombreuses fois, tant ce point est fondamental) que chaque personne étant unique et singulière, les rêves de chacun le sont également. Au point où lorsque deux personnes font un rêve similaire, ce dernier n'aura que très rarement, si ce n'est jamais, la même signification pour les deux personnes en question.

• Le rêve d'une reine

Extrait de la tradition orale de la divination par les rêves qui fut pratiquée pendant des siècles par les rabbins, voici le récit des fâcheuses conséquences d'une mauvaise divination par les rêves :

Dans un certain pays, un roi était accoutumé à consulter un rabbin afin qu'il lui livre les messages contenus dans ses rêves. Le roi en question ayant dû partir guerroyer, le rabbin,

qui devait quant à lui s'absenter pour entreprendre un pèlerinage, donna alors ses directives à ses disciples: « En mon absence, leur dit-il, la reine viendra probablement vous interroger sur les significations de ses rêves. Soyez très attentifs au contenu de ses rêves, et très prudents lorsque vous lui confierez vos interprétations. » *Et la reine vint en effet conter l'un de ses rêves aux disciples:* « Tandis que j'organisais un banquet pour fêter la victoire du roi et son retour, me fut offerte une épée au pommeau serti d'or, mais dont la pointe était brisée. » *Et les disciples d'interpréter le rêve de la reine, lui livrant leurs conclusions sombres et défaitistes. Quelque temps plus tard, le rabbin revint de son pèlerinage.* « Que s'est-il passé en mon absence ? » *s'enquit-il auprès de ses disciples. Ces derniers lui narrèrent la visite de la reine, son rêve, et leur interprétation:* « Nous lui avons annoncé la mort prochaine du roi », *avouèrent les disciples.* « Malheureux, vous avez tué le roi ! » *s'écria le rabbin.*

Le parti pris de l'interprétation

Toute interprétation que nous donnons volontiers à l'un de nos rêves constitue un parti pris, excluant ou occultant nécessairement d'autres angles d'interprétation possibles. Si notre choix d'interprétation est juste et bon, autrement dit, s'il correspond bien à notre état d'esprit du moment et que nous sommes suffisamment honnêtes à l'égard de nous-mêmes en dégageant du contenu de notre rêve le message exact qu'il recèle, nous tirerons évidemment profit de ce dernier ou, d'une manière ou d'une autre, il aura des effets bénéfiques. En revanche, pour toutes sortes de raisons inhérentes à notre situation du moment et à notre façon de voir les choses, si nous nous mentons à nous-mêmes, et que notre interprétation est erronée, alors nous devrons tôt ou tard en subir les conséquences. Dans ce dernier cas toutefois, notre grand esprit des rêves étant très généreux, à l'instar de la nature qui donne naissance à de multiples formes de vie se renouvelant ou se régénérant sans cesse, il produira un ou plusieurs nouveaux rêves qui nous remettront sur la bonne voie. Dès lors, malgré nos erreurs ou nos égarements, si nous sommes attentifs à nos rêves, nous finissons toujours par en comprendre les significations, celles qui nous conviennent, qui sont adaptées à notre situation et qui sont l'exact reflet de ce que nous sommes au moment où nous faisons tel ou tel rêve, que nous prenons ainsi le risque d'interpréter sous un certain angle plutôt que sous un autre, suivant en cela notre intuition et nos propres critères.

L'art de l'interprétation

Enfin, il est utile de souligner que s'exercer à interpréter le rêve d'une tierce personne est un art délicat, ce qu'illustre parfaitement le témoignage précédent, issu de la grande tradition rabbinique. Là encore, le parti pris que nous serions amenés à prendre en livrant à ladite personne notre interprétation de son rêve sans connaître sa psychologie profonde ni son actualité, c'est-à-dire les événements et les situations qu'elle vit au moment où elle fait tel ou tel rêve, serait non seulement susceptible d'exclure d'autres angles d'interprétation possibles, mais il risquerait aussi de conduire le rêveur ou la rêveuse sur une fausse piste ou dans une mauvaise direction. Dans ce genre de circonstances, et bien que nous nous montrions tous plus ou moins avides ou impatients de connaître et comprendre les significations de nos rêves, en particulier lorsque l'un d'eux nous a fort impressionnés, il faut toujours agir avec infiniment de précautions en livrant notre interprétation. Je reviendrai sur ce point important plus avant dans ce livre.

UN PEU D'HISTOIRE

Le Ziqiqou, le dieu-rêve de Babylone, messager divin

À Babylone, dès la fin du deuxième millénaire avant notre ère, le rêve était perçu tel un dieu qui se manifestait en prenant l'apparence du souffle, le Ziqiqou. À la nuit tombée, le dieu-rêve, démon nocturne et création de la nuit, errait entre le ciel et la Terre. Sa description par les Assyriens de Babylone n'est pas sans rappeler le « double éthérique », ainsi que l'apparition angélique telle qu'elle sera figurée plus tard par les kabbalistes notamment, suivant leur notion de *tsélém* ou « corps astral ». Le dieu-rêve de Babylone était placé sous la double influence de Shamash, aussi nommé Outou, divinité figurant le Soleil, également appelée « le roi des spectres » qui, pendant la nuit, poursuivait son voyage dans le monde obscur et infernal, et de Sîn, aussi nommé Nanna, le dieu lunaire, fils d'Enlil, divinité primordiale et supérieure dans le panthéon des nombreux dieux mésopotamiens, associée au destin des hommes, mais aussi, d'une certaine manière, à l'atmosphère de la Terre, à l'Air en tant qu'élément, et donc au souffle sous l'aspect duquel apparaissait le Ziqiqou, le dieu-rêve.

UN PEU D'HISTOIRE

Le sha'ilou, l'oniromancien, prêtre et devin de Babylone

Pour pratiquer l'art divinatoire de l'oniromancie et interpréter le message transmis par le dieu-rêve, le devin babylonien devait faire appel aux ressources de son imagination et de son intuition, en plus de consulter les formulaires des présages relatifs aux rêves dont il disposait. Toutefois, à Babylone, seul un devin, qui était aussi un prêtre, surnommé *sha'ilou*, « l'interrogateur », avait les compétences requises pour interpréter un rêve. Par ailleurs, le rêve ayant un caractère magique, sacré et démoniaque, il était déconseillé et parfois même interdit au rêveur de livrer son rêve à une autre personne qu'au prêtre et devin interprète des rêves. Lorsque le rêveur s'adressait à l'oniromancien pour découvrir l'interprétation qu'il lui donnait de son rêve, le *sha'ilou* commençait par lire les textes rituels afin de s'accorder la grâce et l'aide des dieux, puis il consultait les formulaires des présages relatifs aux rêves, enfin il donnait libre cours à son inspiration et à son imagination pour résoudre l'énigme d'un songe. De sorte qu'à Babylone, l'interprétation d'un rêve avait un caractère cérémoniel. Il ne s'agissait pas d'un acte anodin accompli par le prêtre et devin, et le rêveur quant à lui en mesurait ainsi toute l'importance et la gravité. Ces textes rituels nous apprennent également que, en confiant son rêve à l'oniromancien, le rêveur éprouvait une véritable délivrance. Il s'agissait là d'un exorcisme, rituel inhérent à toute la culture mésopotamienne, où les pratiques de la divination et de la médecine avaient toujours un caractère expiatoire, libérateur et salutaire.

De l'oracle de la divination à l'expérience scientifique

Il nous reste à comprendre en quoi consiste la divination et ce qui la différencie aujourd'hui de l'expérience scientifique qui, pour les raisons que nous savons, est devenue la seule référence tangible à nos yeux. Pour ce faire, je prendrai un exemple très simple, à la faveur duquel je me garderai bien d'émettre une critique de l'observation scientifique dont notre monde moderne a tiré de nombreux et incontestables avantages. Il est cependant regrettable que l'interprétation scientifique soit encline à devenir la seule interprétation reconnue comme juste et vraie, alors que tant d'autres angles d'interprétation négligés par l'esprit scientifique régnant pourraient nous offrir une meilleure compréhension du monde et de la vie. Mon intention n'est donc pas d'opposer l'oracle de la divination à l'observation scientifique, mais d'essayer de démontrer qu'ils procèdent l'un et l'autre de deux points de vue non pas opposés, mais différents et probablement complémentaires. D'un point de vue historique et chronologique, nous ne pouvons nier l'évidence: l'oracle de la divination a non seulement précédé l'expérience scientifique, mais il fut aussi à l'origine de la science des présages, constituant ainsi la première organisation méthodique et scientifique du monde et, ce faisant, l'ancêtre des sciences modernes.

Pile ou face?

L'exemple que j'ai choisi est celui de la pièce de monnaie que deux personnes jettent en l'air en disant: « Pile ou face? » L'une choisissant évidemment le côté pile, l'autre le côté face. Ce procédé, qui semble laisser la part belle au hasard, est fréquemment utilisé pour départager deux personnes devant accomplir une tâche, une mission ou une épreuve, obtenir quelque chose ou acquérir un bien, ou faire tout autre choix, mais qui, pour des raisons diverses, ne se sentent pas aptes à prendre cette décision. Que font-ils en jetant leur pièce de monnaie et en prononçant cette formule bien connue? Ils s'en remettent au hasard. Cette expérience simple et symbolique revient à consulter l'oracle qui décidera, en lieu et place des deux personnes concernées, de l'arrêt du destin, du sort de chacun des deux protagonistes.

Hasard, probabilité et acte unique

Il est bien évident que l'observation scientifique, quant à elle, exclut toute perspective de hasard. Pour l'homme de science, le hasard ne peut ou ne doit pas exister. L'expérience scientifique implique en effet une répétition immuable d'un certain nombre de facteurs et paramètres identifiables, mesurables, quantifiables, pouvant se reproduire à l'infini, ou se reproduisant systématiquement à l'identique et ne laissant jamais rien au hasard, bien sûr. Du point de vue scientifique toujours, si par hasard, justement, un intervenant inattendu ou imprévu se manifestait ou interférait, l'ordre, la cohérence, la justesse et la fiabilité d'une formule, par exemple, seraient remis en cause. Nous pouvons en déduire que du point de vue scientifique le hasard doit être nécessairement maîtrisé, voire éliminé, tandis que pour l'oracle de la divination, tout repose sur le hasard, tout dépend de lui. Marie-Louise von Franz écrit: « Les expériences éliminent le hasard, l'oracle fait du hasard son centre; l'expérience est basée sur la répétition, l'oracle est basé sur un acte unique. L'expérience est basée sur un calcul des probabilités et l'oracle utilise le nombre unique et individuel comme source d'information[1]. »

Le hasard, l'acte unique et l'instant magique constituent le triangle au centre duquel peut se manifester la divination. Pour deviner le message que l'oracle veut délivrer au consultant et qui l'informera sur son devenir, il doit s'exercer à l'art divinatoire qui est aussi un jeu initiatique, reflet du grand jeu de la vie.

Le jeu, les émotions et le destin

Il va de soi que nous éprouvons tous de nombreuses émotions qui, le plus souvent, engendrent de non moins nombreuses contradictions et une certaine confusion de nos sentiments, dont nous sommes plus ou moins conscients et victimes. Le jeu, quel qu'il soit, dont il ne faut pas oublier qu'il avait pour nos ancêtres un caractère initiatique et sacré, est une excellente méthode pour organiser le monde intérieur et le monde extérieur, simultanément, de sorte qu'ils coïncident et s'unissent. C'est selon ce principe que sont nés tous les rituels magiques et religieux, et sur ce même principe que repose notre penchant à répéter les mêmes gestes au même moment. En jouant, nous invitons le monde extérieur et notre monde intérieur à coïncider pour un instant unique, certes fugace, mais toujours révélateur. En jouant, nous nous trouvons au centre de l'organisation chaotique du monde et de la vie, et nous mettons ainsi de l'ordre dans nos émotions, en en devenant peu à peu sinon maîtres, du moins acteurs et conscients.

---

1. FRANZ, Marie-Louise (VON), *La psychologie de la divination, Le hasard signifiant*, Poïesis, Paris, 1986.

UN PEU D'HISTOIRE

Les formulaires d'oniromancie à Babylone

En Mésopotamie, berceau de l'écriture cunéiforme, les hommes utilisèrent cette merveilleuse et géniale invention pour organiser leur vie sociale et économique. Ainsi, leurs règles de vie administrative et leurs lois furent-elles écrites. Il en fut de même de leurs récits mythiques et de ce qui constituait d'authentiques traités très élaborés de divination et de présages. C'est dans les archives royales d'Assurbanipal – grand roi d'Assyrie du VIIe siècle avant notre ère, qui conquit l'Égypte, détruisit l'empire d'Élam et réalisa une fabuleuse bibliothèque à Ninive, la capitale de son empire – que l'archéologue anglais Austen Henry Layard découvrit en 1850 plus de 25 000 tablettes. Le British Museum de Londres abrite aujourd'hui ces tablettes, dont une centaine constituent une véritable « clef des songes » avant la lettre. Voici quelques brefs extraits de l'un de ces formulaires d'interprétations des rêves, reconstitué méthodiquement par l'assyriologue américain Leo Oppenheim*.

« La rencontre d'un animal est matière à présages dans la série des prédictions tirées de la vie quotidienne. La "clef des songes" babylonienne consacre toute une tablette à cette rencontre homme-animal dans un rêve. Voici quelques extraits de cette série :

Si un homme rencontre un cheval : il aura un sauveur.
Si un homme rencontre un singe : il aura des enfants.
Si un homme rencontre un bélier : son avenir sera favorable.
Si un homme rencontre un cochon : il aura des enfants.
Si un homme rencontre un renard : il aura des enfants.
Si un homme rencontre une souris : il mangera à sa faim.
Si un homme rencontre un oiseau : il retrouvera un objet perdu.
Si un homme attrape un renard : il aura un ange gardien.
S'il attrape un renard et qu'il lui échappe : un ange gardien l'abandonnera.
S'il attrape un chat : réalisation de désirs, il aura un ange gardien.
S'il attrape un serpent : il aura un ange gardien.
S'il attrape un bouc : un mauvais esprit le saisira.
S'il attrape un bélier : il sera poursuivi en justice.
S'il attrape une chienne : il aura un ange gardien. »

Marcel LEIBOVICI, *Les songes et leur interprétation à Babylone*, éditions du Seuil, Paris, 1959.

---

* OPPENHEIM, Leo, *The Interpretations of Dreams in the Ancient Near East*, The American Philosophical Society, Philadelphie, 1956.

QU'EST-CE QUE LA PSYCHOLOGIE ?

La psychologie n'est rien d'autre qu'une observation attentive et une étude détaillée des phénomènes psychiques qui se produisent chez un individu, le plus souvent à son insu ou malgré lui. Nos sensations, nos perceptions, nos impressions, nos sentiments, nos émotions, nos humeurs, nos états d'âme, nos pensées, nos idées, nos souvenirs, leur origine, leur fondement et leur expression, tout cela constitue les domaines d'investigation de la psychologie. À partir de ces données typiquement humaines fournies par les phénomènes psychiques, les psychologues ont peu à peu composé des grilles et des méthodes d'investigation et d'interprétation qui peuvent aider chacun d'entre nous à comprendre selon quels critères il est ce qu'il est, agit, pense ou exerce son libre arbitre.

La psychologie est-elle une science ?

Néanmoins, au regard des sciences exactes qui règnent en maîtres aujourd'hui, et malgré la bonne volonté des psychologues et psychanalystes à la hisser au rang de telles sciences, la psychologie souffre d'un handicap majeur : il est quasiment impossible de situer physiquement et concrètement le psychisme. Certes, nous avons beau jeu de croire que le psychisme est un pur produit du cerveau humain, lequel est lui-même une mécanique subtile et très élaborée, pour ne pas dire une machine complexe, donc mesurable et prévisible, il n'en reste pas moins que nous n'avons aucune certitude à ce sujet, et que toutes les théories, observations et recherches consacrées au cerveau humain sont loin d'être probantes.

La conscience se trouve-t-elle dans le cerveau ?

En effet, nous sommes beaucoup trop enclins à croire que « tout » se passe dans le cerveau, que notre intelligence, notre esprit, notre âme, notre mémoire, nos sentiments, nos désirs, nos goûts, notre conscience, entre autres, trouvent leur origine et siègent dans notre cerveau. Mais ce dernier n'a rien d'un superordinateur et le corps humain n'est pas une machine. Réduire les hommes et les femmes à des fonctions d'organes et à une organisation anatomique et physiologique uniforme nous interdit de prendre en compte la personne humaine unique en son genre, son individualité, sa personnalité, ses joies et ses souffrances. Notre conscience n'est probablement pas le produit du seul cerveau humain, quand bien même ce dernier joue indéniablement un rôle important dans ses manifestations et ses expressions.

La réalité ne serait-elle qu'une vue de l'esprit?

Ce besoin qui nous pousse à tout organiser, classifier, maîtriser en fragmentant résulte de notre penchant à projeter sur le monde extérieur et tout ce qui nous environne un ordre qui n'est qu'une vue de notre esprit. Cette dernière est elle-même un pur produit compensatoire d'une angoisse irrépressible et indicible, d'une peur de nous perdre et d'un profond sentiment d'insécurité s'illustrant bien sûr et entre autres par le fait que tout être vivant est condamné à vieillir, dépérir et mourir. Nous ne connaissons pas ou plus notre milieu naturel tel qu'il est, nous l'interprétons. Et à partir de l'interprétation que nous donnons de notre environnement naturel, nous nous forgeons une réalité. Mais qui peut dire où sont la réalité véritable et la vérité réelle?

Diviser pour mieux régner

Pour éviter de nous poser ces questions et afin de poursuivre notre chemin quelles qu'en soient les conséquences, préservant ainsi notre conscience du grand désordre et des contradictions qu'engendrent notre interprétation de la réalité (soutenue par des investigations scientifiques de plus en plus élaborées et que nous voulons irréfutables) et notre méconnaissance du monde, nous mettons au point toutes sortes de systèmes, règles et lois qui sont les mêmes pour tous et pour tout et qui, bien sûr, abondent dans le sens de notre vision ou interprétation du monde et de la réalité. Ainsi, nous en sommes au point où nous avons fini par nous identifier à notre propre vision ou interprétation du monde et de la réalité, que nous n'envisageons évidemment pas comme un tout au sein duquel chaque élément communique et communie avec les autres, mais où au contraire il en est séparé, isolé, de sorte que nous pouvons le soumettre aux instruments de mesure que nous avons inventés et fabriqués à cette fin. Ne pouvant en effet voir, faire et penser qu'une chose à la fois, notre interprétation du monde et de la réalité est forcément fragmentaire. Nous divisons pour mieux régner, en quelque sorte, et pour nous donner raison de voir le monde comme nous le voyons.

Que nous dit la psychologie ?

Dans ce contexte, la psychologie est peut-être née dans l'esprit habile, inventif, imaginatif et réceptif de certains d'entre nous, plus éclairés que d'autres à un moment où toute l'humanité se mettait en grand péril (péril qui nous menace toujours) ou tout simplement plus aptes à capter des courants collectifs salvateurs. Que nous dit la psychologie ? Que nous devons revenir à l'origine de ce grand fantasme qu'est notre vision ou interprétation du monde ; que nous devons voir le grand spectacle du monde tel un film dont nous sommes tous, individuellement et ensemble, les « projecteurs et projectionnistes » ; que nous devons prendre conscience de notre part de responsabilité dans ce film dont nous sommes à la fois les producteurs, les réalisateurs, les acteurs et les spectateurs ; que nous devons retourner aux sources de cette projection, de cette vision, de cette interprétation du monde à laquelle nous nous sommes si bien identifiés que nous en sommes devenus les esclaves ou les prisonniers ; que nous pouvons nous en libérer en revenant à nous-mêmes et en nous-mêmes, de manière à percevoir que ce monde n'est rien d'autre que ce que nous sommes, qu'il est forgé à notre image, et que vivre ou agir en soi, c'est vivre et agir en lui ; que se connaître soi-même, c'est connaître le monde tel qu'il est, tel qu'il se manifeste à nous, non tel que nous l'imaginons.

C'est l'âme qui rêve

Toutefois, et bien que la psychologie soit une découverte ne remontant qu'à quelques générations, nous l'affublons déjà de lieux communs, de préjugés, de conventions, ce qui ne favorise pas sa compréhension. Autant que faire se peut, je m'efforcerai de ne pas céder à de telles conventions. En revanche, pour vous aider à trouver l'interprétation de vos rêves, je vous propose de convenir d'un postulat, qu'il faut, dans la mesure du possible, dépouiller de toute connotation religieuse : ainsi, quels que soient vos croyances, votre foi, votre engagement religieux, que vous soyez bouddhiste, catholique, musulman ou athée, convenons que l'âme humaine existe. En effet, c'est l'âme qui rêve. Il est même probable que l'âme rêve à tout instant. Le rêve est l'expression de l'âme, et les symboles universels constituent les matériaux à partir desquels nous pouvons tenter de traduire les messages contenus dans nos rêves. Ces symboles nous apparaissent sous formes d'images, de figures, de représentations ou de situations allégoriques, parfois aussi très réalistes.

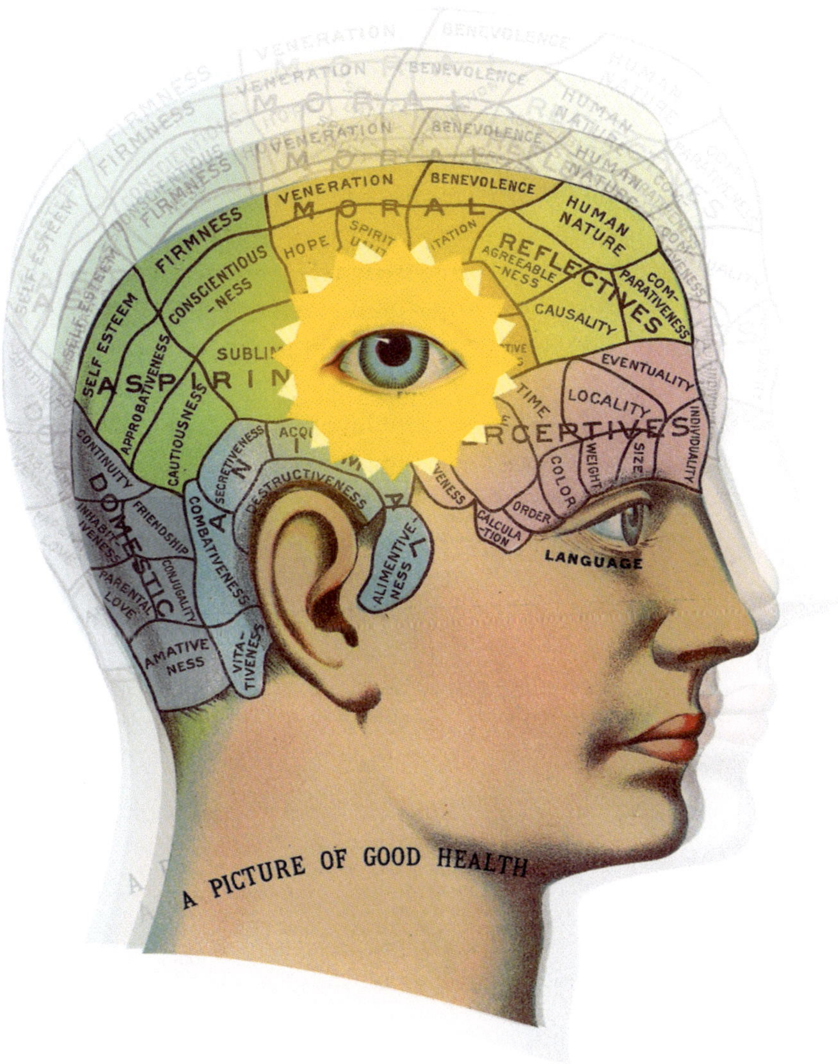

PETIT LEXIQUE
à l'usage de l'interprète des rêves

Pour vous initier à l'interprétation de vos rêves, il convient néanmoins que vous vous familiarisiez avec quelques termes « techniques », employés d'une manière un peu trop scientifique et systématique par les spécialistes de la psychanalyse et de la psychologie moderne, ou de façon très approximative, confuse, ou totalement erronée par les profanes que nous sommes. En réalité, ces termes sont assez faciles à comprendre dès lors que l'on veut bien les dépouiller de leur aspect technique ou scientifique, afin de les ramener au plan humain, autrement dit, à l'expérience vécue par tout un chacun, sans céder pour autant à la schématisation. Mon intention n'est pas de trahir le « jargon psy », mais de le rendre plus intelligible et accessible. Dans cet esprit, je m'inspire évidemment des écrits de psychologues et psychanalystes référents qui ont fait œuvre utile en nous livrant les fruits de leurs recherches, de leurs expérimentations et de leur propre expérience.

Animus, anima

D'après Carl Gustav Jung[2], « l'*animus* est la personnification de la pensée masculine (et de la masculinité en général) chez une femme ». À l'inverse, l'*anima* est donc la personnification de la pensée féminine (et de la féminité en général) chez un homme. En simplifiant, nous pourrions dire que chaque homme

2. Jung, Carl Gustav, *Les racines de la conscience*, Buchet-Chastel, Paris, 1971.

recèle une part de féminité et que toute femme contient une part de masculinité, chacune de ces deux parts étant plus ou moins forte ou flagrante selon la personnalité de l'homme ou de la femme en question. Ainsi et par exemple, lorsqu'une femme veut avoir toujours raison et le dernier mot en dépit de tout et de tous, qu'elle discute à propos de tout ou qu'elle se mêle de vouloir refaire le monde, elle est victime de son *animus*, ou de sa part d'ombre masculine qui agit en elle à son insu. En revanche, lorsqu'elle fait preuve de courage, de volonté et de force d'âme, elle intègre et exploite à bon escient cette part de lumière masculine qu'elle détient. De même, lorsqu'un homme se vante de tout savoir et connaître, qu'il cède à ses humeurs, se montrant susceptible et colérique, ou qu'il accorde une place prépondérante à la raison et à la réalité concrète et matérielle, il est victime de son *anima*, ou de sa part d'ombre féminine qui agit en lui à son insu. Par contre, lorsqu'il se montre réceptif, sensible, attentif, attentionné, bienveillant, imaginatif, créatif, il intègre et exploite d'une manière positive la composante lumineuse et féminine de sa personnalité. Comme nous le verrons, l'*animus* et l'*anima* interviennent fréquemment dans nos rêves où, entre autres, ils prennent l'apparence d'un homme ou d'une femme proche, étranger ou inconnu selon que nous sommes plus ou moins conscients de cette composante essentielle de notre personnalité.

Archétype

Ce mot désigne un symbole universel appartenant à la mémoire inconsciente collective, que l'on retrouve donc sous des formes variées procédant de la même essence et des mêmes fondements, dans toutes les croyances et cultures humaines aussi loin que l'on se reporte. Ce symbole constitue ainsi un modèle présent dans les contes, les légendes, les récits, les mythes, les thèmes et les personnages de la littérature de tous les temps et, plus généralement, dans toutes les créations artistiques et inventions technologiques de l'humanité. Mais les archétypes sont aussi des symboles et des modèles actifs, vivants, pourrait-on dire, dans nos rêves. De nos jours encore, ils sont légion dans toutes les œuvres de fiction, ainsi que dans nos idées et idéologies, nos croyances, nos conceptions (y compris scientifiques) du monde et de la vie, nos visions et nos illusions.

L'expérience archétypique

Il existe aussi des expériences dites archétypiques, saisissantes, vécues dans un rêve, mais aussi parfois dans la réalité. C'est notamment le cas durant l'expérience chamanique, lorsque le chaman semble totalement fusionner avec « l'esprit » d'un animal, d'un arbre ou de tout autre élément de la nature, jusqu'à être possédé par lui. L'expérience mystique peut elle aussi être considérée comme une expérience archétypique. Il arrive ainsi que nos rêves nous plongent dans des expériences archétypiques qui, d'une manière ou d'une autre, ont toujours une grande et profonde résonance en nous.

Complexe

Toute complexité nous semble synonyme de difficulté. C'est la raison pour laquelle nous sommes si réticents vis-à-vis du complexe auquel les psychologues font fréquemment allusion ; nous l'assimilons volontiers à une complication, une tare, voire une maladie ou un handicap. À nos yeux, être complexé, c'est être timide, maladroit, diminué, au point que nous sommes enclins à ne considérer que le seul complexe d'infériorité. D'après Alain Rey[3], les racines étymologiques de « complexe », emprunté au latin *complexus*, qui signifie « fait d'éléments imbriqués », nous apprennent que ce dernier dérive de *complecti*, qui signifie « embrasser, comprendre », composé lui-même de la racine *com*, « avec », et de *plectere*, « plier, entrelacer ». De fait, la définition du complexe telle que l'entendent les psychologues se résume bien à un ensemble d'éléments imbriqués ou, plus exactement, un ensemble de contenus psychiques à connotation affective. Il s'agit en quelque sorte d'une constellation de sentiments divers qui se forme à l'intérieur d'un être et qui, en soit, n'est ni négative ni positive, mais susceptible d'influencer les comportements et attitudes conscients et inconscients de l'être en question. Il aurait été ainsi plus juste d'employer le terme de « complexion », issue du latin *complexio*, qui désigne un « assemblage d'éléments divers ». Encore que lesdits éléments qui s'assemblent ou se rassemblent de la sorte ne se retrouvent pas réunis par hasard.

---

3. Rey, Alain, *Dictionnaire historique de la langue française*, Le Robert, Paris, 1992.

La constellation ou le complexe du moi

Le terme « constellation » me semble tout à fait adéquat pour illustrer le phénomène du complexe se produisant en chaque individu. En effet, les constellations que sont les complexes constituent des assemblages de forces psychiques latentes ou actives (instincts, sentiments, émotions), dont certaines sont ignorées de nous et représentent donc des potentialités de qualités plus ou moins en sommeil, que nous serions bien avisés d'exploiter pour développer notre personnalité et élargir le champ de notre conscience. L'une de ces constellations ou, pour le dire autrement, l'un de ces complexes est le moi ou l'ego. Ce dernier se structure lentement à l'intérieur de nous, tel un noyau autour duquel gravitent toutes les caractéristiques de notre personnalité. Il nous aide à affirmer notre personnalité, puis à nous singulariser. Mais le moi, ou l'ego, se compose d'éléments disparates inhérents à notre psychisme et à tout ce que nous sommes. Tant et si bien que si, pour une raison ou pour une autre, certaines composantes de notre moi ne peuvent pas s'exprimer librement, sont contrariées ou refoulées, le complexe du moi, suivant sa propre loi, perturbe notre conscience et notre volonté, parfois jusqu'à agir en nous et sur nous, autrement dit jusqu'à influencer notre comportement d'une manière totalement indépendante, malgré nous et à notre insu. Lorsque cela se produit, et qu'un complexe quel qu'il soit ne fonctionne pas naturellement en nous, il surgit dans l'un de nos rêves, prenant des aspects divers. Mais il lui arrive aussi de s'exprimer dans la vie diurne, notamment à travers des actes manqués. Par exemple, lorsque nous nous prenons les pieds dans le tapis, ou que nous nous orientons dans une mauvaise direction en étant pourtant convaincu d'être sur le bon chemin, nous pouvons croire qu'un complexe nous rappelle à l'ordre.

Conscience et inconscience, conscient et inconscient

Il s'agit de quatre concepts totalement distincts, mais que nous ne savons pas bien différencier. D'une certaine manière, nous devons considérer que tout ce qui ressortit à l'inconscient, fondement de la vie psychique de tout être, « dirige » malgré elle la personnalité, tandis que cette dernière use du conscient pour choisir et décider, autrement dit, exercer sa volonté. Ainsi, un être qui est vraiment conscient se sent constamment responsable vis-à-vis de ce fondement de la vie psychique qu'est l'inconscient. Il n'est pas dupe de ce qui « commande » en lui, malgré lui. En revanche, s'il reste « pris au piège des identifications », des projections, des faux-semblants, et des « faux motifs », en d'autres termes, s'il s'illusionne et s'autosuggestionne tant et si bien qu'il voit le monde, la réalité et lui-même à travers le filtre d'influences extérieures auxquelles il s'identifie et de mensonges qu'il forge lui-même en convictions et certitudes, il vit en état d'inconscience.

Être inconscient ou trop conscient

Si nous voulons bien admettre que la partie consciente d'un être, la conscience qu'il a de lui-même et du monde extérieur, se développe à partir du noyau de son moi (le moi conscient, selon les psychanalystes), nous comprendrons aisément que, lorsqu'il se laisse trop investir ou influencer par les courants collectifs, les modes, les idées dans l'air du temps, les préjugés, bref, toutes les images et les informations provenant du monde extérieur qui l'assaillent et auxquelles il s'identifie, c'est l'aspect conscient de sa personne qui en pâtit et en souffre. Dans un tel cas de figure, nous avons affaire à un être qui doit s'efforcer de développer son psychisme conscient. À l'inverse, lorsqu'un être est convaincu d'être parfaitement conscient des réalités, de son devoir et de ses responsabilités, que, tel saint Thomas, il ne croit que ce qu'il voit, ce qu'il peut prouver et maîtriser, son psychisme conscient exalté l'aveugle jusqu'à l'inconscience. Il doit donc apprendre à tempérer son psychisme conscient qui, en tout état de cause, le rend inconscient et dupe d'un certain nombre de phénomènes qui se produisent dans les couches les plus profondes de sa personnalité. Être inconscient, c'est se laisser emporter par un flux incessant provenant de soi ou du monde extérieur sans y résister, sans jamais pouvoir faire la part du vrai et du faux ; tandis qu'être trop conscient, c'est croire tout connaître de soi, des autres et du monde, et pouvoir tout dominer, au point d'exclure toute une partie de sa personnalité et de vivre dans l'ignorance de soi, jusqu'au jour où nous nous retrouvons submergés par des forces surgies de notre psyché inconsciente et qui, parfois, peuvent nous faire perdre tous nos moyens.

Notre psyché consciente et inconsciente est une île

Bien que, là encore, nous soyons enclins à la diviser pour l'analyser, notre psyché n'est pas scindée en deux parties distinctes. Ayant en son centre la constellation ou le complexe de notre moi, notre psyché consciente est la partie sinon visible, du moins accessible et compréhensible de notre univers psychique intime. Elle est à tout instant étroitement reliée à notre psyché inconsciente, celle-ci exerçant une influence majeure sur la plus grande partie de notre être ; cette influence peut même se révéler très perturbatrice, voire destructrice, si nous accordons une trop grande place à notre vie consciente. Nous pourrions comparer notre psyché à une île située au cœur de l'océan, la terre émergée à la surface de laquelle nous vivons en relation avec le monde extérieur figurant la partie consciente de notre psyché. Quant à l'immensité de la terre de cette île, immergée jusqu'au plus profond des abysses, elle représente la partie inconsciente de notre psyché. Ces deux terres forment évidemment une unité, une montagne en plein océan peut-être, dont seul le sommet nous semble visible et viable. En réalité, la petite terre émergée repose sur la grande terre immergée. Et de même que la première n'existerait par sans le support de la seconde, notre psyché consciente puise sa force et son assise dans notre psyché inconsciente. Si les fondements de la première étaient ébranlés et si elle s'effondrait, toute l'île serait à son tour immergée, disparaissant dans les profondeurs de l'océan.

La mère, le père et l'enfant

Bien que notre psyché consciente et notre psyché inconsciente semblent parfois s'opposer, car nous ne sommes pas toujours en accord, honnêtes ou justes avec nous-mêmes, elles n'en sont pas moins complémentaires en tout, l'une ayant en quelque sorte toujours besoin de l'autre et *vice versa*. Dès lors, notre psyché inconsciente se comporte à l'égard de notre psyché consciente telle une mère avec son enfant. En effet, notre psyché inconsciente présente de fortes caractéristiques féminines et maternelles, quel que soit notre sexe. C'est pour cette raison qu'il m'a paru judicieux d'attribuer à notre fonction onirique le nom de « grand esprit des rêves ». Ce grand esprit des rêves est quant à lui pourvu de qualités plutôt masculines et paternelles. Ainsi, en son sein, à l'instar d'une mère ayant pouvoir de vie et de mort, notre psyché inconsciente contient toutes les puissances instinctives, créatrices et destructrices de la vie que notre grand esprit des rêves nous transmet dans notre univers onirique sous forme d'images, de symboles et d'archétypes. Et de même qu'une mère porte en son sein l'enfant auquel elle donnera naissance, nous pouvons croire que notre psyché inconsciente a accouché de notre psyché consciente. C'est probablement selon de tels critères qu'il faut comprendre les nombreux récits de cosmogonies relatant la naissance du monde et qui sont à l'origine des croyances et religions de l'humanité.

Le don de la conscience

Il va de soi qu'une mère veut ce qu'il y a de meilleur pour son enfant. C'est ainsi que notre psyché inconsciente est fondamentalement et d'emblée bienveillante à l'égard de notre psyché consciente. Une mère fait tout son possible pour aider son enfant à devenir conscient, comme si elle-même éprouvait le besoin de devenir consciente d'elle-même à travers lui. Mais comme nous le savons, les enfants ne sont pas toujours obéissants ni attentifs aux conseils de leurs parents ou de leurs aînés. Ils n'en font souvent qu'à leur tête. Ils peuvent se révéler capricieux, présomptueux, impatients, impulsifs, déraisonnables, irrespectueux, etc. Dès lors, si les adultes que nous croyons être se comportent d'une manière infantile, se refusant à devenir conscients, transgressant de plus en plus les grandes lois de notre mère que sont simultanément la nature et notre psyché inconsciente, nous courons le risque d'être dévorés par elle. Si notre psyché inconsciente a effectivement enfanté notre psyché consciente, nous pouvons en déduire qu'elle nous a fait don de la vie et, qui plus est, qu'elle nous a confié un grand principe vivant et plus fort que la mort : la conscience ! Toutefois, si nous n'en faisons pas bon usage, nous comportant d'une manière infantile et irresponsable, ce grand principe nous sera retiré. D'où la nécessité pour nous tous d'apprendre à nous comporter comme des enfants réceptifs, spontanés, intelligents, non comme de sales gosses vaniteux et convaincus qu'ils peuvent vaincre la mort en dominant le monde, la nature et la vie, bref, en spoliant et reniant leur mère.

EXEMPLE D'INTERPRÉTATION

Une histoire symbolique de la naissance de la conscience

Si nous interprétons la légende mythique et biblique du Paradis et de la Chute (Genèse, III, 6) tel un rêve, nous découvrons que les symboles présents dans ce récit mettent en scène les protagonistes de la naissance de la conscience. Selon cette légende mythique, en effet, le serpent tentateur invite Ève à goûter au fruit de l'arbre qui se trouve au centre du jardin et sur lequel pèse l'interdit de Dieu. Le fruit symbolise ici la connaissance du bien et du mal, c'est-à-dire la conscience, nom dérivant du latin *conscientia*, dont le sens oscille entre « connivence » et « confidence » et désigne un sentiment intime. Ce fruit tient son origine et sa substance de l'arbre de vie, dont les racines sont évidemment enfouies dans la terre, et qui est situé au centre du jardin. Autrement dit, c'est dans le noyau de ce fruit que toute vie se crée et se manifeste à tout instant. Investie de ces qualités typiquement féminines que sont la connivence et la confidence, Ève invite spontanément Adam, son double masculin, son alter ego, à croquer dans ce fruit. En étroite connivence avec lui, elle lui confie ce qu'elle vient de découvrir en goûtant à ce fruit : la conscience ! Quant au serpent sur lequel pèsera la malédiction que l'on sait, il est une représentation symbolique de la libido, ce courant d'énergies psychiques primordiales, lovées à la base de notre colonne vertébrale, laquelle présente elle aussi des analogies symboliques évidentes avec l'arbre dont la sève monte le long de son tronc à partir de ses racines.

Libido

La *libido*, mot latin qui signifie « désir », « envie », est un concept que Sigmund Freud a utilisé pour étayer sa théorie de la sexualité. Ainsi, selon le psychanalyste viennois – qui ne s'était pas encore départi du complexe de culpabilité inhérent à la culture judéo-chrétienne, laquelle exerçait une importante influence sur la conscience collective de son époque –, la libido ne serait qu'un processus psychique à l'origine de la manifestation des pulsions sexuelles. Dès lors, selon lui, de nombreux troubles de la personnalité et du comportement (pour ne pas dire la plupart) résulteraient des difficultés que nous rencontrons tous dans le vécu de notre sexualité. Carl Gustav Jung, quant à lui, a plutôt perçu la libido sous l'aspect d'une énergie psychique primordiale. Celle-ci serait bien à l'origine de toutes les pulsions instinctives, et pas exclusivement des pulsions sexuelles. D'où la possibilité de concevoir la libido comme une force psychique essentielle et vitale que nous possédons tous et dont nous dépendons tous à des degrés divers, mais que nous sommes aussi en droit d'exploiter à des fins autres que l'assouvissement sexuel. En effet, la libido, ou le désir, constitue bien une force active en chacun d'entre nous qui peut tout aussi bien nous pousser à exercer notre volonté, à créer, à parvenir à l'accomplissement ou au dépassement de soi, voire à la transcendance.

L'énergie psychique instinctive et créatrice de la vie

Les forces instinctives, créatrices ou destructrices, et leurs liens avec les pulsions de vie et de mort présentent des analogies avec le sexe, ou plus exactement avec l'énergie sexuelle. À en croire les fondements de la kabbale juive et ceux du tantrisme hindou, un bon maintien, des reins solides et un bassin pourvu d'une certaine souplesse favorisent la libre circulation des énergies vitales propices à la maîtrise des pulsions. Une telle attitude permet à l'homme de ne pas gaspiller lesdites énergies vitales en exerçant un ascendant sur sa sexualité qui, initialement quantitative, peut devenir qualitative. Cette transformation est très importante pour son évolution. En effet, selon l'usage que l'homme fait de son énergie sexuelle et selon son vécu sexuel, il conjugue tantôt le verbe avoir, quantitatif, tantôt le verbe être, qualitatif.

Être et avoir

En simplifiant à l'extrême, et afin de nous épargner des considérations assez complexes nécessitant une authentique initiation au code de la kabbale, ce passage de l'avoir à l'être, ou de la quantité à la qualité, s'illustre par deux étapes présentes dans la Bible. Il s'agit tout d'abord du fameux « Croissez et multipliez » prononcé par Yahvé (Genèse, I, 28), puis de la circoncision instituée par Abraham en signe d'alliance avec Yahvé (Genèse, XVII). En langage symbolique, la première étape se traduit par une déperdition des énergies primordiales, qui sont alors utilisées exclusivement au profit de la reproduction, favorisant ainsi la survie de l'espèce humaine. En contrepartie, elles affaiblissent et appauvrissent l'être, lui interdisant tout accomplissement. Il n'est alors qu'un instrument de la chaîne de la vie. La seconde étape, en revanche, implique une maîtrise de la procréation, ce qui permet d'assimiler la sève ou la semence au verbe créateur, pour que l'être puisse la diriger en lui, vers lui, exactement comme le font les adeptes du tantrisme.

Qu'est-ce que le tantrisme ?

Le tantrisme ou *Tantra* est un exercice spirituel et initiatique issu de l'hindouisme donnant l'occasion à l'adepte d'employer son énergie sexuelle, ou *shakti*, pour atteindre à l'illumination, degré suprême de la grâce, la finalité absolue de la vie de l'homme. Selon cette croyance, chaque homme, chaque femme possède à la fois une énergie femelle et une énergie mâle. L'énergie femelle est contenue dans la *kundalinî-shakti*. L'adepte du *Tantra* a pour tâche d'éveiller l'énergie femelle, ou *kundalinî-shakti*, de lui faire escalader le *sushumnâ*, le plus important des *chakras*, ou canaux d'énergie partant du bas du dos et suivant tout le trajet de la colonne vertébrale, activant au passage les *shaktis* des six *chakras*, pour finalement rencontrer la semence mâle de l'être. À ce stade, elle fusionne avec elle dans le septième *chakra*, le *chakra* supérieur, situé au sommet du crâne, d'où jaillit alors l'illumination, symbolisée par la fleur de lotus ouverte.

La force universelle et cosmique

Les moines tantriques honorent la shakti, qui incarne à leurs yeux la force universelle et cosmique (à l'origine de toute vie) et la force divine (protectrice de toutes les formes de vie). Il s'agit de la force énergétique et créatrice fondamentale, dont l'expression la plus primitive se traduit dans l'acte sexuel. Toutefois, dans l'acception hindouiste de l'énergie sexuelle, celle-ci donnerait le pouvoir à l'homme et à la femme, et ainsi aux opposés, de fusionner, de ne plus faire qu'un ou de retourner à l'Un. Tandis que communément, l'homme et la femme, au lieu d'accomplir un acte créateur, commettent un acte procréateur ou, détournant leur sexualité, dispersent, dissolvent ou détruisent peu à peu leurs énergies vitales, primordiales et créatrices. L'instinct sexuel apparaît ainsi lui aussi comme un acte de vie ou de mort, de création ou de destruction, porteur néanmoins d'une mutation. Cette ancienne conception de l'énergie psychique primordiale, instinctive et créatrice, en relation avec l'instinct de vie et de mort, présente de nombreux points communs avec le concept de libido envisagé d'abord d'une manière plutôt restreinte par Freud puis plus largement par Jung. Selon ce dernier, en effet, chacun de nous recèle en son sein cette force universelle et cosmique à l'origine de toute vie : la libido !

Ombre

L'ombre serait une part plus ou moins importante de notre personnalité située dans notre psyché inconsciente, composée de tout ce que nous refusons de voir et d'admettre en nous, c'est-à-dire de tout ce qui nous pousse à nous voiler la face ou à adopter la politique de l'autruche, suivant l'adage bien connu. Il s'agit par exemple de sentiments et de désirs que, pour toutes sortes de raisons inhérentes à ce que nous sommes, nous jugeons mauvais, dangereux ou nocifs et que nous avons inhibés puis refoulés. Ils peuvent néanmoins se manifester à notre insu. Il arrive ainsi que certaines personnes de notre propre entourage soient plus conscientes que nous ne le sommes de ces caractéristiques de notre personnalité qui composent notre ombre. Tant et si bien que d'une manière ou d'une autre tout ce que nous voulons cacher aux autres ou nous dissimuler à nous-mêmes, tout ce que nous avons enfoui dans notre ombre surgit parfois, soudainement, par à-coups et malgré nous, dans notre existence. En effet, il n'est rien de caché qui ne puisse tôt ou tard éclater au grand jour. D'où l'intérêt de nous pencher sur ce que contient notre ombre ou, plus exactement, de prendre conscience de tout ce que nous avons enfoui en elle, afin d'apprendre à voir et connaître notre vrai visage ; nos rêves peuvent nous y aider.

L'ombre, le lion et le dragon

Toutefois, entrer en relation avec son ombre ou inventorier ce qu'elle contient n'est pas sans risque, car elle recèle également, en plus de nos propres penchants contrariés, des instincts primordiaux et primitifs que l'être humain, au fil des millénaires, a voulu, a pu ou a été contraint, selon le cas, de surmonter, maîtriser, inhiber ou refouler. Ainsi, il n'est pas excessif de dire qu'en entrant en relation avec notre ombre nous nous retrouvons peu ou prou en contact avec notre animalité dans tout ce qu'elle peut avoir de plus redoutable et indompté. Le lion menaçant de nous dévorer dans nos rêves ou le dragon des contes de fées ou des légendes mythiques que le héros doit combattre sont deux figures de l'ombre gardienne de notre psyché consciente qu'il faut vaincre pour acquérir une plus grande conscience de soi.

CITATION

Connaître son ombre

« Connaître et admettre l'existence de son ombre est une chose, décider de l'exprimer et de la vivre consciemment en est une autre. Là commence le véritable problème éthique. Il y faut beaucoup de soin et de réflexion afin d'éviter que cela n'ait des conséquences négatives. [...] Au stade initial, l'ombre est donc l'inconscient dans son ensemble – une irruption d'humeurs, d'émotions, d'opinions irrationnelles, etc. [...] Après quelque temps, non seulement on reconnaît l'existence de ces qualités négatives en soi-même, mais on réussit à les exprimer dans sa vie. Cela entraîne la renonciation à certains idéaux et à certaines normes de "savoir-vivre", et oblige à beaucoup de pondération et de réflexion si l'on veut éviter des conséquences néfastes. »

Marie-Louise von Franz, *L'ombre et le mal dans les contes de fées*, La Fontaine de Pierre, Paris, 1980.

Projection

L'espoir fait vivre, si l'on en croit un proverbe français qui, bien que son origine soit inconnue, fait partie du patrimoine de cette sagesse populaire à laquelle nous nous référons tous, faute d'être sages nous-mêmes. Quoi qu'il en soit, il est vrai que nous avons tous besoin d'espoir, de croire aux lendemains qui chantent, notre présent ne nous satisfaisant pas pleinement ou ne nous convenant pas du tout, et notre avenir nous paraissant incertain, vague, inquiétant, voire angoissant.

L'angoisse du futur

Cette angoisse du futur trouve probablement son origine dans ces temps où l'être humain a commencé à délaisser sa vie errante et nomade au profit d'une existence plus sédentaire. En prenant le parti de se fixer en un lieu où ils créaient leurs propres richesses, nos ancêtres ont en effet éprouvé le besoin de se préserver, de se protéger contre les aléas du futur. En revanche, si nous voulons voir dans cette angoisse fondamentale, que nous portons tous en nous, un principe existentiel ou métaphysique constituant à la fois un handicap et une source de motivations, nous pouvons ranger notre appréhension du lendemain parmi les complexes. Quoi qu'il en soit, pour conjurer ou compenser cette angoisse, nous sommes enclins à nous projeter dans l'avenir ou le futur, de façon à prévoir et anticiper des événements ou des situations susceptibles de nous mettre en péril afin de nous en rendre maîtres. C'est ainsi que depuis les premiers âges de la civilisation la divination fut une constante, mais aussi un support essentiel de toutes les structures sociales, économiques et politiques. Bien que la divination ne soit plus de mise dans nos sociétés matérialistes, celle-ci ayant été remplacée par un esprit scientifique soucieux de tout expliquer et contrôler, et même si astrologues, voyants et prévisionnistes en tout genre y demeurent fort nombreux, notre avenir, à propos duquel nous ne sommes pas plus fixés que jadis, nous angoisse toujours autant.

Des projets aux projections

La projection dans le futur est ainsi devenue une seconde nature de la nature humaine. En effet, quels que soient notre mode de vie, nos préoccupations, nos motivations, nos croyances, nous ne pouvons nous empêcher de nous projeter, de faire des projets, de trouver de bonnes raisons de nous assurer qu'il y aura bien un lendemain pour nous. C'est ainsi que nous faisons des projets d'avenir, que nous disons couramment qu'il est bon d'en avoir (ce qui est juste), mais c'est ainsi que, ce faisant, peu à peu, nous sommes enclins à modeler le monde et les autres à notre image, en projetant sur eux nos propres critères, nos désirs, nos choix.

Un exemple de projection

Par exemple, lorsqu'une personne nous plaît ou nous attire, lorsque nous nous sentons des affinités avec elle, nous nous aveuglons tant et si bien – en raison de l'attirance que nous éprouvons à son égard – que nous nous convainquons qu'il en va de même pour la personne en question. À notre insu, nous projetons sur cette personne une réalité qui est la nôtre, sans vraiment prendre en compte la sienne. Au point qu'au moindre désaccord, parfois à la plus petite fausse note, nous rendons la personne en question responsable, sans réaliser qu'en réagissant de la sorte elle ne fait rien d'autre que ne pas répondre à nos critères, que nous avons projetés sur elle. Il faut en effet apprendre à se connaître soi-même et donc savoir faire preuve d'une certaine objectivité, pour discerner ce que nous projetons sur une tierce personne de ce qu'elle est vraiment. Il y aurait probablement beaucoup moins d'incompréhension et de conflits entre les êtres si nous faisions tous l'effort d'estimer le grand jeu des projections mutuelles. Ainsi, lorsque je vois ou trouve en vous quelque chose qui me plaît, qui répond à mes attentes, à mes désirs, à mes sentiments, ou à que sais-je encore, et que, pour une raison ou pour une autre, vous exprimez ou montrez un trait de caractère, un penchant, une attitude ou une simple réaction qui diffère de ce que je croyais voir en vous, et qui alors me déplaît, je peux croire que la cause profonde et réelle de cette déception ou de ce désaccord résulte de mes projections.

Ce n'est pas moi, c'est l'autre

Il est aisé de dire « ce n'est pas moi, c'est l'autre », de le rendre responsable de ce qui nous déplaît, nous déçoit en lui ou nous blesse. En réalité, dans ce genre de situation, il conviendrait de nous remettre en question. Et bien que cela constitue un exercice psychologique beaucoup plus difficile, il conviendrait également de voir dans les situations où nous nous trouvons et qui, pour toutes sortes de raisons là encore, nous déplaisent, ne nous conviennent plus ou nous éprouvent, ce que nous avons projeté dans telle ou telle d'entre elles et qui, soudain, n'est plus en phase avec nos attentes, nos désirs, nos besoins. Il arrive que nos projections nous aveuglent, nous trompent, nous inclinant malgré nous à nous mentir à nous-mêmes, à travestir la réalité. Mais là encore, nos rêves peuvent nous aider à y voir plus clair à ce sujet.

L'ANALYSE PSYCHOLOGIQUE DES RÊVES

Il existe de nombreux termes couramment employés par les psychanalystes et les psychologues que je n'ai pas cru bon d'exposer dans le petit lexique que je viens de vous proposer, tels les mots « névrose », « psychose », « paranoïa » ou « schizophrénie ». Certes, il serait souhaitable de restituer leurs véritables significations, car ces termes sont entrés dans notre langage courant et car, le plus souvent, nous en ignorons le sens exact. Néanmoins, j'ai préféré m'abstenir d'évoquer ces termes de spécialistes pour ne pas encombrer l'interprète des rêves que vous souhaitez devenir de concepts qui ne vous seraient d'aucune utilité pour comprendre les messages contenus dans vos rêves. Qui plus est, l'hyperréalisme intellectuel auquel succombent la psychanalyse et la psychologie de nos jours et le fait qu'elles soient toutes deux associées à la médecine technologique et chimique ne m'encouragent pas à voir en elles les seuls recours possibles en cas de trouble de la personnalité ni même les seules grilles d'interprétation de nos rêves.

Le grand bazar de la psychologie

Par ailleurs, simultanément aux traitements de plus en plus radicaux, prescrits aussi bien par les médecins généralistes que par les psychanalystes, s'est instaurée une sorte de grand bazar de la psychologie où chacun peut trouver sur lui-même à peu près tout ce qu'il veut, notamment en s'identifiant à des schémas, les mêmes pour tous. Nous nous prêtons ainsi aux psychothérapies en tout genre, aux stages de développement personnel ou de coaching, comme si la connaissance de soi procédait d'une inflation de notre personnalité, d'un sport ou d'une compétition. Dans toutes ces expériences qui relèvent plus des loisirs que d'une sérieuse et profonde quête spirituelle, il est bien trop question de normalité et d'intégration sociale pour que l'individu unique puisse en apprendre beaucoup plus sur lui-même. Ce n'est pas en nous noyant dans les groupements ou les réseaux sociaux que nous partons à la découverte de notre âme et que nous apprenons à être nous-mêmes, mais en estimant les résultats et les effets qu'engendrent nos actes et en dialoguant avec ce que nous sommes vraiment par l'intermédiaire de notre grand esprit des rêves. D'autre part, les psychotropes (antidépresseurs, neuroleptiques, tranquillisants, somnifères et sédatifs), dont nous faisons un usage excessif, engendrent une dépendance sans pour autant agir à l'origine du mal-être auquel ils sont censés remédier et, comme toutes les substances chimiques et synthétiques réalisées en laboratoire, ne sont pas sans effets secondaires plus ou moins graves. Ils ne sont que des palliatifs ; en aucun cas ils ne favorisent notre bien-être ni l'éveil ou l'élargissement de notre conscience.

L'art de la psychologie et de l'interprétation des rêves

Ici, je ne ferai donc pas allusion à cette psychologie réduite à des considérations mesquines, égoïstes, sociales et économiques, etc. Je parlerai en revanche d'une psychologie qui puise dans l'interprétation scientifique du monde et de la vie sans pour autant renier la vision plus vaste et généreuse qu'en avaient nos ancêtres, une psychologie qui s'impose à notre attention telle une nouvelle approche d'investigation de l'âme humaine et qui enrichit celle que nous avons déjà adoptée depuis des millénaires. Je vous exposerai une psychologie relevant bien plus de l'art que de la science.

Tout art implique en effet une interprétation du monde et de la vie, une interprétation unique, originale et singulière de la part de l'artiste, interprétation qui résulte de sa personnalité et de son style. Or, en devenant l'interprète de vos rêves, vous serez en quelque sorte l'artiste de vos rêves, exploitant votre imagination créatrice pour en trouver les significations.

L'analyse psychologique des rêves

L'analyse psychologique des rêves repose elle aussi sur un postulat: tout ce qui se trouve dans vos rêves (les décors, les situations aussi invraisemblables qu'elles puissent vous paraître, les personnes et personnages, bref, tout, absolument tout votre univers onirique) ne concerne que vous ou se compose d'éléments en rapport direct avec votre psychologie profonde. En d'autres termes, quels que soient les personnages familiers, étrangers ou inconnus et quels que soient les éléments et les ingrédients de la vie réelle qui se manifestent dans l'un de vos rêves, vous devez toujours vous impliquer au premier chef dans la situation dépeinte par ledit rêve, sachant que celle-ci vous met en scène, symboliquement bien sûr, pour vous inviter à réfléchir sur votre personnalité et tout ce qui se passe ou se produit en elle à votre insu. Toutefois, sachant que les psychanalystes et les psychologues sont soumis à un code de déontologie leur interdisant de pratiquer leurs analyses sans respecter rigoureusement leur réglementation, si l'on applique scrupuleusement les règles de l'analyse psychologique des rêves, celle-ci est impossible à réaliser sans le concours ou l'assistance d'un praticien professionnel.

La thérapie des rêves

D'après Sigmund Freud, les rêves seraient des effets compensatoires et des fantasmes produits par la libido, celle-ci étant perçue comme un agrégat d'énergies instinctives et de forces pulsionnelles incontrôlées, que chacun de nous recèle et qui formeraient comme l'essence même de notre personnalité. En invitant le rêveur à procéder par association d'idées à partir d'un rêve qu'il a fait et qui semble l'avoir suffisamment impressionné pour qu'il y fasse allusion au cours d'une analyse, c'est-à-dire pendant une séance avec un psychanalyste, le thérapeute (le psychanalyste n'est plus un prêtre ou un devin, mais un médecin, fonction qu'exerçaient souvent les prêtres et les devins de l'Antiquité, faut-il le rappeler?) encourage le rêveur à trouver par ses propres moyens le sens caché, profond et intime de son rêve. Toutefois, c'est bien dans le contexte d'une thérapie que le psychanalyste opère. Celui-ci considère en effet les messages contenus dans les rêves comme autant de symptômes d'une anomalie psychologique ou d'une maladie mentale latente, aux effets plus ou moins graves pour la personne concernée, perturbant son équilibre vital et psychique, ou l'enchaînant à de mauvais réflexes comportementaux qui, bien sûr, nuisent à son bien-être.

Que vous disent vos rêves ?

Être en analyse ne se résume pas à confier ses rêves au praticien que l'on consulte. En cela, ce que je vous propose ici diffère notablement d'une analyse traditionnelle et ne se réduit pas aux principes de l'analyse dont je ne conteste pas l'utilité, parfois même la nécessité, notamment lorsqu'une personne est victime de troubles psychologiques plus ou moins graves et que le praticien qu'elle consulte et auquel elle se confie se montre aussi professionnel que talentueux. Dans l'option que je vous propose ici – option à partir de laquelle je vous invite à devenir le propre interprète de vos rêves dès lors que vous admettez les liens intimes existant entre vous-même et le contenu de votre songe, quel qu'il soit là encore et aussi invraisemblable ou incongru puisse-t-il toujours vous paraître –, vous serez dans d'excellentes dispositions pour interpréter votre rêve. À n'en pas douter, vous pourrez jouer au détective et cheminer sur la piste des significations et des informations précieuses qui vous concernent personnellement et que vous délivre votre rêve.

Que vous disent vos rêves ? Ils vous parlent de vous. Ils vous renseignent, vous informent, vous préviennent, vous éveillent, et si vous vous efforcez de décrypter les messages qu'ils contiennent, vous en apprendrez bien plus sur vous-même que d'aucuns prétendent en savoir.

Les rêves plus vrais que nature

Il arrive que certains de nos rêves s'accordent si bien avec la réalité qu'ils nous donnent l'impression d'être plus vrais que nature. Durant un court instant, en nous réveillant d'un tel rêve encore très présent à notre esprit au moment où nous ouvrons les yeux, nous sommes convaincus d'avoir réellement vécu cette scène ou cette expérience. Mais très rapidement, nous nous apercevons de notre erreur et nous éprouvons un soulagement ou une déception, selon le contenu, dramatique ou heureux, de ce rêve.

Ce type de rêve possède en effet une intensité dramatique et psychique telle qu'il investit notre corps, notre âme et notre esprit, nous plongeant dans une illusion elle aussi plus vraie que nature. Ce type de rêve, plus que d'autres, nous confronte réellement à nous-mêmes, ou plus exactement à ce que nous sommes et à ce qui se produit en nous à l'insu de notre conscience, au moment où nous faisons ce rêve, juste avant de le faire ou juste après l'avoir fait.

CITATIONS

Le rêve selon Sigmund Freud

« Dans les temps que nous pouvons nommer préscientifiques, les hommes n'étaient pas embarrassés pour expliquer le rêve. Quand ils s'en souvenaient au réveil, ils le tenaient pour une information soit bienveillante, soit hostile de puissances supérieures, dieux et démons. Avec l'éclosion du mode de pensée scientifique, toute cette mythologie riche de sens multiples s'est transposée en psychologie et, de nos jours, il ne reste parmi les gens cultivés qu'une infime minorité de gens qui doutent que le rêve soit une opération psychique propre au rêveur. »

Sigmund Freud, *Sur le rêve*, Gallimard, Paris, 1988.

La science des rêves de Sigmund Freud commentée par Carl Gustav Jung

« Ce livre révolutionnait son époque [écrivit Jung dans l'article nécrologique qu'il composa dans le journal *Basler Nachrichten* le 1er octobre 1939 après la mort de Freud à Londres]. Il était la tentative la plus audacieuse qui ait jamais été entreprise pour maîtriser les énigmes de la psyché inconsciente sur le terrain en apparence solide de l'empirie... Pour nous autres, alors jeunes psychiatres, ce livre fut une source d'illuminations, alors que pour nos collègues plus âgés il n'était qu'un objet de dérision. »

Carl Gustav Jung, dans la revue *Basler Nachrichten*, 1er octobre 1939.

CITATIONS

Les trois théories d'interprétation de rêves

Au point où nous en sommes de l'intérêt que nous portons à nos rêves, trois théories nous sont proposées :

« La première – la thèse de Freud – affirme que tous les rêves sont l'expression de la nature irrationnelle et asociale de l'homme.
La seconde – celle de Jung – postule que les rêves sont les révélations d'une sagesse inconsciente, transcendante à l'individu.
Quant à la troisième, elle soutient que les rêves traduisent toutes les formes possibles d'activité mentale, exprimant aussi bien les forces irrationnelles qui nous habitent que la raison et la moralité, exprimant ce qui, de nous, est le pire aussi bien que le meilleur. Ces trois théories ne sont nullement des découvertes récentes. »

Erich FROMM, *Le langage oublié*, Payot, Paris, 1975.

Le devenir possible de la psychanalyse

« Il est possible que la psychanalyse, et la production énorme d'écrits et de théories auxquels elle a donné lieu, soit victime de son propre gigantisme comme les dinosaures de l'ère secondaire et disparaisse bel et bien pour laisser la place à des formes de vie et de pensée plus souples et plus simples. »

Jacques VIGNE, *Éléments de psychologie spirituelle*, Albin Michel, Paris, 1993.

Que devenez-vous ?

Si vous voulez bien admettre que tout, absolument tout ce qui se trouve dans n'importe quel rêve que vous faites provient de vous et ne concerne que vous, vous aurez alors une idée de ce en quoi consiste l'analyse psychologique des rêves. Je vous rappelle d'ailleurs que celle-ci n'est pas incompatible avec l'interprétation divinatoire réalisée par nos ancêtres durant des millénaires. En interprétant vos rêves à la fois selon les lois de la divination et selon les nouvelles règles de la psychologie, vous vous apercevrez que les messages contenus dans vos rêves se soucient moins de votre avenir que de votre devenir, sorte de transformation ou de mutation permanente qui se produit en vous, transformation dont vous n'êtes généralement pas conscient, bien que vous aspiriez sans le savoir à en être conscient, et dont vous serez conscient tôt ou tard. En vous préoccupant de ce que vous devenez en effet ou de ce que vous êtes en train de devenir, dont vous n'êtes presque pas ou pas du tout conscient, vous serez éclairé sur votre avenir. Ce faisant, vous vivrez dans la dynamique du temps, de votre propre temps, lequel se révélera à vous tel un flux continu au sein duquel vous êtes en perpétuel devenir.

POURQUOI RÊVONS-NOUS ?

Les observations scientifiques du sommeil et de ses mécanismes neurophysiologiques n'apportent que des réponses partielles à cette question. Y répondre plus en profondeur soulève d'autres questions, plus essentielles et fondamentales. Pourquoi ressentons-nous la nécessité de rêver ? Pourquoi ne pouvons-nous pas nous empêcher de rêver ? Pourquoi nous souvenons-nous de certains rêves, mais pas de tous ? Tandis que notre culture et les idées qui nous sont inculquées dès notre plus jeune âge nous induisent à croire que nous sommes des individus à part entière, pouvant exercer notre libre arbitre, il est très agaçant, déconcertant ou révoltant selon le cas, de nous rendre compte que certaines zones de la réalité échappent à notre contrôle et que des phénomènes se produisent en nous à notre insu. Au point où nous en sommes de nos connaissances, nous allons tenter de trouver des réponses à toutes ces questions sous le double éclairage scientifique et psychologique.

Pourquoi ressentons-nous la nécessité de rêver ?

Les expériences et les observations menées par les neurophysiologistes jusqu'à maintenant, aussi sérieuses et méthodiques soient-elles, ne se révèlent néanmoins pas très probantes. Ayant le plus souvent utilisé des médicaments chimiques ou des drogues pour « empêcher » des patients de rêver, les résultats de leurs observations furent dénaturés par les effets secondaires de ces produits sur leurs cobayes. En revanche, si l'on en croit les observations réalisées par les psychologues et les psychanalystes, il semble bien que le rêve ait des effets protecteurs, compensatoires et salvateurs sur notre équilibre psychologique. Si nous ne rêvions pas, nous serions probablement encore beaucoup plus enclins à adopter des attitudes unilatérales, excessives ou extrêmes, devenant ainsi victimes de nos humeurs, de nos états d'âme, de nos sentiments, de nos émotions, de nos instincts débridés et de tout ce qui s'exprime et se manifeste en nous sous forme de névrose, psychose, schizophrénie, paranoïa, manies en tout genre, obsessions ou dépression, et qui constitue l'inventaire de la psychopathologie.

MYTHES & SYMBOLES

Hypnos, le dieu grec du Sommeil

Dans la Grèce antique, le sommeil était personnifié par Hypnos, un dieu ailé volant au-dessus des terres et des mers. Tous ceux qui se trouvaient sur son passage s'endormaient irrésistiblement. Il était le fils d'Érèbe, la divinité des Ténèbres infernales, et de Nyx, la déesse de la Nuit, et avait pour frère jumeau Thanatos (la Mort). Dans *Les Métamorphoses*, un long poème composé de quinze livres et de quatorze mille vers datant probablement de l'an 5 de notre ère et retraçant de nombreux récits de la mythologie grecque, le poète latin Ovide décrit avec force détails le palais enchanté d'Hypnos où tout est endormi. Nul doute que c'est dans ce palais enchanté que se trouve l'inspiration du palais de la Belle au bois dormant.

Pourquoi ne pouvons-nous pas nous empêcher de rêver ?

Là encore, bien que les neurophysiologistes aient réussi à observer, mesurer et comprendre les mécanismes cérébraux du rêve qui interviennent dans la phase la plus profonde du sommeil, nommée « sommeil paradoxal », ils ne peuvent répondre à cette question. Tout ce qu'ils sont en droit d'affirmer, c'est que le rêve, à l'instar du sommeil ou de la respiration par exemple, est une fonction instinctive, irrépressible, vitale. En effet, nul ne peut vivre sans dormir. Vous ne pouvez même pas vous empêcher ou vous retenir de dormir. Essayez, vous verrez. Ou plutôt non, ne tentez surtout pas cette expérience qui pourrait avoir de très graves répercussions sur votre système nerveux et votre équilibre psychologique et affecter considérablement votre bien-être et votre santé. Pour faire court, nous pouvons dire que l'absence de sommeil engendre une véritable intoxication du système cérébrospinal, des lésions au cerveau, le coma, puis la mort. Les Chinois du temps jadis, qui étaient passés maîtres dans l'art de la torture, l'avaient bien compris : ils laissaient mourir des condamnés en les privant de sommeil. Si vous passez ne serait-ce que vingt-quatre heures sans dormir, vous finirez par « tomber » de sommeil.

L'état de vigilance ou de conscience

À l'état de veille, c'est notre conscience qui règne. Dans cet état de « vigilance », toutes les fonctions biologiques et cérébrales sont au service de notre conscience, de notre volonté, de l'emprise que nous exerçons sur la réalité. Mais durant le sommeil, c'est au tour de la psyché inconsciente de prendre le pouvoir, ou plus exactement de s'exprimer librement et pleinement à travers nos rêves. Que cela nous plaise ou non, lorsque nous dormons et que nous rêvons, nous ne sommes plus maîtres de nous-mêmes. Toutefois, cet état d'abandon involontaire, qui va du sommeil au rêve, est réparateur et régénérateur, autant au plan physiologique qu'au plan psychologique. Dans l'absolu, en effet, la psyché inconsciente, qui s'exprime à travers notre univers onirique, peut se concevoir comme une sorte de médecin intérieur qui agit en nous et sur nous à titre préventif ou remédie à tous nos manquements, aux erreurs ou aux excès que nous commettons à l'état conscient.

Pourquoi nous souvenons-nous de certains rêves, et non de tous ?

Durant les quatre ou cinq phases qui vont du sommeil au rêve, nous sommes quasiment dans un état léthargique : notre rythme cardiaque et respiratoire ralentit considérablement, nos muscles se relâchent, notre température corporelle diminue, notre niveau mental s'abaisse. Toutefois, dès que nous atteignons la dernière phase de sommeil, dite paradoxale, toutes nos fonctions naturelles, vitales et cérébrales s'accélèrent. Mais il va de soi que de l'état de vigilance ou d'éveil au sommeil paradoxal, puis de ce dernier au réveil, nous passons par des phases complexes et troublantes qui peuvent perturber nos facultés cérébrales, notamment notre mémoire. C'est ainsi que nous éprouvons fréquemment des difficultés à nous souvenir de nos rêves. À ce sujet, les scientifiques ne sont pas loin de penser que notre mémoire est opportunément sélective et que dans la plupart des cas les rêves sont des inepties ou de purs produits cérébraux de mécanismes physiologiques qu'il n'est pas nécessaire de mémoriser.

La mémoire sélective

Pour les psychologues, de tels troubles ou perturbations de la mémoire sont surtout dus au fait que notre conscience exerce un voile ou une censure sur notre mémoire inconsciente. Tant que, dans notre état de vigilance, nous nous refusons obstinément à voir, comprendre et admettre certaines de nos faiblesses ou de nos erreurs, nous rendons notre mémoire consciente sélective en lui interdisant de nous transmettre les messages contenus dans nos rêves et provenant de notre psyché inconsciente. Cela dit, il existe bien des rêves qui ne sont que des effets d'états physiologiques. Ce genre de rêve n'a donc pas une grande signification psychologique, si ce n'est qu'il peut nous avertir d'excès ou de transgressions que nous commettons vis-à-vis des lois qui régissent notre corps. Il arrive aussi que nous ne soyons pas prêts à recevoir et interpréter certains de nos rêves, auquel cas notre mémoire apparemment déficiente nous ménage ou nous protège tant que, pour nous, le moment n'est pas venu de comprendre les significations des messages que ces rêves recèlent ou tant que nous ne sommes pas prêts à recevoir de tels messages.

Les yeux de la clairvoyance

Mais lorsque la lumière aveuglante de notre conscience occulte systématiquement la mémoire de nos rêves ou lorsque cette mémoire nous submerge d'innombrables souvenirs de rêves, nous devons toujours nous demander si nous ne sommes pas enclins à voir la réalité d'un seul œil. L'état de vigilance et l'état de rêve sont en effet comme des yeux : celui de la psyché consciente et celui de la psyché inconsciente. Voir le monde par ces yeux-là, c'est acquérir peu à peu une vision plus claire de notre réalité et apprendre à devenir clairvoyant.

MYTHES & SYMBOLES

Morphée, le dieu grec des Rêves

Dormir dans les bras de Morphée, c'est dormir dans les bras du dieu des Rêves, selon la mythologie grecque. Le grec *morphê* signifie « forme ». En langue française, on le retrouve notamment dans « morphologie », qui à l'origine avait le sens de « formes des visions du rêve ». On le trouve également dans « métamorphose ». En effet, Morphée, l'un des nombreux fils d'Hypnos, le dieu du Sommeil, avait pour mission et fonction d'adopter de multiples apparences humaines et d'apparaître dans les rêves des femmes et des hommes endormis. En d'autres termes, il était passé maître dans l'art de la transformation et de la métamorphose. À l'instar de son père, Hypnos, il était figuré sous l'aspect d'un personnage pourvu de très grandes ailes à l'aide desquelles il pouvait se transporter d'un bout à l'autre de la Terre quasiment instantanément. Il était donc une sorte d'ange avant l'heure, pourvu d'une faculté innée de téléportation.

LES MESSAGES CONTENUS DANS VOS RÊVES

Chaque soir, sous l'égide d'Hypnos et de Morphée, notre grand esprit des rêves nous invite au voyage au royaume des songes, un pays merveilleux, fantastique, pourtant bien plus proche de la réalité qu'il n'y paraît. S'exprimant dans son langage, celui des symboles, des mythes et des archétypes, probablement le même langage dont usent toutes les âmes vivant simultanément sur terre, il guide chacun de nous dans son univers. Mais lorsque nous rêvons, son univers devient le nôtre.

Vous avez reçu un message

Constitué des éléments innombrables contenus dans la mémoire collective inconsciente, dont, à l'état de veille ou de vigilance, nous ne nous remémorons que des bribes, notre grand esprit des rêves met à notre disposition tous les ingrédients qui sont nécessaires à notre psyché inconsciente pour produire et projeter un rêve. Et à partir de ces ingrédients, chaque nuit, nous composons nos rêves uniques en leur genre, dont presque tous contiennent un message qui nous est destiné. Ainsi, lorsque vous rêvez, vous recevez un message. Ce message ne provient pas du monde extérieur, mais de votre monde intérieur. En d'autres termes, lorsque vous rêvez, vous vous délivrez un message à vous-même. Et si le matin au réveil vous vous souvenez effectivement de votre rêve, alors vous pouvez croire que le siège de la mémoire consciente située notamment dans votre boîte crânienne fait office de boîte aux lettres. Il ne vous reste plus qu'à ouvrir ce message, à le lire, le traduire ou l'interpréter.

L'hyperréalisme des rêves

Si vous voulez bien y prêter attention sans préjugé et sans idée préconçue, vous observerez que l'histoire que votre grand esprit des rêves vous a racontée lorsque vous rêviez n'est pas aussi invraisemblable qu'elle ne le paraît. En réalité, le plus souvent, les événements qui se produisent dans un rêve sont plus que réalistes, ils sont hyperréalistes ! Et c'est précisément à l'aide de cet hyperréalisme, qui à l'état de veille pourrait se révéler insoutenable, que le récit d'un rêve prend une tournure fantastique, voire irréelle. En effet, dans l'univers de la psyché inconsciente, la morale, les interdits, les tabous, la censure n'existent pas ; ou alors, s'ils sont figurés d'une façon quelconque dans l'un de nos rêves, c'est toujours pour attirer notre attention sur l'interprétation que nous en faisons inconsciemment, pour nous inviter à y voir clair à ce sujet, ou encore pour nous en délivrer. Dans nos rêves, nous agissons parfois contre toute raison, d'une manière insensée, outrancière. Ou bien nous « vivons » sans limites. Ou bien encore, nous sommes confrontés à la vulgarité la plus crue, nous commettons des actes répréhensibles en toute liberté, voire en toute impunité.

Le choc des rêves

Lorsque notre grand esprit des rêves pousse les choses à l'extrême, lorsqu'en rêvant nous nous voyons nous comporter sans aucune décence ni retenue, ou lorsque nous sommes entraînés dans un engrenage de situations ou d'événements dramatiques, catastrophiques, alors nous pouvons être sûrs que le rêve en question contient un message d'une importance capitale pour nous. Dans notre vie diurne et éveillée, il se produit trop fréquemment des drames, ou nous sommes confrontés à des difficultés ou à des épreuves sans lesquelles nous ne nous remettrions jamais en question et ne pourrions évoluer. Dans notre vie nocturne et rêvée aussi, nous sommes fréquemment choqués, perturbés ou bouleversés. Et si nous sommes effectivement bouleversés, c'est pour que tel ou tel rêve frappe notre conscience et notre imagination et pour qu'il reste dans notre mémoire. Le souvenir d'un rêve de ce genre nous prévient que nous nous sommes délivré un message très important à nous-mêmes et que nous devons en tenir compte.

Le rêve et la réalité

Vous devez bien comprendre que, dans l'absolu, la frontière séparant le rêve de la réalité est bien plus mince qu'il n'y paraît. Au fur et à mesure que vous vous familiariserez avec le langage de votre grand esprit des rêves, vous prendrez conscience de ce fait. Vous réaliserez que, dans le monde dit réel, tout ce qui ressortit à l'imagination, à la créativité, à l'inventivité de l'esprit humain provient directement de la psyché inconsciente individuelle et collective. Tant que nous concevons le rêve et la réalité comme deux univers séparés et opposés, nous regardons le monde d'un œil. Plus nous nous croyons réalistes, raisonnables et conscients, ne prenant pas l'univers de notre psyché inconsciente au sérieux et réduisant nos rêves à des élucubrations dénuées d'intérêt et sans fondement, plus nous risquons d'être tôt ou tard dépassés par les événements ou confrontés à un choc bien réel.

Le rôle ambivalent de la psyché inconsciente

Dans l'absolu là encore, notre grand esprit des rêves nous veut du bien. Il joue son rôle protecteur. Toutefois, si nous le regardons d'un mauvais œil, ou si nous ignorons ou occultons obstinément son existence, le rôle justement protecteur qu'il joue peut se révéler bouleversant, voire dangereux. De nos jours, au plan collectif et individuel, à l'instar de l'attitude inconsciente que nous adoptons à l'égard de la biosphère dans laquelle nous puisons, pillons et gaspillons toutes nos ressources vitales et énergétiques, nous sommes trop enclins à traiter la psyché inconsciente telle une poubelle ou une immense décharge dans laquelle nous rejetons et entassons tout ce qui nous dérange ou serait susceptible de remettre en cause nos certitudes et nos convictions. D'où le rôle ambivalent que peut parfois jouer la psyché inconsciente qui, si nous négligeons d'être attentifs à nos rêves et à tout ce qui se passe en nous à notre insu, surgit parfois violemment dans la réalité sous forme de drames, d'accidents, de maladies ou de catastrophes.

PoeME

LE LANGAGE DES RÊVES

En appréhendant l'univers du rêve, vous devez apprendre à différencier l'écriture du monde réel du langage inhérent à l'univers onirique. Ce dernier est le langage des symboles, des mythes et des archétypes, un langage vivant, d'une grande richesse qui joue avec la réalité, la transforme, repoussant les frontières du possible et du visible. Parfois, et même souvent, nos rêves nous donnent l'impression de n'avoir aucun sens, d'être complètement absurdes. Pourtant, chacun de nos rêves s'adresse à nous et nous transmet un message personnel et singulier. Il n'est pas faux de dire que tout rêve contient une information, un enseignement qui nous donnera l'occasion de nous initier à nous-mêmes, d'acquérir une plus grande connaissance de nous-mêmes à partir d'un signe qu'il nous appartient d'interpréter.

Pourquoi ne comprenons-nous pas ou plus ce langage ? Pourquoi ce tout petit enfant qui vient de naître sait-il spontanément ou instinctivement nager et marcher, tandis que son cerveau lui offre des aptitudes innées à la communication et à la parole, et pourquoi ne comprend-il pas de la même manière le langage des rêves ?

La mémoire collective

À cette question, une réponse s'impose que nous pouvons formuler d'un point de vue religieux ou d'un point de vue psychologique : le premier se résume en termes de péché et de faute originelle ; le second en termes de culpabilité et d'inhibitions. Il existe aussi une troisième option plus généreuse, mais probablement aussi plus dangereuse à certains égards. Il s'agit de celle qui nous conduit dans les méandres chaotiques et vertigineux de cette grande mémoire commune, symbolisée dans les civilisations antiques par les eaux matricielles et originelles, le chaos universel, d'où auraient surgi toute matière et toute vie végétative, puis intelligente. Or rien ne nous dit que, durant les premiers âges de son incarnation, l'âme du petit enfant qui vient de naître – et qui jusqu'à l'âge de deux ans environ éprouve le besoin de dormir seize heures par jour en moyenne – n'est pas naturellement reliée à cette mémoire collective dans laquelle nous plongeons lorsque nous rêvons et dont le langage est celui des symboles, des mythes et des archétypes, un langage commun à toute l'humanité depuis le fond des âges.

Tous nos rêves sont collectifs et individuels

Si nous sommes prêts à accepter l'existence de cette troisième option, nous devons faire preuve d'humilité et admettre que, tous autant que nous sommes, nous avons beaucoup plus de choses en commun que nous voulons bien le croire habituellement. En effet, cette option implique qu'il existe un plan ou un niveau de conscience (ou d'inconscience, selon le cas) où nous sommes tous égaux, voire indifférenciés, partageant les mêmes pensées, ayant le même langage, faisant, en quelque sorte, le même grand rêve. En effet, force nous est de constater que nos rêves font souvent référence à une réalité qui est la même pour tous, du moins en apparence. Puis, suivant un processus subtil, elle est modelée, déformée ou transformée, de sorte qu'elle a une signification unique pour chacun de nous. C'est ainsi que tous les rêves puisent dans une interprétation globale et une vision collective du monde et de la réalité pour nous transmettre des messages personnels, intimes ou individuels.

Le langage des symboles, des mythes et des archétypes

Chaque rêve que vous faites vous raconte une histoire. Pour suivre le fil de cette histoire et en comprendre le sens, vous devez apprendre à vous familiariser avec le langage qu'emploie notre grand esprit des rêves. Ce langage fait appel aux symboles, aux mythes et aux archétypes. S'il peut paraître complexe ou obscur *a priori*, ce n'est pas pour vous déconcerter, mais pour que vous portiez toute votre attention au message implicite contenu dans telle ou telle histoire que vous raconte votre rêve. Et comme vous le verrez, l'attention, l'analyse et la réflexion intellectuelle à elles seules ne suffiront pas à vous rendre aptes à traduire ce langage. Il faut aussi et surtout faire appel à vos émotions, à vos sentiments, à votre sensibilité et, plus que tout, à votre imagination.

LE LANGAGE DES SYMBOLES

Le langage des symboles est la langue des poètes. Ces derniers ne trouvent plus vraiment grâce à nos yeux de nos jours. Pourtant, notre monde peuplé d'images numériques nous plonge en permanence dans un univers de rêves éveillés, de fantasmagories poétiques ou dans une pseudo-réalité irrationnelle que nous classons cependant dans la catégorie des loisirs et qui contraste outrageusement avec notre monde d'informations dramatiques et catastrophiques, monde peuplé d'horreurs bien trop réelles. Mais il existe un clivage entre ces deux mondes qui n'en font qu'un. Happés que nous sommes par ce monde extérieur que nous croyons réel, mais qui n'est probablement qu'un grand rêve éveillé, nous ne voulons ou ne savons plus exprimer nos propres sentiments, nos joies et nos souffrances sous une forme poétique. Pourtant, l'unique façon de comprendre ce monde de souffrances qui est le nôtre, et que nous tentons vainement d'embellir et d'améliorer sans savoir nous fondre en lui ni le connaître dans un véritable corps à corps avec la vie et la nature, c'est d'en faire une lecture symbolique et de l'interpréter comme un rêve.

Un rêve est un poème

Notre grand esprit des rêves s'exprimant à travers notre psyché inconsciente est lui aussi un poète. Un rêve est un poème. Il faut le lire, puis le traduire comme tel. Pour ce faire, il convient d'abord de le lire tel qu'il s'exprime, tel que nous (nous) le racontons quand nous le rédigeons dans le journal intime de nos rêves, aussi invraisemblable que puisse nous paraître son contenu. Si nous ne voulons pas trahir le message que notre rêve contient, il est impératif que nous respections son histoire, mais aussi et surtout les décors, les personnes, les personnages, les animaux, les objets, etc., y compris les plus insolites ou irréels qui peuplent son récit, car il s'agit là d'autant de « symboles » ayant tous des significations qui, une fois analysées puis synthétisées, nous permettront de traduire ce poème onirique puis d'en comprendre le sens profond.

Qu'est-ce qu'un symbole ?

Ce n'est qu'à partir du milieu du XVIe siècle que l'on employa familièrement, puis couramment, le mot « symbole » pour désigner une forme de la nature, un animal, un objet, un récit ou un événement évoquant un concept, une idée ou un ensemble d'idées, voire une pure abstraction. Mais bien avant que ce mot ne fût attribué à ce concept, nos lointains ancêtres, qui procédaient déjà par analogie, association d'idées, projection et identification sans en être conscients, bien sûr, pour appréhender leur monde et leur réalité, sélectionnaient dans le grand jardin de la nature des formes de vie à leurs yeux remarquables. Ils leur conféraient des pouvoirs, des propriétés, une existence singulière et autonome, suivant lesquels ils pouvaient les distinguer, les nommer, les invoquer ou les prier, bref, entrer en communication et parfois même en communion avec elles. Ainsi, ce que nous désignons aujourd'hui sous le terme de « symbole » et que nous abordons sous l'angle d'une pure abstraction intellectuelle constituait pour nos ancêtres un principe vivant et actif.

Le langage de la psyché inconsciente

Au fil des siècles, et suivant l'éveil et l'évolution de la conscience de l'être humain, cet outil de communication et de communion avec la nature inventé par nos ancêtres pour se représenter « leur » monde, « leur » réalité, devint une forme de langage à part entière, de plus en plus élaborée et probablement à l'origine de tous les langages que nous employons aujourd'hui. C'est ce langage, le langage des symboles, que « parle » notre grand esprit des rêves ! Si à l'aide de votre psyché consciente vous faites des efforts d'imagination ou, plus exactement, si vous donnez libre cours à votre imagination, vous apprendrez et parlerez le langage des rêves et vous serez en mesure d'interpréter ces derniers.

Ce faisant, avec le temps, ce langage des symboles, des mythes et des archétypes vous permettra d'affiner votre interprétation du monde et de la vie et de les voir avec vos propres yeux.

Comment interpréter un symbole présent dans un rêve?

Pour interpréter un symbole présent dans un rêve, il faut d'abord puiser dans la mémoire collective et inventorier toutes les représentations auxquelles tel ou tel symbole fait allusion. Puis, pour reconnaître la représentation choisie par votre grand esprit des rêves, celle qui donnera tout son sens à votre rêve, il convient de prendre en compte le récit de votre songe et le contexte onirique dans lequel le symbole en question surgit. Enfin, vous devez chercher à déceler la ou les significations singulières de la présence de ce symbole dans votre rêve. Autrement dit, quel sens a-t-il pour vous exclusivement?

• Un exemple d'interprétation d'un symbole : le symbole de la perle

Si vous avez rêvé d'une perle, vous découvrirez qu'il s'agit d'un symbole de rareté et qu'elle renvoie aux mystères, secrets, trésors enfouis au plus profond de vous. Selon que, dans l'histoire que vous conte votre rêve, vous trouvez cette perle, ou que vous la perdez, ou qu'on vous la dérobe, ou qu'une personne ou un personnage vous en fait cadeau, votre interprétation différera. Et demandez-vous encore à quoi ou à qui se réfère la perle dans votre existence. En possédez-vous une? Avez-vous toujours « rêvé » d'en avoir une, sans n'avoir jamais pu vous l'offrir? Connaissez-vous une personne qui en porte une? En vous posant à vous-même de telles questions, et d'autres encore, vous donnerez libre cours à votre imagination et trouverez en vous des réponses qui vous surprendront sans doute, mais qui ne manqueront probablement pas d'intérêt.

Un exercice d'apprentissage du langage des symboles

Pour vous exercer à trouver et donner votre propre interprétation à tel ou tel symbole, je vous invite à réfléchir aux sens que nous donnons communément au mot « amour ». Rassemblez le plus d'informations et de définitions possibles concernant ce mot et les sentiments divers auxquels il renvoie. Interrogez aussi des personnes de votre entourage à propos de ce mot, afin de découvrir comment elles l'interprètent.

Ensuite, fort de toutes ces informations ainsi glanées, sélectionnez celles qui vous conviennent ou qui, d'une certaine manière, vous ressemblent. Essayez de comprendre comment, par quels processus psychologiques, suivant quelles attractions et répulsions spontanées, vous vous identifiez à telle ou telle définition de l'amour plutôt qu'à d'autres. Lorsque vous aurez accompli cet inventaire puis cette sélection, demandez-vous en quoi et comment là encore vos propres sentiments d'amour se distinguent de ceux que vous avez inventoriés puis sélectionnés. Poursuivez vos investigations jusqu'à ce que vous soyez apte à donner vos propres interprétations de l'amour, sachant que, pour chacun de nous, il est généralement composé de plusieurs sentiments dont certains pourront vous sembler contradictoires ou incompatibles. Mais si vous allez au bout de votre réflexion avec autant d'honnêteté et d'objectivité vis-à-vis de vous-même que vous en êtes capable, vous vous apercevrez qu'il n'en est rien, l'amour humain se révélant souvent sous l'aspect d'un grand paradoxe.

CITATION

Le langage poétique

« La création poétique reste un acte de parfaite liberté spirituelle. La poésie refait et prolonge le langage ; tout langage poétique commence par être un langage secret, c'est-à-dire la création d'un univers personnel, d'un monde parfaitement clos. L'acte poétique le plus pur s'efforce de recréer le langage à partir d'une expérience intérieure qui, pareille en cela à l'extase ou à l'inspiration religieuse des "primitifs" révèle le fond même des choses. »

Mircea Eliade, *Le chamanisme et les techniques archaïques de l'extase*, Payot, Paris, 1968.

LE LANGAGE DES MYTHES ET DES ARCHÉTYPES

Bien que les mythes nous semblent désormais résulter de la pure fiction, sortis tout droit de l'imagination prolifique de nos ancêtres, ils nous rendent fréquemment visite à travers nos rêves et contiennent pour chacun d'entre nous de précieuses informations. Lorsque nous découvrons un récit mythique, nous ne savons plus trop discerner la frontière entre la fiction et la réalité. De tels récits nous font rêver. Autrement dit, lorsque nous les lisons ou lorsque nous en visualisons des interprétations cinématographiques – les scénaristes et cinéastes s'inspirant fréquemment des grands mythes de l'humanité –, nous nous évadons.

Une réalité différente

Cependant, en chemin, nous avons oublié que ces histoires et légendes mythiques avaient une réalité pour nos ancêtres : une réalité différente de la nôtre, certes, mais une réalité tangible. En effet, les dieux et déesses, héros et héroïnes qui se trouvaient au centre de ces récits mythiques étaient les fruits de projections inconscientes de nos ancêtres. De telles projections constituaient probablement des sortes d'exutoire de leurs souffrances ou des sublimations des joies qu'ils éprouvaient. Et si, dans les formes et les interprétations qu'ils en donnaient, ces souffrances et ces joies présentaient quelques nuances, et non des moindres, avec nos mœurs et nos mentalités actuelles, dans le fond, elles ne différaient pas des nôtres.

Les *people* du passé

En osant un parallèle audacieux, nous pourrions dire que les dieux et déesses que vénéraient ou honoraient nos ancêtres présentaient des points communs avec la façon dont aujourd'hui nous considérons les *people*. En effet, à l'instar des stars, des célébrités et des « grands » du monde d'aujourd'hui, les êtres élus, sublimés, imaginés ou rêvés par les hommes et les femmes de l'Antiquité, immortels pour la plupart, dont certains présidaient aux destinées humaines, n'en étaient pas moins pourvus de caractéristiques typiquement et, pourrions-nous

CITATION

Sous le dragon… la princesse

« Nous n'avons aucune raison de nous méfier du monde, car il ne nous est pas contraire. S'il y est des frayeurs, ce sont les nôtres ; s'il y est des dangers, nous devons nous efforcer de les aimer. Si nous construisons notre vie sur ce principe qu'il nous faut aller toujours au plus difficile, alors tout ce qui nous paraît encore aujourd'hui étranger nous deviendra familier et fidèle. Comment oublier ces mythes antiques que l'on trouve au début de l'histoire de tous les peuples ; les mythes de ces dragons qui, à la minute suprême, se changent en princesses ? Tous les dragons de notre vie sont peut-être des princesses qui attendent de nous voir beaux et courageux. Toutes les choses terrifiantes ne sont peut-être que des choses sans secours, qui attendent que nous les secourions. »

Rainer Maria Rilke, *Fragments des Lettres à un jeune poète, Poèmes et proses*, Seghers, Paris, 1964.

dire, bassement humaines. Eux aussi avaient des problèmes, rencontraient des obstacles et difficultés, subissaient des coups durs, éprouvaient des sentiments contradictoires et des déceptions, commettaient des erreurs, cédaient aux tentations de l'amour, de la passion, de la convoitise, de la cupidité, de la jalousie, de la colère, eux aussi étaient victimes de la trahison, bref, leur vie n'était rien d'autre qu'une transposition exacerbée, parfois caricaturale, de l'existence des hommes et des femmes des temps anciens : ils avaient des qualités et des faiblesses identiques aux leurs.

Les modèles archétypiques

Du fait qu'ils résultaient des projections inconscientes de nos lointains et proches ancêtres, ces mythes, qu'ils imaginèrent en transposant parfois la réalité et en mettant en scène la vie tumultueuse des dieux ou des êtres de chair qu'ils avaient divinisés constituent des modèles archétypiques. Ce sont ces derniers que l'on retrouve dans nombre de nos rêves. À l'instar des symboles universels, les mythes de l'humanité forment un ensemble de valeurs, de croyances, de concepts, d'idées, de thèmes et d'expériences vécues, ensemble dans lequel notre grand esprit des rêves puise des modèles pour nous transmettre les messages de notre âme. Ces modèles nous apparaissent ainsi dans nos rêves sous forme d'images ou de situations typiques qui sont en analogie avec nos comportements. Et nous pouvons d'ailleurs en dénombrer autant qu'il existe de comportements humains.

Le langage de la vie et de la nature

Il fut un temps pas si lointain où nous parlions aux arbres, aux plantes, aux fleurs, aux oiseaux, à tous les animaux, aux éléments (le feu, la foudre, le tonnerre, l'air, le vent, l'eau, la terre, etc.), aux choses visibles et invisibles, et où ces « peuples » innombrables du grand jardin de Mère Nature nous parlaient aussi. Nous parlions le langage de la vie et de la nature. Nous le connaissons toujours. Le langage des mythes et des symboles n'en est sans doute qu'un aperçu. Et pourtant, de nos jours, ce langage, nous l'avons perdu. Perdu, mais pas oublié. Il est toujours présent dans notre mémoire inconsciente. Ce langage est relié à notre mémoire instinctive, à notre intuition qui en est une des manifestations, et il surgit fréquemment lorsque nous donnons libre cours à notre imagination créatrice. Quoi qu'il en soit, nos rêves ont bel et bien recours à ce langage, et ce, afin que la zone la plus enfouie, mais non la moins importante, de notre conscience nous parle dans nos rêves.

D'où viennent les mythes ?

CITATION

L'archétype maternel

Voici quelques-unes des différentes représentations que peut adopter l'archétype maternel selon Jung :

« La mère et la grand-mère personnelles ; n'importe quelle femme avec laquelle on est en relation, la nourrice et la gouvernante aussi ; l'aïeule ; dans un sens élevé et transposé, la déesse, spécialement la mère de Dieu, la Vierge, Sophie, en tant que but des aspirations à la délivrance ; dans un sens plus large, l'église, l'université, la ville, le pays, le ciel, la terre, la forêt, la mer et l'eau stagnante ; la matière, le monde souterrain ; dans un sens restreint de lieu de procréation et de naissance, le champ, le jardin, le rocher, la grotte, l'arbre, la source ; dans un sens encore plus restreint de matrice, toute forme creuse ; le four, la marmite ; sur le plan animal, la vache et tout animal domestique ; la déesse du destin, la sorcière, le dragon, tout animal qui enlace, la tombe, les profondeurs aquatiques, le cauchemar et la frayeur féminine de l'enfant. »

Carl Gustav Jung, *Aspect du drame contemporain*, Buchet-Chastel, Paris, 1970.

NOW PUBLISHED
STONE'S
Wellington Commercial, Municipal, and General
DIRECTORY
PROVINCIAL GAZETTEER, AND NEW ZEALAND ANNUAL, 1891-2
Price 10/6.
To be had of all Booksellers, or from the Publishers
STONE, SON, & Co.
Crawford-street, Dunedin.
Large Stocks of Jobbing Printings, Writings,
Machine and Hand Made Book and Drawing
executed with the utmost despatch, and

Deux hypothèses nous sont proposées par les spécialistes pour répondre à cette question. La première repose sur l'imagination de nos ancêtres habiles à transformer ou exagérer des faits ou des événements dont ils furent les acteurs, victimes ou témoins. En effet, bien avant l'invention de l'écriture, ils se transmettaient leurs histoires ou leurs informations exclusivement par la parole. À partir de faits réels, chaque conteur brodait, ajoutant sa part d'interprétation ou sa vision personnelle, tant et si bien qu'une même histoire colportée au fil du temps pouvait très bien devenir plus extraordinaire ou fabuleuse qu'elle ne l'avait été en réalité. Ils répondaient ainsi à leur besoin de modèles et d'exemples à suivre. Selon la seconde hypothèse, qui peut d'ailleurs s'envisager complémentairement à la première et peut tout aussi bien s'appliquer aux contes de fées, certains mythes et dieux pourraient bien être issus des rêves que nos ancêtres ont faits au fil des siècles.

L'archétype : un modèle, un moule et une matrice

L'inventaire non exhaustif des multiples représentations de l'archétype maternel proposé par Jung pourrait nous amener à envisager toute forme archétypale comme une création de la psyché inconsciente et omnisciente, réalisée à partir d'un modèle, d'un moule et d'une matrice uniques. Tout se passerait alors comme si, à partir d'un modèle unique et commun à la psyché inconsciente de toute l'humanité et également commun à toutes les formes de vies manifestées ou implicitement contenues dans ladite psyché inconsciente collective, une matrice en constant état de gestation créait un moule constituant telle ou telle adaptation ou forme de ce modèle. Par exemple, à partir de l'archétype maternel, modèle universel, la matrice de la psyché inconsciente crée en permanence les moules dans lesquels prennent forme substance, existence et apparence à tout instant : le ciel, la Terre, la mer, la grotte, la source, la roche, la forêt, le champ, le jardin, la maison, la ville, l'église ou le temple, la tombe, la vache, le serpent, l'araignée, la sorcière, la sage-femme, la nourrice et la mère, bien sûr, et encore beaucoup d'autres éléments en analogie avec la mère.

UN SYMBOLE, UN MYTHE, UN ARCHÉTYPE ET LEUR INTERPRÉTATION

Juste avant de vous exposer mon modèle d'interprétation des rêves, voici trois exemples des interprétations générales que nous pouvons envisager à partir d'un symbole : l'inondation ; d'un mythe ou symbole mythique : l'araignée ; et d'un archétype ou symbole archétypique : la forêt. Ces trois exemples vous permettront d'avoir un aperçu de la richesse d'informations que peut vous proposer un symbole présent dans tel ou tel de vos rêves. Ils vous permettront également de savoir comment vous pouvez interpréter ce symbole sous l'angle de la divination et de la psychologie, avant de réaliser votre propre interprétation de sa présence dans l'un de vos rêves.

Des symboles vides de sens

Dans un rêve, tout est symbole. Cela signifie que tout est sujet à interprétation et plus particulièrement à « votre » interprétation. Un mythe ou un archétype se constellant dans un rêve nous renvoie ainsi à l'univers symbolique des dieux et des mythes des sociétés primitives et des civilisations antiques, ces êtres divins et les légendes mythiques qui les mettent en scène exerçant toujours une grande fascination sur nous. Toutefois, de nos jours, les nouvelles technologies favorisant les projections à grande échelle de nos fantaisies imaginatives dont nous nous divertissons, nous ne voyons plus dans ces divinités et ces mythes que des réminiscences d'un temps révolu, des sources d'inspiration que l'industrie cinématographique exploite à satiété. Pourtant, c'est en raison précisément de la fascination inconsciente que les dieux et les mythes exercent toujours sur nous que de telles œuvres cinématographiques sont à ce point plébiscitées dans le monde entier. Il n'y a bien sûr rien de répréhensible à cela si ce n'est que de telles œuvres fabriquées par une poignée d'individus influent sur la conscience que nous avons des symboles, des mythes et des archétypes. Ce sont des interprétations, des symboles, mythes et archétypes « prédigérés », si j'ose dire, qui nous sont ainsi proposés. Ils sont déformés, dénaturés ; sortis de leur contexte, ils n'ont parfois plus aucun sens.

Un regard neuf sur vos rêves

En conséquence, vous devez poser un regard neuf sur l'univers de vos rêves de façon à réapprendre la langue des symboles et trouver votre propre interprétation des symboles, mythes et archétypes qui les peuplent. Réapprendre cette langue implique que vous vous informiez autant que faire se peut sur les symboles, les mythes et les archétypes de l'humanité. Vous pouvez aussi consulter des recueils d'interprétation des symboles afin d'y étudier ceux qui sont présents dans vos rêves. Toutefois, gardez toujours en mémoire la nécessité de trouver votre propre interprétation de tel ou tel symbole présent dans l'un de vos songes, si vous voulez dégager les messages que, par le biais de votre grand esprit des rêves, vous vous délivrez à vous-même. Ces dictionnaires ou formulaires sont en effet des ouvrages d'auteurs qui, peu ou prou, vous livrent leurs interprétations. Ces dernières peuvent vous aider à trouver vos propres interprétations, mais les interprétations que vous propose tel ou tel auteur, aussi érudit et chevronné soit-il dans l'art de l'interprétation, ne doivent en aucun cas se substituer à vos propres interprétations.

Les interprétations que je vous propose

Dans ce livre, je vous propose quelques-unes de « mes » interprétations de divers symboles, mythes et archétypes. Pour vous aider à trouver puis à donner vos propres interprétations, adaptées à votre personnalité, j'ai tenté d'imaginer un certain nombre de situations oniriques où tel ou tel symbole, mythe ou archétype est mis en scène. Mais pour chaque symbole traité, mes interprétations sont loin d'être exhaustives. Elles ne font que déployer un éventail de possibilités. Ne voyez en elles que des exemples pouvant vous mettre sur la voie de vos propres interprétations ou des supports de réflexion favorisant l'éveil ou le réveil de votre imagination. Et si une autre possibilité ne figurant pas parmi celles que je vous expose s'impose spontanément à votre esprit, ne la repoussez pas ; c'est probablement celle qui convient au sens de votre rêve. Plus vous vous efforcerez d'imaginer par vous-même ce que signifie tel ou tel symbole présent dans l'un de vos songes, plus vous progresserez sur la voie de l'interprétation de vos rêves.

L'inondation

Être raisonnable et pragmatique est une bonne chose. Mais si nous adoptons un tel mode d'appréhension de la réalité d'une manière systématique, nous témoignons d'une attitude unilatérale qui ne peut nous convenir. En effet, toute étroitesse de vue dont nous faisons preuve exclut notre sens des perspectives, nous inclinant dès lors à inhiber, refouler ou nier une grande partie de ce que nous pourrions faire et être. C'est fréquemment dans ce genre de circonstances que nous rêvons d'une inondation. En d'autres termes, lorsque nous nous enferrons dans des attitudes trop rationnelles, lorsque nous vouons un culte à la raison et à la logique au mépris des qualités sensibles et intuitives, lorsque nous dressons des digues ou des barrages entre la conscience que nous avons de la réalité et les couches les plus profondes de notre être, nous interdisant ainsi de capter les messages de notre psyché inconsciente, nous rêvons d'une inondation. Avant même que nous ayons pris conscience des dangers que nous courons en adoptant un tel comportement, les digues se rompent, les barrages cèdent, et nous sommes submergés.

Qu'est-ce qui vous submerge ?

Vous ne devez jamais minimiser ce qu'un rêve d'inondation vous suggère. Son contenu peut vous prévenir d'un plus ou moins grave désordre psychologique, dont vous êtes plus ou moins responsable selon que vous êtes ou non conscient de votre mode de pensée ou d'action unilatéral. Si vous faites un tel rêve, demandez-vous ce qui est en train de vous submerger : des sentiments, des émotions, des aspirations, des intuitions que vous refoulez ou dont vous niez l'existence ? Demandez-vous comment, à partir de cette inondation, vous pouvez ou devez vous régénérer ?

Un message de renouveau

En effet, s'il est déconseillé de ne pas prendre au sérieux l'avertissement contenu dans un rêve d'inondation (évidemment à la lumière des événements ou des faits se produisant dans votre vie au moment où vous faites ce rêve), vous n'en trouverez pas moins dans l'image de ces eaux qui déferlent en vous un message d'espérance et une promesse de renouveau. Cela est d'autant plus vrai si, dans votre rêve, une pluie diluvienne est à l'origine de l'inondation. Au plan symbolique, la pluie tombant du ciel possède un caractère sacré et bénéfique. Elle fertilise la terre. Dès lors, c'est votre « terre intérieure » qui est fertilisée par elle. Et bien qu'en raison de l'inondation cette fertilisation soit excessive, voire outrancière, il n'en reste pas moins qu'une fois cette « catastrophe naturelle » terminée, votre terre intérieure sera lavée de tout ce qui la rendait stérile, et considérablement régénérée.

Vos rêves d'inondation

✔ Vous avez rêvé d'une inondation :

INTERPRÉTATIONS DIVINATOIRES

1 Votre tranquillité sera perturbée par l'intrusion dans votre vie intime de personnes indélicates.

2 Si l'inondation résultait d'une pluie diluvienne, vous éprouverez une grosse déception ou une grande peine (il s'agit là d'un rêve faisant symboliquement allusion au « déluge de larmes »). Bien que l'interprétation divinatoire de ce rêve diffère de l'interprétation psychologique que l'on peut en faire, l'une et l'autre ne sont pas incompatibles, une déception ou un chagrin pouvant très bien procurer ensuite un soulagement, du fait qu'ils nous contraignent à ouvrir les yeux. Le renouveau qu'ils produisent résulte ainsi d'une salutaire prise de conscience.

3 Vous allez être « débordé », ou dépassé par les événements, situation qui pourrait mettre votre bien-être en péril ou vous perturber d'un point de vue émotionnel.

INTERPRÉTATION PSYCHOLOGIQUE

Des problèmes restés en suspens ou des difficultés imprévues sont sans doute à l'origine de cette inondation. Réfléchissez à la nature des émotions ou des sentiments qui sont sur le point, ou en train de vous submerger. Ils seront porteurs d'un renouveau. Mais ce renouveau ne sera effectif que si vous vous abandonnez aux sentiments et aux émotions en question.

MYTHES & SYMBOLES

Le « Supersage » et le Déluge

Les historiens savent aujourd'hui que les rédacteurs de la Bible se sont inspirés d'un plus ancien récit du Déluge datant probablement de 1700 ans avant notre ère, où l'on trouve en lieu et place de Yahvé un autre dieu de l'Atmosphère, Éa ; et en lieu et place de Noé (*Noah*, nom en rapport avec les verbes « conduire », « consoler » et « repentir » de la langue hébraïque), Atrahasîs (le « Supersage » en langue sumérienne). Tous les récits du Déluge (il en existe aussi, entre autres, dans la mythologie hindoue, la mythologie grecque, et jusque dans les mythes des aborigènes d'Australie) ne changent rien à son contenu symbolique. Ce dernier évoque une régénération nécessaire, un renouveau qui ne pourra surgir que du chaos se produisant sur Terre sous forme de catastrophe naturelle, d'inondation en l'occurrence. Ainsi l'inondation des rêves, aussi inquiétante ou dramatique puisse-t-elle paraître, est toujours porteuse d'espoir, de renouveau, d'une renaissance.

✔ Vous êtes victime ou témoin d'une inondation qui se produit chez vous :

INTERPRÉTATIONS DIVINATOIRES

1 Si cette inondation était due à une catastrophe naturelle, l'eau envahissant votre domicile, vous finirez probablement par être touché directement par des événements extérieurs ou indépendants de votre volonté.

2 Si l'inondation résultait d'une fuite d'eau se produisant chez vous, selon que l'eau était claire ou trouble, dans le premier cas vous bénéficierez d'une rentrée d'argent inattendue ou vous rencontrerez une personne agréable et charmante ; dans le second cas, vous serez enclin à dépenser votre argent sans compter, avec les risques qu'un tel comportement induit.

3 Une personne de votre entourage cherchera à vous nuire à votre insu.

INTERPRÉTATIONS PSYCHOLOGIQUES

1 Si vous êtes victime d'une inondation, ou touché par elle, ce qu'elle figure symboliquement dans votre rêve vous concerne ou vous implique personnellement. Cependant, un tel rêve vous met en situation de pouvoir réfléchir à l'état de veille, d'intégrer cette donnée à votre conscience, pour réagir ou agir comme il se doit. En revanche, si vous n'en êtes que témoin, assistant à un tel phénomène en spectateur impuissant, au plan psychologique, un tel songe constitue un avertissement : le message que vous délivre votre rêve, c'est que vous ne faites rien, que vous persistez dans les mêmes attitudes unilatérales, à inhiber, contenir ou refouler vos émotions par exemple. En conséquence, quelque chose « remue » en vous, vous bouleverse, et vous n'êtes pas apte à en prendre conscience ni à réagir ou agir comme il se doit pour éviter le pire. Dès lors, ce n'est pas dans votre rêve que vous risquez d'être victime d'un tel déferlement incontrôlable de vos émotions, mais dans votre vie consciente.

2 Pour interpréter ce rêve au plan psychologique, notez quelle pièce de votre appartement ou de votre maison vous occupiez au moment où cette inondation a eu lieu. Par exemple, si vous étiez dans votre chambre à coucher, il est probable que cette immersion des forces psychiques inconscientes se produira dans votre vie intime, affective ou amoureuse.

3 Par ailleurs, si, dans votre rêve toujours, vous vous trouviez dans la maison de votre enfance ou dans un endroit où vous avez vécu antérieurement, vous pouvez croire que cette habitude que vous avez prise d'agir ou d'appréhender la réalité sous un certain angle remonte à fort longtemps. Si vous étiez dans une maison ou un appartement que vous ne connaissez pas au moment où se produit une inondation, cet endroit inconnu ou étranger vous révèle que vous n'êtes probablement pas encore en mesure de comprendre ce qui vous arrive ni d'où viennent ces forces psychiques émotionnelles qui vous submergent.

SATURDAY, NOVEMBER 26, 1904.
PRICE 3 CENTS.
CAMPAIGN HEATED BY LOS ANGELES WOMEN.
WIRELESS IS HIGHEST YET.
Joan Crawford
ARRESTS IN RAYM
Dryer
clothes!
needs no venting!
Cosmetic Lather is the secret
NEW TARZAN
Police Board to Free C.I.O.
BAINS
BUREAU
PORCHE
Sol brut
VR-PVC-Elec
JOINT DE FRACTIONNEMENT EN PLAFOND

4 Un rêve de déluge, avec des pluies torrentielles incessantes et une immersion des terres cultivées et habitées, vous indique une brusque irruption de forces psychiques inconscientes submergeant non seulement votre conscience, mais encore toute votre vie. En effet, les eaux du déluge ne sont plus fertilisantes, mais dévastatrices. Un tel songe peut vous indiquer que vous êtes en grand danger. Cela étant, nous sommes plus nombreux que nous ne croyons à faire un tel rêve, produit de la psyché inconsciente collective, en ces temps incertains et dangereux du monde où nous vivons et où nous avons parfois l'impression d'être impuissants à stopper cette névrose obsessionnelle de la productivité et du profit à outrance qui nous poussent à détruire notre habitat naturel : la Terre ! « Aujourd'hui les signes ne manquent pas, qui annoncent que les marées montent dans l'inconscient des individus, comme dans celui des peuples. Si elles se précipitent sur le monde, une fois de plus le déluge anéantira les réalisations de la civilisation[4]. » Il convient de préciser que ces mots, écrits en 1933, se révélèrent particulièrement pertinents, quand on sait les déchirements catastrophiques que le monde a connus entre 1939 et 1945. Toutefois, presqu'un siècle plus tard, ils se révèlent toujours cruellement d'actualité.

---

4. Harding, Esther, *Les mystères de la femme*, Payot, Paris, 1976.

UN PEU D'HISTOIRE

« Après moi le déluge ! »

Issu du latin *dilivium*, qui signifie « inondation », un déluge nous met en présence d'un débordement. Certes, si l'on croit ses racines étymologiques, il signifie aussi « diluer », c'est-à-dire « dissoudre, dissiper, éclaircir, laver ». Néanmoins, au déluge se rattache plus souvent une dévastation ou une catastrophe en laquelle nous verrions de nos jours un désastre écologique. Lorsque madame de Pompadour ou madame du Barry (les historiens ne sont pas en accord sur la paternité de cette célèbre parole que d'aucuns attribuent même au roi Louis XV, dont la marquise et la comtesse furent les maîtresses) disait « Après moi le déluge ! » à propos des troubles qui précédèrent la Révolution française, chacune d'elles ne savait pas à quoi elle s'exposait : la première mourut d'une congestion pulmonaire due à la tuberculose dans d'horribles souffrances, la seconde fut guillotinée. Il ne faut jamais plaisanter avec le déluge ou l'inondation.

L'araignée

« Araignée du matin : chagrin ; araignée du soir : espoir. » Ce présage résume assez bien l'ambivalence que nous attribuons à l'araignée, ambivalence ou double nature que nous retrouvons dans l'interprétation de nos rêves d'araignée. Si nous nous référons à l'origine latine de son nom, l'araignée ne présenterait d'intérêt que pour sa toile. En effet *aranea*, d'où dérive « araignée », signifiait primitivement « toile des arachnides ». Les arachnides quant à elles tiennent leur nom du grec *arakhnê*, « araignée », peut-être issu de *arkus*, le filet des pêcheurs grecs.

La légende mythique d'Arakhnê

Arakhnê était le nom d'une jeune fille de Lydie qui tint un rôle important dans la mythologie grecque. Selon la légende qui se rattache à elle, Arakhnê, fille de teinturier, se rendit célèbre en usant de ses talents de tisserande et de brodeuse. Ses œuvres étaient si belles que toutes les nymphes alentour venaient les admirer. On prétendait qu'elle avait été initiée à l'art du filage et de la tapisserie par Athéna, déesse guerrière redoutable, mais aussi et paradoxalement patronne des fileuses et des brodeuses. Cependant, Arakhnê ne l'entendait pas ainsi. Se vantant volontiers de son don, elle affirmait ne rien devoir à Athéna. Pour preuve de sa bonne foi, l'idée lui vint de défier la déesse, qui lui apparut alors sous les traits d'une vieille femme bienveillante, lui conseillant de faire preuve de beaucoup plus d'humilité et de ne pas se vanter de ses dons et talents devant Athéna, qui était très susceptible. Mais non contente de ne pas suivre ses conseils, Arakhnê se mit à proférer des insultes à l'égard de la déesse.

La sorcière Athéna

De rage, Athéna dévoila son vrai visage, tissant devant Arakhnê une superbe tapisserie représentant les douze dieux de l'Olympe, démontrant de la sorte à l'insolente leur suprématie sur tous les mortels qui avaient voulu les défier. Arakhnê, ne se laissant ni impressionner ni intimider, tissa à son tour une non moins superbe tapisserie figurant les amours adultères des douze dieux de l'Olympe, voulant ainsi, quant à elle, souligner et mettre en scène leurs faiblesses. Furieuse, Athéna détruisit l'œuvre d'Arakhnê qui, de désespoir, se pendit. Mais juste avant qu'elle ne passe de vie à trépas, Athéna, l'empêchant de mourir, la transforma en araignée, la condamnant ainsi à l'immortalité et à tisser sa toile pour l'éternité.

Interprétation psychologique de la légende d'Arakhnê

Tenter de comprendre la signification de cette légende comme nous interprétons un rêve ou un conte de fées peut nous aider à comprendre ce que, symboliquement, nous révèle une araignée présente dans l'un de nos rêves. Athéna était une déesse guerrière au caractère ombrageux, susceptible et colérique. Tandis qu'Arakhnê, du moins si l'on en croit la légende, était une paisible et jeune fileuse et brodeuse de talent. Néanmoins, elle va pécher par orgueil en s'attribuant un don qu'en réalité elle a reçu d'Athéna. Elle se veut ainsi l'égale de la déesse, voire supérieure à elle, et ce faisant elle va jusqu'à défier les dieux. Mais il faut bien comprendre au plan symbolique et d'un point de vue psychologique qu'Athéna et Arakhnê ne sont qu'une et même personne, la première figurant une composante de la personnalité de la seconde. S'identifiant à la déesse, la fileuse adopte des attitudes négatives d'orgueil, de défi, de violence. Et du fait qu'elle commet une transgression contre elle-même, Athéna la punit (mais c'est comme si la fileuse se punissait elle-même), la condamnant à tisser sa toile non pas éternellement, mais jusqu'à ce qu'elle ait transformé et intégré en elle les qualités de la déesse : l'humilité, la patience, le calme, la douceur, la mesure, la paix se dissimulant derrière l'orgueil, le défi et la violence. Ainsi, lorsque vous rêvez d'une araignée, interrogez-vous. Qu'est-ce qui se trame en vous ou que tramez-vous à votre insu ? De bonnes ou de mauvaises pensées ? De bons ou de mauvais sentiments ?

Une merveille de la nature

Cette légende mythique devrait nous inviter à plus de sympathie et de compassion pour cet animal à sang froid, pourvu de huit pattes, parfois de deux paires de poumons (c'est le cas de la mygale, par exemple), d'un abdomen souple qui produit de la soie, dont l'araignée se sert pour tisser sa toile, et qui est très utile, si l'on veut bien y penser, puisque cet animal se nourrit d'insectes. Nous ne devons donc pas nous contenter de réduire la légende d'Arakhnê aux sentiments d'ambition et d'orgueil. En effet, si l'on en croit les naturalistes, bien que

les mœurs amoureuses de l'araignée s'assimilent volontiers à celles de la mante religieuse (la femelle de certaines espèces ayant une propension à dévorer le mâle après l'accouplement), ses qualités maternelles ne font aucun doute et le tissage de sa toile est une véritable merveille de la nature.

L'araignée terrifiante et l'araignée protectrice

Alors d'où viennent la terreur instinctive, la répulsion ancestrale et le dégoût incontrôlable que ressentent la plupart des femmes, surtout, quand elles voient une araignée ? Est-ce parce que sa toile leur rappelle les pensées qu'elles tissent, elles aussi, jour après jour, et qu'elles savent rendre réelles ? Ou bien est-ce parce que cet animal renvoie au sang-froid dont les femmes savent faire preuve dans des circonstances où, souvent, les hommes perdent pied, cédant à la panique ou à la violence ? Ce sont quoi qu'il en soit deux interprétations venant immédiatement à l'esprit lorsqu'une femme fait un rêve d'araignée. Néanmoins, sous l'angle de l'interprétation symbolique et psychologique, il ne faut jamais exclure le fait que l'araignée jouait fréquemment un rôle protecteur et bénéfique dans l'esprit de nos ancêtres. Par exemple, les fameuses filandres, ou « fils de la Vierge », résidus de toiles d'araignées flottant entre les branches des arbres au gré du vent, étaient perçus comme des cheveux de la Vierge des chrétiens, au Moyen Âge, et considérés comme un très heureux présage lorsqu'on en voyait.

Les travaux et ouvrages des dames

Bien que peu de femmes s'y adonnent encore de nos jours, absorbées qu'elles sont par un mode de vie qui les éloigne toujours un peu plus des activités créatrices et artisanales, il n'en reste pas moins que, durant des millénaires, filer, tisser, broder et tricoter furent des activités typiquement féminines. Au point qu'on disait autrefois d'une femme enceinte qu'elle « tissait » son enfant. Nos découvertes scientifiques ne peuvent que confirmer une telle observation empirique, quand nous savons que tout enfant qui vient de naître est le produit d'un patrimoine héréditaire et psychosomatique riche et complexe dont la toile fut tissée jour après jour, durant les neuf mois de sa vie intra-utérine. Nous savons aussi que, si une femme ne « tisse » pas consciemment son enfant, elle n'y contribue pas moins et avec force et intensité, biologiquement bien sûr, mais aussi à l'aide de sa psyché inconsciente littéralement investie par son état de grossesse. De ce fait, les femmes enceintes rêvent souvent de filage, de tissage, voire d'araignées et de leurs toiles, mais aussi d'étoffes, de tissus, de draps, de tapis, bref, de tout ce qui fait appel aux travaux et ouvrages des dames.

La toile d'araignée

En tissant sa toile, l'araignée réalise un piège dans lequel viendront se prendre les proies qui la nourriront, elle, ainsi que sa progéniture. Cette notion de piège est évidemment à prendre en considération dans tous les rêves peuplés d'araignées et de leurs toiles. Ainsi, ce n'est probablement pas dû au hasard si nous avons surnommé l'univers d'Internet « la Toile ». En effet, bien que nous soyons enclins à associer à ce nouvel outil de communication la libre circulation des informations et des idées, l'ouverture au monde, la solidarité entre les peuples, la Toile recèle de nombreux pièges : elle enferme, isole, nous inclinant à vivre dans une réalité virtuelle dénuée de tout contact physique, charnel avec la vie, nous privant de l'expérience vécue ; elle induit mensonges, dissimulation, manipulations psychologiques, perte d'identité ; bref, absorbés par la Toile, nous courons le risque d'être annihilés par le monde des apparences, inconscients d'être pris au piège de la psyché inconsciente collective qui, sous l'aspect d'une araignée symbolique a tissé « la Toile » que nous avons nous-mêmes inventée et tissée, nous prenant ainsi à notre propre piège.

Le mandala

Cependant, les rêves dans lesquels apparaît une toile d'araignée peuvent aussi avoir une connotation très positive et hautement spirituelle, en cela que ladite toile d'araignée constitue un mandala, c'est-à-dire une figure archétypique qui, sous des formes distinctes, se retrouve un peu partout dans la nature et même dans l'univers. Elle est ainsi et en quelque sorte une représentation inconsciente et instinctive du noyau de notre personnalité, tant et si bien que dès qu'un enfant tient un crayon en main, spontanément, il dessine des mandalas qui sont autant de projections de son univers intérieur, du centre de son être auquel il aspire inconsciemment à retourner. En effet, nous recélons tous en nous-mêmes un espace pur, intime, secret, mystérieux, où nos forces psychiques inconscientes nous invitent à plonger parfois, pour nous ressourcer ou nous régénérer.

L'image intérieure

Or le mandala n'est rien d'autre qu'une image intérieure, une représentation graphique, géométrique et colorée du centre psychique de tout être où, selon les hindous, l'âme rejoint la divinité ou s'unit à elle. En d'autres termes, le mandala est une figure symbolique de notre maison intérieure dont nous pouvons éventuellement retrouver le chemin en apprenant à la dessiner. En sanskrit, *mandala* signifie « cercle, arc, segment ». Toutefois, le carré étant contenu dans le cercle ou implicitement représenté par lui, le mandala nous apparaît fréquemment sous l'aspect d'un cercle contenu dans un carré, pouvant contenir lui-même de nombreux autres cercles et carrés, ceci à l'infini, jusqu'à donner l'impression d'un mouvement vertigineux et incessant. Lorsqu'un mandala surgit dans un rêve, figuré par exemple par une toile d'araignée, nous pouvons l'interpréter selon les critères que l'on attribue aux symboles du cercle, du carré et, plus encore, du centre.

Le cercle des chants

En sanskrit, *mandala* ne désigne pas seulement l'image, le dessin ou le schéma servant de support de méditation au moine hindouiste, mais aussi le cercle ou les cycles de chants du Rig-véda, le plus ancien des quatre recueils du Véda, l'équivalent de la Bible des Hébreux pour les hindous, composé de plus de mille chants et dont la rédaction fut sans doute entamée au XIIe siècle avant notre ère. Image ou chant, le mandala est toujours un support de méditation et de retour sur soi, mais aussi une représentation de soi et de l'univers, du microcosme et du macrocosme qui procèdent des mêmes principes, de la même essence.

Vos rêves d'araignée

✔ Vous avez rêvé d'une araignée :

INTERPRÉTATIONS DIVINATOIRES

1. S'il s'agit d'une grosse araignée, vous réaliserez une excellente affaire à la suite d'une transaction, ou vous tirerez des avantages importants d'une situation qui, d'emblée, vous aura pourtant semblé compliquée.

2. L'apparition d'une araignée venimeuse vous informe que vous bénéficierez d'un vrai coup de chance, d'une importante rentrée d'argent ou d'une augmentation de votre pouvoir d'achat résultant d'un heureux concours de circonstances, à condition toutefois qu'elle ne vous pique pas. Dans le cas contraire, elle vous signale que vous faites fausse route ou que vous vous leurrez quant aux moyens dont vous disposez.

3. Néanmoins, une araignée vous piquant dans l'un de vos rêves peut tout aussi bien vous prévenir d'un événement totalement inattendu qui, bien que vous paraissant désagréable ou négatif de prime abord, se révélera finalement de très bon augure, à l'origine d'un changement dans votre situation ou d'un renouveau dans votre existence.

4. Si vous avez affaire à une petite araignée, vous recevrez un don ou une petite augmentation de vos revenus.

INTERPRÉTATIONS PSYCHOLOGIQUES

1. Lorsqu'une araignée suspendue à son fil se balance devant vous ou qu'elle vous tombe dessus, vous pouvez croire que quelque chose qui s'est tramé à votre insu, dans votre psyché inconscience probablement, va vous tomber dessus. Si cela vous « tombe du ciel », vous connaîtrez une certaine plénitude psychique, une joie profonde, une satisfaction intime. Si cela vous « tombe sur la tête », vous êtes ou serez peut-être victime d'un état de démence passager ou d'un petit coup de folie.

2. Une grosse araignée, telle la mygale, surgissant dans l'un de vos rêves vous met en présence de vos idées folles, de vos divagations, sans doute provoquées à votre insu par des forces psychiques inconscientes dévorantes qui menacent de vous envahir. Et cela est d'autant plus vrai lorsque l'araignée de votre rêve vous menace effectivement ou vous agresse.

3. Vous faire piquer par une araignée dont vous savez que le venin est mortel relève évidemment du pur cauchemar. Le plus souvent, vous vous réveillez juste avant de vous faire piquer, ou bien, si vous avez été piqué, vous sortez de votre rêve au moment où vous êtes convaincu que vous allez mourir. Dans l'un et l'autre cas, vous êtes « piqué au vif » par des forces psychiques inconscientes et hostiles

(symbolisées par l'araignée venimeuse) qui en quelque sorte vous rappellent à l'ordre. Un tel rêve vous invite à être beaucoup plus vigilant et attentif à ce qui se produit en vous à votre insu, aux pensées sombres, aux idées noires, aux mauvais sentiments que vous tissez jour après jour sans peut-être vous en rendre compte et qui, ensemble, finissent pas constituer la toile d'où surgit l'araignée de votre rêve. Et si vous êtes confronté à cette araignée dans la forêt ou dans la jungle, dans un pays étranger et lointain, ou dans un endroit que vous n'avez jamais visité, c'est que vous n'êtes absolument pas préparé à une telle rencontre avec ces forces psychiques inconscientes, qui peuvent se révéler très néfastes à votre équilibre psychologique et à votre bien-être. Ne prenez donc pas un tel rêve à la légère. À l'instar de l'interprétation divinatoire que vous propose ce genre de rêve, l'interprétation psychologique vous avertit qu'un changement et un renouveau s'imposent dans votre comportement psychologique et dans votre attitude vis-à-vis de vous-même. Mais il faudra du temps avant que vous soyez en état d'en prendre conscience et que ce changement soit effectif.

✔ Vous avez rêvé de plusieurs araignées marchant ou grouillant sur le sol ou sur le plancher :

INTERPRÉTATIONS PSYCHOLOGIQUES

1 En cultivant des idées trop réalistes ou concrètes, ou en envisageant les choses d'une manière trop terre à terre, vous compensez vos idées noires, vos angoisses et vos inquiétudes dont ces araignées sont des représentations symboliques.

2 Si vous êtes immobile tandis que ces araignées grouillent autour de vous sans toutefois vous toucher et que vous n'éprouvez aucun sentiment de peur, vous êtes probablement impuissant à mettre un terme aux idées ou pensées qui vous inquiètent, mais au fond, vous n'avez pas d'inquiétude majeure à avoir. Il semble en effet que toutes ces pensées ou ces idées ayant certes des connotations négatives ne puissent vous atteindre, et le mieux que vous ayez à faire est précisément de ne rien faire. En revanche, si vous les percevez comme une menace, demandez-vous comment de telles pensées, idées ou angoisses peuvent éventuellement se retourner contre vous.

3 Et si vous éprouvez une grande frayeur ou une forte répulsion, celle-ci vous révèle que vous avez trop longtemps péché par négligence, maladresse, par faiblesse ou manque de clairvoyance et de lucidité vis-à-vis de vous-même ou à l'égard de certaines personnes, ou encore que vous vous êtes bercé d'illusions. Quoi qu'il en soit, l'apparition de ces araignées vous causant une telle frayeur ou répulsion constitue une sorte de brusque réveil de votre conscience, un cri d'alarme

et d'alerte vous encourageant à réagir promptement. Cette interprétation est d'autant plus vraie si vous fuyez ou courez en tous sens pour éviter que les araignées ne vous assaillent ou ne vous touchent.

4 Certaines des araignées grouillant sur le sol ou le plancher peuvent aussi très bien commencer à grimper le long de vos mollets et de vos jambes. Auquel cas vous devez interpréter ce rêve sous l'angle d'un risque de paralysie de votre volonté. Quelque chose en vous-même vous empêche de réagir contre vos idées noires, vos mauvaises pensées ou vos angoisses qui menacent de vous envahir et de vous paralyser, telles ces araignées. Si vous faites un rêve de ce genre, réfléchissez bien à votre situation dans son ensemble, au problème ou au conflit latent qui vous préoccupe et, plus particulièrement, à vos attitudes dans ce contexte.

✔ Vous avez rêvé d'une ou de plusieurs araignées grimpant le long d'un mur de votre appartement ou de votre maison :

INTERPRÉTATIONS DIVINATOIRES

1 Un événement étrange qui se produira prochainement vous surprendra ou vous choquera, à moins évidemment qu'il ne se soit déjà produit et que vous soyez donc en état de choc.

2 Vous allez traverser une longue période de succès et de réussite.

INTERPRÉTATIONS PSYCHOLOGIQUES

1 Ce rêve vous invite à être plus attentif à votre comportement, à vos actes et à vos réactions, et plus généralement aux relations que vous cultivez avec des personnes de votre proche entourage.

2 Il peut aussi vous mettre en garde contre votre penchant à vous isoler, à dramatiser ou à culpabiliser, quoi qu'il en soit, à établir une sorte de barrière inconsciente d'idées sombres, de peurs ou d'appréhensions irrationnelles, de soupçons entre les autres et vous. Si la maison ou l'appartement en question est un endroit inconnu de vous, votre rêve vous informe du fait que vous êtes totalement inconscient de ce qui vous pousse à vous comporter de la sorte. Et s'il s'agit de l'appartement ou de la maison de votre enfance, de telles attitudes défensives, voire hostiles à l'égard du monde extérieur, s'enracinent probablement dans des situations et relations que vous avez vécues durant votre enfance ou votre adolescence. Dans un tel cas de figure, essayez de vous remémorer ce qui vous a poussé à vous comporter ainsi.

EXEMPLE D'INTERPRÉTATION

Araignée du matin, du midi ou du soir

Les rêves d'araignée sont très souvent en rapport avec les pensées, les sentiments, les souhaits, tout ce qui se tisse et se trame dans l'esprit et le cœur des êtres au fil des jours et qui les rapproche parfois, comme une toile d'araignée suspendue entre deux branches de deux arbres distincts qui, grâce à elle, sont reliés l'un à l'autre. Ainsi en est-il de l'araignée que l'on voit le soir, dont tout le monde sait qu'elle est un signe d'espoir. Mais de quel espoir s'agit-il ? De celui de voir un désir, un souhait, un projet se réaliser, celui qui occupe notre esprit au moment où nous rêvons d'une araignée. Et pourquoi l'araignée du soir serait-elle plus propice à l'espoir, que celles du matin et du midi, qui ont une plus fâcheuse réputation ? Parce que le soir est l'heure du repos et de la détente, parce qu'il est donc favorable à la réflexion, à la méditation, à tout ce qui ressortit aux pensées et aux sentiments, tandis que le matin est le moment de la journée au cours duquel on entre dans la vie active, et le midi, celui où l'on récolte les fruits de ses actes ou, plus exactement – le Soleil à son zénith mettant en lumière tout ce qui est caché –, l'instant d'une prise de conscience parfois difficile ou douloureuse.

✔ Vous avez rêvé d'une ou de plusieurs araignées marchant au plafond :

INTERPRÉTATIONS PSYCHOLOGIQUES

1. Vous refoulez ou refusez d'intégrer à votre conscience vos idées bizarres, vos réactions insolites, vos comportements étranges.
2. Vous vous surprenez vous-même à agir ou réagir de façon très étrange ou inhabituelle. Vous êtes en quelque sorte en proie à un moment de démence ou de folie passagère. Bref, vous jugez que vous avez de drôles d'idées et vous ne savez absolument pas d'où elles vous viennent.

✔ Vous avez rêvé que vous vous trouviez dans un endroit recouvert de toiles d'araignées :

INTERPRÉTATIONS PSYCHOLOGIQUES

1. Ce rêve vous présente une situation que vous avez probablement laissée se dégrader ou dégénérer sans réagir au bon moment et qui s'impose à votre attention. Il y a fort à parier que cette situation trouve son origine dans vos mauvais réflexes comportementaux. Elle a donc de profondes ramifications en vous. Il serait souhaitable, vous dit votre rêve, que vous preniez conscience que, les mêmes causes produisant toujours les mêmes effets, vos comportements erronés ou vos mauvaises (pré)dispositions engendrent des situations similaires qui, cycliquement, reviennent vous rappeler à l'ordre.
2. De telles situations n'ont rien à voir avec la fatalité. Nous y sommes tous confrontés tôt ou tard au cours de notre existence. Elles nous contraignent ou nous invitent à changer d'attitude pour transformer notre vie. Pour ce faire, ayant fait un tel rêve, vous devez faire le ménage, dépoussiérer ce qui en vous-même est en analogie symbolique avec l'endroit dans lequel vous vous trouvez dans votre rêve. S'il s'agit d'une cave par exemple, ce sont vos passions, vos sentiments et vos instincts primaires qui sont en cause et que vous avez refoulés au fond de vous depuis longtemps, d'où les toiles d'araignée qui encombrent la cave de votre rêve.
3. Et lorsque, dans votre rêve toujours, vous vous déplaciez dans cet espace intérieur rempli de toiles d'araignée et que votre visage et vos vêtements s'en trouvaient recouverts, vous pouvez croire que non seulement vous éprouvez des difficultés à vous sortir de cette situation récurrente, mais encore et surtout que les causes ou les origines de ladite situation pénible ou décevante sont tellement enfouies en vous et depuis si longtemps qu'elles finissent par « salir » toute votre personne et par faire obstacle à l'expression et au développement de votre personnalité.

✔ Vous avez rêvé d'une araignée tissant sa toile :

INTERPRÉTATION DIVINATOIRE

Vous êtes probablement sur le point de tomber dans un piège qui se trame actuellement à votre insu, et dont ce rêve vous avertit.

INTERPRÉTATION PSYCHOLOGIQUE

Quelque chose se trame en vous à votre insu. Sans en avoir conscience, vous tissez des pensées, sassez et ressassez des idées pouvant se révéler dangereuses ou nuisibles à la longue, pour vous surtout. Ce faisant, vous vous tendez un piège à vous-même. Mais dès lors que vous avez vu l'araignée tisser sa toile dans votre rêve, vous pouvez encore vous ressaisir, en vous efforçant de prendre conscience de ce que vous tramez en vous malgré vous.

✔ Vous avez rêvé d'une superbe toile d'araignée :

INTERPRÉTATIONS PSYCHOLOGIQUES

1. Prenant conscience de la fragilité et de la fugacité des choses de ce monde, vous êtes en quête d'une réalité plus profonde. Cette belle toile d'araignée apparaissant dans votre rêve vous invite ainsi à contempler votre image intérieure ou le noyau de votre personnalité au centre duquel vous trouverez tôt ou tard l'objet de votre quête.

2. Vous évoluez dans un véritable labyrinthe d'idées, de spéculations et de convictions intellectuelles certes attractives et stimulantes, mais qui vous coupent de la réalité, de vos instincts et de la vie.

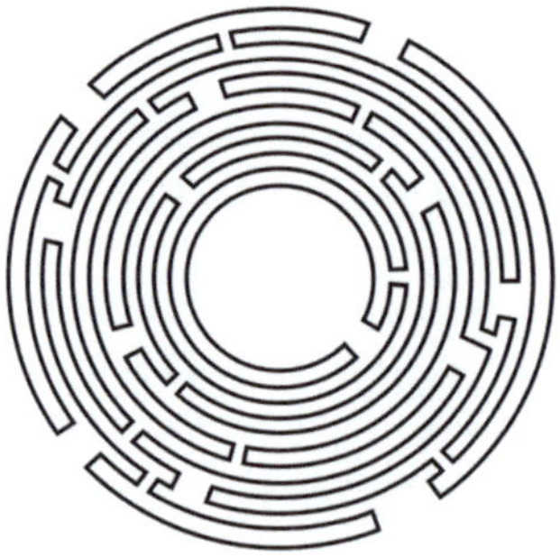

La forêt

Pur produit de la nature livrée à elle-même, la forêt est un endroit mystérieux, terrifiant et magique à la fois, où, dans nos rêves, nous nous égarons fréquemment. En nous égarant dans la forêt, nous perdons tous nos repères, nous devons faire face à l'inconnu, à l'incroyable, à tout ce que l'on ne voit pas et qui se situe au-delà des limites de notre champ de conscience. En effet, la conscience a besoin de limites pour se manifester, pour exister. Perdre conscience, c'est perdre le sens des limites qui sont précisément définies par nos sens, c'est perdre la raison, c'est nous perdre dans l'espace infini des possibles que notre intellect et notre esprit logique ne nous permettent pas de concevoir. Nous savons bien que l'invisible est une réalité, la physique de l'atome entre autres en ayant fait la démonstration. Mais nous ne pouvons voir ni les atomes ni les particules à l'œil nu. Et en dehors des applications pas toujours fastes et productives hélas, induites par la découverte de l'atome, et indépendamment de la menace qu'elle fait peser sur l'humanité, une telle découverte est, d'un point de vue psychologique, réconfortante pour la conscience collective, puisque désormais, cette dernière peut croire qu'elle repousse ses limites au-delà de ce qui lui est visible et accessible.

La forêt dangereuse

Plus nous sommes enclins à négliger ou à nier l'existence de la psyché inconsciente omniprésente en nous et tout autour de nous et qui, pour la plupart de nous, relève de l'inconnu absolu, plus la forêt que nous traversons ou dans laquelle nous nous trouvons dans nos rêves nous semblera mystérieuse, dangereuse, angoissante. Rêvant que nous sommes égarés, pris au piège du royaume des arbres et des animaux sauvages (cerfs, biches, chevreuils, sangliers, lièvres, ours, loups, renards, oiseaux de proie), hantés par des êtres surnaturels (spectres, gnomes, elfes, fées, licornes, dragons, monstres), nous nous retrouvons entièrement livrés à nous-mêmes. Nous ne pouvons plus compter que sur nos seules ressources, plus souvent sur celles de nos instincts ou de notre intelligence que sur celles de notre esprit rationnel, pour survivre, échapper à tous les dangers inconnus qui nous environnent, retrouver notre chemin. D'une certaine manière, la forêt de nos rêves nous projette dans ce passé où nos ancêtres vivaient justement dans la forêt.

La forêt, symbole archétypique de la mère

La forêt ne recèle pas que des dangers. Elle est aussi un refuge au sein duquel, en nous promenant dans ses allées ou ses chemins escarpés notamment, nous pouvons nous ressourcer au contact de la nature. C'est particulièrement vrai dans un monde où la plupart d'entre nous vivent dans de grandes cités bruyantes, agitées et polluées. Jadis, en Europe bien sûr, elle fut aussi le refuge des ermites, qui s'isolaient dans la forêt pour vivre en relation avec les nombreux esprits de la nature qui la peuplaient ou méditer et plonger dans leur propre nature sauvage. Retirés du monde, ils étaient réputés sages, éclairés, parfois même clairvoyants et d'aucuns n'hésitaient pas à s'aventurer dans la forêt pour les consulter. Selon la légende, c'est par exemple dans la forêt de Brocéliande que vivait Merlin l'Enchanteur. Riche de toutes sortes de nourritures végétales et animales pouvant assurer sa survie et des abris naturels des arbres protégeant du soleil et des intempéries, la forêt constitue bien pour l'être humain une espèce de sein maternel enveloppant et sécurisant. Pour le sage, c'était un endroit naturel privilégié pour se mettre en état de gestation et naître à lui-même.

La forêt enchantée

Mais la forêt est aussi un monde enchanté. Qui dit enchantement dit envoûtement. La forêt, à l'instar de la mère, protège et vivifie. Toutefois, étant aussi et par excellence un foyer de vies végétatives, les herbes et les champignons de la forêt peuvent engendrer toutes sortes de fantasmes, être à l'origine d'illusions, de visions trompeuses, ou être porteurs de mort. La forêt est encore le lieu de prédilection des magiciens et des sorcières (qui devaient être plus souvent des chamans guérisseurs et herboristes), des animaux mythiques tels la licorne, le dragon, le loup-garou ou la vouivre. Et bien sûr, la forêt est le repaire du peuple des fées.

La peur irrationnelle

Si vous vous trouvez au cœur de la forêt dans l'un de vos rêves, vous êtes en relation avec les forces mystérieuses de votre être et de la nature, lesquelles sont contenues implicitement dans la psyché inconsciente collective et donc dans la vôtre. Et si c'est en pleine jungle que vous vous trouvez, vous êtes en contact avec vos instincts sauvages et primitifs. Que vous soyez dans la forêt ou

dans la jungle, vous n'échapperez pas à la peur. Ce sentiment que nous avons tous éprouvé au moins une fois dans notre vie prend racine dans cette terre inconnue ou inexplorée qui est en chacun de nous, la terre des forces et puissances de la psyché inconsciente. Ici, je ne fais pas allusion à la peur qui nous étreint face à un danger bien réel, mais à la peur irrationnelle, sans fondement réel, que nous ressentons parfois lorsque par exemple nous sommes soudainement plongés dans l'obscurité la plus totale ou lorsque nous nous retrouvons isolés, coupés du monde extérieur. Cette peur irrationnelle est un pur produit de notre imagination. Cependant, lorsqu'elle nous envahit malgré nous, la raison ou le sang-froid dont nous sommes capables en d'autres circonstances ne suffisent pas à nous en rendre maîtres.

La lumière et l'obscurité

Cette peur irrationnelle était le lot commun et quotidien de nos ancêtres avant l'époque relativement récente de la découverte de la lumière électrique. Nous avons ainsi su éclairer le monde extérieur, mais, pour la plupart d'entre nous, notre monde intérieur demeure toujours dans l'obscurité. C'est elle qui monte en nous et nous étreint jusqu'à l'angoisse lorsque, dans un rêve, mais aussi dans la réalité parfois, nous évoluons dans des zones obscures où nous perdons tous les repères habituels de nos sens. La forêt est l'une de ces zones obscures, tout particulièrement si nous nous y sommes égarés à la nuit tombée. Ainsi, lorsque, dans l'un de vos rêves, vous évoluez dans la forêt ou dans la jungle, demandez-vous ce qui vous fait peur, quelles sont vos angoisses réelles et vos peurs imaginaires, ce que vous devez défricher en vous pour y voir clair, quelles sont les forces instinctives en vous que vous ignorez, blessez, refoulez tant et si bien qu'elles sont enfouies dans des zones devenues mystérieuses ou inconnues de votre psyché inconsciente et qu'elles menacent de se retourner contre vous.

Vos rêves de forêt

✔ Vous avez rêvé que vous vous promeniez ou que vous marchiez dans une forêt, seul, isolé et/ou égaré :

INTERPRÉTATIONS DIVINATOIRES

1 Ce rêve vous indique que vous traversez une période de votre vie durant laquelle vous devez ne compter que sur vous-même et qu'il en sera encore ainsi durant un certain laps de temps.

2 Si, dans votre rêve, vous traversez la forêt en plein jour, plutôt serein et détendu, cette période de solitude résulte sans doute d'un choix personnel ou d'une initiative que vous avez prise antérieurement. Cependant, en soi, ce chemin solitaire que vous faites semble vous convenir puisque vous évoluez dans la forêt sans crainte ni inquiétude d'aucune sorte.

3 En revanche, si vous marchez dans la forêt à la nuit tombée, sans aucune inquiétude là encore, ce sont probablement des circonstances indépendantes de votre volonté qui vous ont contraint à vous isoler pour un temps.

4 Si vous vous êtes égaré en forêt et que vous êtes surpris par la nuit sans avoir retrouvé votre chemin, quelle que soit la situation dans laquelle vous vous trouvez dans votre vie consciente, les choix que vous avez faits ou les décisions que vous avez prises, cela signifie que vous faites fausse route.

5 Suivant les plus anciennes traditions oniromanciennes, rêver d'avoir perdu son chemin en pleine forêt signifie que le rêveur perdra un procès ou qu'il n'aura pas le dernier mot dans un conflit.

INTERPRÉTATIONS PSYCHOLOGIQUES

1 Il est important que vous preniez le temps de vous isoler et de réfléchir, mieux encore, de méditer. S'il vous semble que c'est bien ce que vous faites, ce rêve vous encourage à le faire plus encore.

2 Si vous marchez dans la forêt en plein jour, tout laisse croire que vous voyez clair en vous au moment où vous faites ce rêve, malgré le foisonnement de vos pensées et de vos idées ou malgré toutes les personnes qui vous environnent, figurées dans votre rêve par les arbres de la forêt. Il se peut encore qu'un tel rêve vous montre toutes les possibilités qui s'offrent à vous et le fait que, peut-être, vous passez à côté d'elles sans les voir.

3 Si vous traversez la forêt en pleine nuit sans aucune inquiétude, essayez de comprendre en quoi et pourquoi vous êtes à ce point ignorant des dangers que vous courez, notamment si, dans votre vie consciente, vous vous lancez dans une nouvelle entreprise ou faites quelque chose qui sort de l'ordinaire. En effet, bien qu'il arrive parfois que l'insouciance ou l'inconscience dont nous faisons preuve nous protège, à la longue, persister dans une telle attitude peut s'avérer dangereux.

4 Si vous êtes perdu en forêt, cela signifie probablement que vous vous égarez dans la « forêt » de vos possibilités, de vos idées, de vos projets, de vos concepts, ou bien que vous avez fait un mauvais choix ou pris une mauvaise décision, bref, que vous faites fausse route. Toutefois, si c'est le jour et qu'il règne une certaine clarté dans la forêt de votre rêve, vous pouvez encore y voir clair en vous et sortir de votre confusion.

5 Ayant perdu votre chemin en forêt, et marchant dans celle-ci en proie à la peur ou à une profonde angoisse, tout particulièrement à la nuit noire, vous vous trouvez projeté dans l'univers des forces obscures et primitives de la psyché inconsciente. Un tel rêve constitue fréquemment un avertissement, en cela que vous êtes probablement trop enclin à refouler ou ignorer toute cette part de magie, de mystère, d'imagination, de sensibilité créatrice qui existe en vous. En l'ignorant à l'état conscient, vous vous mettez en danger.

EXEMPLE D'INTERPRÉTATION

La forêt magique

La forêt des rêves est aussi un endroit magique. Il peut s'y produire des événements merveilleux. Nous pouvons y rencontrer un bûcheron, un chasseur, un chevalier, un mage, un ermite, un personnage féerique ou un animal sauvage qui se montrera sous un jour avenant, doué de parole, peut-être, ou de toute autre qualité humaine, figurant ainsi une composante de notre personnalité avec laquelle, par le biais de notre rêve, nous entrons en relation. Il s'agit dès lors d'un rêve initiatique très important. Pour l'interpréter, vous devez bien sûr tenir compte de ce que représente symboliquement ce personnage, cet animal ou cet être surnaturel que vous croisez dans la forêt de votre rêve.

Le phénomène psychosomatique

Nous savons tous désormais que notre esprit et notre corps s'influencent mutuellement. Les psychologues ont baptisé ce processus inconscient inhérent à tout être humain le phénomène psychosomatique. Et il arrive parfois qu'une forêt surgissant dans un rêve nous mette en relation directe avec ce phénomène agissant en nous à notre insu, attirant ainsi notre attention sur nos sensations exacerbées, les abus, les excès ou les négligences que nous commettons et qui influent sur notre moral, nos idées, nos pensées, voire notre équilibre psychologique ; ou, à l'inverse, nous invitant à être attentif à notre état d'esprit erroné, à nos idées fixes ou nos convictions trop arrêtées, qui exercent un effet néfaste sur notre corps et notre santé.

UN PEU D'HISTOIRE

« L'arbre qui cache la forêt »

À l'origine, cette expression constituait probablement un avertissement pour quiconque s'aventurait dans une forêt sans guide. En effet, la forêt fut longtemps le repaire des voleurs et des bandits qui se dissimulaient derrière les arbres pour surprendre et dépouiller les voyageurs. On mettait ainsi en garde celui ou celle qui, ne voyant qu'un arbre, ne soupçonnait pas que derrière son tronc ou perchés sur ses branches, des dangers le guettaient. Il s'agissait donc déjà d'une métaphore employant les symboles archétypiques de l'arbre fort et beau et celui de la forêt mystérieuse et dangereuse. Le temps aidant, cette expression finit par s'employer pour désigner une personne encline à fixer son attention sur un détail au détriment de tous les autres éléments dont il fait partie, ou un point précis en ignorant les perspectives ou le vaste horizon qui s'offrent à elle.

CHAPITRE

2

MON MODÈLE D'INTERPRÉTATION DES RÊVES

PPY
DAYS
HEAD!
EEK!
A
MOUS
A&P FINEST QUALITY
GRAPEFRUIT
SECTIONS
ROGERS
BIT O'HONEY
PEAS

Pour pénétrer et évoluer dans l'univers de vos rêves, vous devez percevoir le monde extérieur, tout ce qui gravite et existe autour de vous, telle une immense projection, un vaste champ où peut s'exprimer et grandir votre conscience. Vous devez aussi vous armer de courage et de patience. Il n'existe pas de méthode idéale, véritable panacée universelle de l'interprétation des rêves ou de l'analyse psychologique favorisant la connaissance de soi et l'éveil de votre conscience. Certes, d'aucuns prétendent détenir la vérité à ce sujet, ou une quelconque recette miracle.

Chaque expérience psychique est unique

En réalité, de même que chaque individu, bien que créé dans un moule commun et selon des processus identiques, est unique, chaque expérience psychologique ou psychique est unique et ne peut en aucun cas se reproduire à l'infini selon les mêmes critères. Il n'existe pas deux expériences, deux itinéraires, deux vies humaines en tous points semblables. Pour le comprendre, toutefois, il faut porter notre regard au-delà des apparences auxquelles nous attachons bien trop d'importance de nos jours, époque où l'image et la virtualité ont pris le pas sur l'expérience vécue.

Chaque rêve, chaque rêveur sont uniques

Chaque rêve est unique en son genre. Chaque personne qui rêve est unique en son genre. En conséquence, il semble quasiment impossible d'élaborer et d'exposer une règle universelle d'analyse et d'interprétation des rêves. Néanmoins, dès lors que nous comprenons bien qu'il est vain de vouloir s'enfermer dans un système pour pénétrer le sens de nos rêves, nous pouvons malgré tout nous efforcer de dégager de nos rêves un certain ordre relevant de notre ordre intérieur ou psychologique, et nous organiser un tant soit peu pour les comprendre.

Voici donc le modèle que je vous invite à mettre en application et à expérimenter pour aborder l'étude d'un rêve, l'analyser, puis l'interpréter. Ce modèle est composé de sept étapes distinctes :

1. Rédigez votre rêve ;
2. Résumez votre rêve ;
3. Relevez les symboles de votre rêve ;
4. Trouvez les interprétations des symboles de votre rêve ;
5. Réfléchissez à votre situation ;
6. Interprétez votre rêve en faisant la synthèse des informations dont vous disposez ;
7. Découvrez et rédigez le message contenu dans votre rêve.

Les différentes étapes conduisant à l'interprétation d'un rêve

1. Rédigez votre rêve

Lorsque le contenu vous revient en mémoire, ou lorsque vous vous en souvenez plus ou moins clairement le matin, au réveil, dans le journal intime de vos rêves, rédigez le récit de votre rêve tel quel, autrement dit, tel que vous l'avez « vécu » durant votre sommeil. Traduire un rêve en mots est moins facile qu'il ne semble *a priori*. En effet, lorsque nous nous souvenons d'un rêve et que nous en traduisons le récit par écrit, le plus souvent, nous faisons appel à notre mémoire, bien sûr, mais aussi à notre intellect et à notre esprit logique et rationnel. Or, par le biais de ces derniers, il nous arrive parfois malgré nous de trahir les événements et situations de notre rêve qu'il suffit pourtant de relater tels qu'ils se sont produits durant notre sommeil, sans rien déformer, ôter ou ajouter au contenu de notre songe, sous prétexte qu'au fil de la plume, lorsque nous le transcrivons, il nous paraît incohérent, décousu, invraisemblable, très difficile ou tout simplement impossible à décrire.

Laissez votre rêve se raconter à travers vous

Lorsque vous rédigez votre rêve, faites preuve d'ouverture d'esprit, d'objectivité et d'humilité. Laissez en quelque sorte votre rêve se raconter à travers vous, sans vous soucier de la syntaxe, du bon mot ou de l'expression adéquate à employer. Suivez le fil conducteur des souvenirs de votre rêve ; laissez-vous guider par lui. Celui-ci provenant en effet de votre psyché inconsciente et s'exprimant dans la langue des symboles, vous ne pouvez pas d'emblée en comprendre le sens ni le traduire avec la plus grande fidélité si vous le contraignez à entrer dans la grille du langage que nous utilisons, quelle que soit notre langue natale, soumise à des codes, notamment à la règle du sujet suivi du verbe, lui-même suivi du complément. Cette dernière règle implique en effet, dans notre esprit, suivant notre mentalité et notre mode de pensée, que le plus important est toujours la personne, l'objet ou le sujet ; l'action ou le verbe apparaissant au second plan ; et les conditions, le cadre ou le contexte dans lesquels le sujet agit ou se manifeste, au troisième plan, en complément. Or, dans un rêve, il arrive fréquemment que l'action (le verbe) ou le décor (le complément) se trouve au premier plan, que l'un ou l'autre soit chargé de symboles et de sens pour interpréter notre rêve.

Coupez-vous du monde extérieur

En rédigeant votre rêve, vous devez donc faire une espèce de gymnastique intellectuelle et spirituelle, assouplir votre mental, faire provisoirement abstraction de vos convictions, de ce que vous savez ou croyez savoir, de vos connaissances acquises, de vos idées reçues, de vos convictions, de vos préjugés, bref, vous devez vous comporter tel un médium, un intermédiaire, un messager. Contentez-vous de transmettre tel quel, tel qu'il vous revient en mémoire à l'instant où vous le rédigez, le contenu de votre rêve, sans vous préoccuper de vraisemblance, de justesse, de véracité, et surtout pas de normalité. Durant un bref instant de votre journée, coupez-vous du monde extérieur, ne vous laissez pas distraire, déranger, perturber, afin d'être littéralement investi par la transcription du récit de votre rêve. Une fois que vous l'aurez écrit, vous vous sentirez soulagé. Si vous n'avez pas le temps de l'analyser immédiatement après l'avoir transcrit, ce n'est pas grave. Vous y reviendrez plus tard.

Le journal intime de vos rêves

À ce sujet, je vous conseille de vous procurer un cahier dont vous ferez le journal intime de vos rêves. Tenir le journal de bord de la grande aventure intérieure et toujours recommencée de vos rêves constitue une bonne façon de renouer avec la tradition du journal intime. Les nouveaux outils technologiques de communication, désormais entrés dans nos mœurs, s'ils présentent évidemment de nombreux avantages, tel celui de pouvoir être reliés les uns aux autres où que nous soyons, nous privent cependant de ces moments devenus trop rares où nous pourrions être livrés à nous-mêmes. En tenant le journal intime de vos rêves, vous apprendrez à dialoguer intelligemment avec vous-même. Bien sûr, cela ne doit pas être un prétexte pour vous éloigner d'autrui et vous isoler du monde. Vous devez juste vous efforcer de consacrer du temps à vos rêves et à leur interprétation, sachant qu'un tel exercice réclame calme et recueillement. Et si vous accomplissez au mieux de vos possibilités votre tâche d'interprète de vos rêves, plus vous saurez prendre du recul pour vous préoccuper et vous occuper de vous, plus vous serez sociable, compréhensif et bienveillant.

Une plage au soleil

Si vous y prêtez attention, vous vous apercevrez qu'il est plus d'obligations et de contraintes auxquelles nous sommes tous enclins à croire que nous ne pouvons nous soustraire qui, en réalité, ne sont pas aussi indispensables ou vitales qu'il n'y paraît. Ainsi, malgré vos devoirs et les exigences de la vie extérieure qui requièrent trop de votre temps, essayez de vous octroyer une plage de temps libre que vous ne consacrerez qu'à vous-même, une plage au soleil brillant au centre de vous-même, si vous m'autorisez cette métaphore. Plus vous vous donnerez la chance et les moyens de recevoir les messages contenus dans vos rêves et, ce faisant, d'entrer en relation avec le noyau de votre personnalité, votre psychisme ou votre âme, plus vous prendrez naturellement du recul par rapport à tout ce qui, dans notre monde, nous donne trop souvent l'impression d'être des passages obligés quand, en réalité, ce ne sont que des prétextes à nous détourner de nous-mêmes, à nous tirer hors de nous ou en arrière.

Vos rêves vous appartiennent

Installez-vous confortablement, au calme et, si possible aussi souvent que votre grand esprit des rêves se manifestera durant votre sommeil, rédigez les récits de vos songes ou recopiez ceux que vous avez écrits dans l'un des carnets de vos rêves (voir ci-dessous *Les mots-clés de vos rêves*), de jour ou de nuit, dans le journal intime de vos rêves. Pourquoi intime ? Parce que, comme vous le savez désormais, vos rêves n'appartiennent qu'à vous. Ils s'adressent à vous. Ils parlent de vous, des remuements les plus intimes de votre être. Et par leur biais, vous pouvez non seulement recevoir et découvrir des messages que vous vous transmettez à vous-même, mais vous serez aussi en mesure d'y répondre en faisant remonter le sens profond de ces messages à votre conscience, et en les y intégrant peu à peu.

Comment tenir le journal intime de vos rêves ?

• La date de votre rêve

Comme dans tout journal intime traditionnel, commencez tout simplement par inscrire la date du jour où vous avez fait tel ou tel rêve. Cette date vous sera un repère précieux si, le temps aidant, vous faites un rêve similaire à celui que vous venez de faire ou si ce nouveau songe présente des analogies avec lui. Il arrive en effet parfois que le sens d'un rêve s'éclaire par un autre rêve que nous faisons plus tard.

• Le récit de votre rêve

Puis rédigez le rêve en question, sans vous autocensurer, en donnant libre cours aux souvenirs que vous avez de ce rêve. Qu'importe si votre récit vous paraît confus ou si vous avez l'impression de ne pas employer les mots justes ou les formules adéquates. Une nouvelle fois, là n'est pas l'essentiel. Ce qui est important, c'est le récit proprement dit de votre rêve qui, comme vous vous en apercevrez, sera probablement composé des éléments suivants :

1. Une introduction, assortie d'une présentation des personnages, animaux ou objets présents dans votre songe ;
2. Le déroulement de l'action proprement dite ;
3. Une fin, qui parfois n'en est pas une, mais qui a du moins le mérite d'apporter une conclusion à ce récit, même si cette conclusion vous laisse sur une interrogation ou sur votre faim, comme c'est souvent le cas.

• Vos commentaires

Si vous le souhaitez, une fois que vous avez terminé la rédaction du récit de votre rêve, vous pouvez vous aventurer à en faire quelques commentaires spontanés que je vous conseille d'écrire également tout à trac, comme ils vous viennent. Qui sait si, ce faisant, ayant donné libre cours à votre imagination et à votre intuition, vous ne toucherez pas à un point d'interprétation crucial qui vous aidera à découvrir plus rapidement le sens de votre rêve le moment venu.

• Le résumé du récit de votre rêve

Enfin, si le récit de votre rêve est trop long, essayez de le raccourcir en le divisant par séquences, exactement comme les cinéastes pour chapitrer et monter leurs films. Vous pouvez aussi le résumer en employant des mots-clés, à condition bien sûr de ne pas omettre d'intégrer parmi ceux-ci les symboles présents dans votre rêve.

POINT IMPORTANT

Vie extérieure, vie intérieure

Renouer le dialogue avec soi en apprenant à interpréter ses rêves et à comprendre le sens des messages qu'ils recèlent relève de la vie intérieure. Cette notion de vie intérieure, qui fut particulièrement usitée durant la seconde moitié du XXe siècle, lorsque fleurirent de nombreuses publications relatives aux croyances, religions et techniques spirituelles de toutes origines, est quelque peu tombée en désuétude. Il convient donc de la réactualiser. Bien sûr, il ne s'agit pas de votre vie à l'intérieur de votre maison ou de votre appartement, qui pourrait après tout très bien s'opposer à la vie que vous menez dans le monde extérieur. Il s'agit plus exactement de ce que vous vivez en vous-même, en relation étroite avec vous-même : vos pensées, vos sentiments, vos émotions, vos désirs, vos souhaits, vos aspirations, vos réflexions, etc. Votre vie intérieure est riche, parfois même plus riche que votre vie extérieure, mais tant que vous n'y prêtez pas attention, elle vous échappe. Il n'est pas bon de vivre l'une au détriment de l'autre. En réalité, il ne faut négliger ni la première ni la seconde, de sorte qu'elles s'enrichissent mutuellement, voire qu'elles finissent par se confondre tant et si bien que vous réussirez à vous reconnaître pleinement dans des événements de votre vie extérieure, tandis que cette dernière prendra racine dans votre vie intérieure.

• L'analyse de votre rêve

Vous pourrez alors entamer l'analyse de votre rêve qui, quant à elle et comme vous le savez, se réalise en suivant les sept étapes de mon modèle d'interprétation. Toutefois, du fait que la tenue de votre journal intime et l'analyse d'un rêve ont en commun deux étapes (la deuxième et la quatrième du journal intime, et la première et la deuxième de l'analyse des rêves), en tenant le journal intime de vos rêves aussi régulièrement que possible, vous gagnerez du temps, et vous pourrez aller directement à la troisième étape de l'analyse de votre rêve, étape qui consiste à relever les symboles contenus dans votre rêve.

CITATION

Un rêve d'un poète

Voici le rêve que fit Robert Desnos (1900-1945) dans la nuit du 7 au 8 septembre 1929. Il le relate lui-même comme suit :

« Tous mes amis (sans que je puisse en citer un) et moi sommes réunis dans une piscine. Une galerie fait le tour de la salle. Nous y montons. Quand nous sommes sur le point de redescendre un défilé d'invertis sort de l'escalier. Ils sont vêtus d'un peignoir de bain blanc et d'un bonnet de coton blanc. Quelques-uns portent une perruque blonde. Tous sont fardés, sourient, font des clins d'yeux : leurs expressions sont absolument exaspérantes. J'ai à ce moment le sentiment qu'ils viennent de défiler dans une revue de music-hall. Je suis très gêné, ma contenance est embarrassée. "Je fais celui qui ne les voit pas." À ce moment, je me rends compte que mes amis ont disparu, je les cherche, j'apprends qu'ils sont sortis. Je sors moi-même en hâte. »

Robert Desnos, *Nouvelles Hébrides et autres textes, 1922-1930*, Gallimard, Paris, 1978.

Les mots-clés de vos rêves

Les mots-clés que vous dégagerez d'un rêve pourront vous permettre d'ouvrir les portes de son interprétation. Chacun d'eux correspond à un symbole. Réveillé en pleine nuit par un rêve, inutile de chercher à en transcrire le récit détaillé. Parfois en effet, certaines personnes ont une mémoire si précise de tous les détails présents dans leur rêve qu'elles s'y noient ou, plus exactement, en fixant leur attention sur une description d'orfèvre du contenu de leur rêve, les symboles dignes d'intérêt et porteurs d'un message leur échappent. Qui plus est, si vous ne dormez pas seul(e), vous aurez peut-être des scrupules à allumer la lumière pour écrire et décrire tout ce qui s'est produit dans votre rêve, de crainte de réveiller votre compagne ou votre compagnon. Si vous voulez faire vite, vous pouvez transcrire votre rêve à l'aide de mots-clés.

• De l'importance des mots-clés pour se souvenir d'un rêve

Ou alors, efforcez-vous de le garder en mémoire pour vous en souvenir le lendemain, toujours à l'aide de mots-clés qui vous aideront à déclencher les serrures et à ouvrir les portes de votre mémoire inconsciente. Un rêve porteur d'un message important vous tire toujours brutalement de votre sommeil. D'où l'intérêt de pouvoir transcrire rapidement, ou de fixer dans votre mémoire, dès qu'un rêve vous réveille, à l'aide de mots-clés, les principaux ingrédients que votre grand esprit des rêves a utilisés pour produire votre rêve. Car si vous vous contentez de vous rendormir, en croyant que vous vous en souviendrez, le lendemain matin, il ne vous restera plus que le souvenir ou l'atmosphère d'un rêve vous ayant réveillé en pleine nuit, mais son contenu vous échappera partiellement ou totalement. En revanche, si vous faites l'effort de noter rapidement ou de fixer dans votre mémoire quelques brefs éléments contenus dans votre rêve, le lendemain, vous pourrez vous les remémorer, voire reconstituer le récit intégral de votre rêve.

• Les deux avantages des mots-clés

En plus de vous aider à vous remettre en mémoire un rêve que vous avez fait au cœur de la nuit, qui vous a réveillé et qui bien sûr vous semble important, la technique des mots-clés vous sera aussi très utile pour interpréter votre rêve.

Ainsi, dans le modèle d'interprétation (pour analyser vos rêves) que je vous propose ici, en suivant les différentes étapes conduisant à l'interprétation d'un rêve, lorsque vous en serez au point de relever les symboles de vos rêves, vous pourrez faire appel à vos mots-clés pour les sélectionner.

• Apprenez vos mots-clés par cœur

Pour bien mémoriser les mots-clés que vous puisez dans les ingrédients de votre rêve, si vous ne les écrivez pas, répétez-les-vous plusieurs fois jusqu'à les apprendre par cœur. Procédez exactement comme pour une récitation. Et assurez-vous que chaque mot-clé vous rappelle bien l'ambiance, le récit et les ingrédients de votre rêve. Et si vous disposez de plusieurs mots-clés, mais que vous craignez de ne pas être en mesure de vous les rappeler tous le lendemain matin, concentrez-vous sur un seul mot-clé. En effet, il suffit parfois de vous remémorer un seul mot-clé significatif pour que tout le récit de votre rêve se déroule à nouveau comme par magie.

POINT IMPORTANT

« Je l'ai sur le bout de la langue ! »

C'est ce que nous disons fréquemment lorsque nous tentons vainement de trouver un mot en particulier. Lorsque notre mémoire consciente refuse ainsi de nous répondre, il ne sert à rien de vouloir la forcer. Il est préférable de ne plus y penser et de passer à autre chose. Ce faisant, lorsque nous n'y pensons plus, et au moment où nous nous y attendons le moins, ce mot nous reviendra en mémoire, et il nous fera l'effet d'une illumination ou d'un soulagement. Que s'est-il passé ? Votre grand esprit des rêves, officiant aussi dans votre vie consciente, a provisoirement verrouillé votre mémoire pour attirer votre attention. Ainsi, la prochaine fois qu'il vous arrivera de ne pas trouver un mot, ou le nom d'une personne, voire celui d'une personnalité, notez-le, une fois qu'il vous sera revenu en mémoire, bien sûr. Ce mot ou ce nom qui vous échappait a probablement un sens caché pour vous, ou une signification ponctuelle bien particulière. Il est en quelque sorte le mot-clé d'un symbole d'un rêve éveillé.

EXEMPLE D'INTERPRÉTATION

Exemples de mots-clés que nous pouvons dégager d'un rêve

Voici le récit d'un rêve ayant réveillé une femme au petit matin, à partir duquel elle a fixé des mots-clés dans sa mémoire, pour s'en souvenir aussi clairement que possible à son réveil :

> « Je pénètre dans une petite maison dont la porte d'entrée donne dans la cuisine, et qui est censée être la maison d'un de mes amis proches. Le sol en pierre de la cuisine est légèrement surélevé par rapport à l'extérieur. Il y a donc une petite marche. Cette cuisine est très ancienne. Elle n'a pas de murs. Ce sont les éléments posés à même le sol qui constituent en quelque sorte ses cloisons, notamment un évier en pierre brute très imposant. Toutefois, pour accéder au salon qui se trouve derrière la cuisine, il faut se glisser sous un très étroit passage situé sous l'évier. Je glisse dans ce passage, me retrouve dans le salon et je m'aperçois que l'autre extrémité du passage est bordée de dents finement ciselées dans le bois. Cela me fait penser à de la dentelle, mais je réalise immédiatement que ces dents en bois très effilées présentent un réel danger pour les filles de cet ami, qui doivent emprunter ce passage de la cuisine au salon et *vice versa*. Je propose d'élargir ce passage, mais je me rends bien compte qu'il est impossible d'agrandir cette ouverture et d'y installer une porte, l'évier me paraissant trop profondément et solidement scellé dans le sol. »

Les six mots-clés de ce rêve :

1. La maison de l'ami ;
2. La cuisine ;
3. L'évier en pierre ;
4. L'étroit passage sous l'évier ;
5. Les dents ciselées dans le bois comme de la dentelle ;
6. Le salon.

À partir de ces six mots-clés, cette personne a pu non seulement se souvenir assez précisément de son rêve, mais encore le rédiger. Chaque mot-clé correspondant à un ou plusieurs symboles, elle fut ainsi en mesure de réfléchir à son interprétation.

2. Résumez votre rêve

Relisez le récit de votre rêve plusieurs fois si nécessaire, et essayez de le résumer en quelques lignes, afin que son énoncé soit plus concis, moins confus. Évidemment, il vous arrivera parfois d'être en présence d'un rêve très long, riche en événements, situations et symboles. Auquel cas vous déborderez probablement le cadre des quelques lignes. Si vous ne pouvez faire autrement, qu'il en soit ainsi. Mais même dans ce cas, efforcez-vous de réduire le texte descriptif de votre rêve après relecture.

3. Relevez les symboles présents dans votre rêve

Dans le résumé de votre rêve, sélectionnez les symboles qui vous paraissent avoir du sens et recopiez-les. Dans le rêve que je viens de vous présenter en exemple (voir l'encadré page précédente) à propos des mots-clés, vous observerez que les mots-clés en question nous aident à dégager les symboles présents dans ce rêve – ce qui constitue bien sûr un avantage supplémentaire de l'utilisation des mots-clés. Ainsi le mot-clé « la maison de l'ami » fait référence à deux symboles : la maison et l'ami. Pour comprendre la signification du symbole de cette maison, notre rêveuse pourra réfléchir à son aspect, aux interprétations symboliques et psychologiques de la maison, à ce qu'elle signifie pour elle en particulier. De même, elle réfléchira à son ami, à ce qu'il est pour elle ou à ses yeux, à ce qu'il évoque dans la situation où elle se trouve au moment où elle fait ce rêve, etc. Elle procédera aux mêmes analyses pour la cuisine, l'évier en pierre, l'étroit passage situé sous l'évier, les dents ciselées dans le bois, la dentelle et le salon. Pour tous ces symboles qu'elle aura dégagés de son rêve et qu'elle listera dans le journal intime de ses rêves, elle pourra ensuite faire des recherches et réfléchir à ce que chacun d'eux évoque pour elle, et à leurs liens éventuels.

4. Trouvez les interprétations des symboles présents dans votre rêve

Vous pourrez bien sûr consulter les quelques interprétations divinatoires et psychologiques des symboles que je vous propose dans ce livre, si ceux-ci sont présents dans votre rêve. Évidemment, les quelques symboles, mythes et archétypes que vous trouverez dans ce livre ne constitueront pas une liste exhaustive, loin s'en faut, de tous ceux que notre grand esprit des rêves utilise. Il vous en manquera beaucoup d'autres pour analyser puis interpréter vos rêves. Où pouvez-vous les trouver ?

Vous devez réaliser vos propres interprétations

Je vous conseille de vous procurer des livres consacrés aux grands symboles, mythes et archétypes universels, plutôt que de consulter des ouvrages d'auteurs d'interprétations des rêves. Bien que parfois leurs interprétations ne manquent pas d'intérêt, vous devez en effet comprendre qu'il s'agit de « leurs » interprétations, lesquelles risquent alors d'interférer ou d'influencer les vôtres. Gardez toujours à l'esprit que c'est vous, et vous seul, qui devez trouver vos interprétations et ne pas vous contenter de recopier à la lettre les interprétations d'autrui, aussi brillantes ou séduisantes soient-elles. Dans de tels ouvrages, vous trouverez éventuellement des interprétations présentant des correspondances avec celles que vous seriez tenté de faire spontanément de tel ou tel symbole présent dans l'un de vos rêves. Mais l'analogie doit s'arrêter là. Si une interprétation proposée par tel auteur de tel ouvrage d'interprétations des rêves vous met sur la piste de votre propre interprétation d'un symbole, pourquoi pas ? Mais n'allez pas plus loin. Sauf si, bien sûr, une interprétation qui vous est proposée coïncide en tous points avec la vôtre, ce qui arrive parfois, jamais systématiquement.

De la réflexion à l'objectivité

L'omniscience de la psyché inconsciente autorise notre grand esprit des rêves à aborder ou à nous montrer une situation onirique sous n'importe quel angle, parfois sous plusieurs angles simultanément. De ce fait, lorsque nous nous remémorons un rêve et que celui-ci entre en contact avec notre conscience – qui est plus encline à la fragmentation, à l'analyse qu'à une vision globale et synthétique, et qui a, qui plus est, besoin d'ordre et de méthode pour se manifester et s'exprimer –, nous éprouvons quelques réticences à envisager une situation quelle qu'elle soit sous tous les angles. Cependant, et c'est là une faculté paradoxale de notre conscience, à force de réflexion, nous finissons par atteindre à l'objectivité. En d'autres termes, nous n'interférons plus suivant des critères égoïstes ou des penchants naturels dans ce que nous observons, mais à force d'y réfléchir, de le tourner sous tous les angles sous l'impulsion de notre curiosité et de notre imagination, notre vision de l'objet en question se transforme peu à peu. D'où l'intérêt de faire des recherches pour découvrir d'autres angles d'observation que les nôtres, qui nous permettront d'analyser tel ou tel symbole, puis de comprendre sa signification dans la situation globale de notre rêve, nous aidant de la sorte à l'interpréter.

POINT IMPORTANT

Une sélection d'ouvrages consacrés aux symboles

Pour vous aider à trouver et découvrir les significations des différents symboles présents dans vos rêves, voici une sélection de sept ouvrages de référence et de qualité consacrés à l'étude et à l'interprétation des symboles et des mythes. Parmi ces titres, si vous n'en possédez aucun, choisissez et procurez-vous celui ou ceux qui vous sembleront dignes d'intérêt. Dans chacun d'eux, vous trouverez quoi qu'il en soit des informations précieuses relatives aux significations des symboles et des mythes qui vous seront très utiles pour analyser puis interpréter vos rêves.

ARTÉMIDORE, *La Clef des songes, Onirocritique*, Arléa, Paris, 1998.

CHEVALIER, Jean et GHEERBRANT, Alain, *Dictionnaire des symboles*, collection « Bouquins », Robert Laffont, Paris, 1986.

BIEDERMANN, Hans, *Encyclopédie des symboles*, collection « La Pochotèque », Librairie générale française, Paris, 1996.

AEPPLI, Ernest, *Les rêves et leur interprétation*, Payot, Paris, 1986.

LACARRIÈRE, Jacques, *Au cœur des mythologies*, Folio, Gallimard, Paris, 2002.

FRANZ, Marie-Louise (VON), *La voie des rêves*, La Fontaine de Pierre, Avray, 2008.

COLIN, Didier, *Dictionnaire des symboles, des mythes et des légendes*, Hachette Livre, Paris, 2000.

De l'analyse à la synthèse

Pour disposer de toutes les informations dont vous avez besoin et qui seront utiles à l'analyse puis à l'interprétation d'un rêve, et pour les avoir sous les yeux sans être obligé de les rechercher encore et encore dans les ouvrages que vous choisirez de vous procurer, recopiez dans le journal intime de vos rêves les significations des symboles présents dans tel ou tel de vos songes. Ou bien résumez-les ou réduisez-les en mots-clés, là encore, que vous inscrirez à côté de chaque symbole. Une fois que vous les aurez listées, vous serez en mesure de sélectionner la ou les significations qui, selon vous, correspondent à celle du symbole présent dans votre rêve. En procédant de la sorte pour chacun des symboles, vous disposerez d'un certain nombre d'informations dont vous vous efforcerez, plus tard, de faire la synthèse.

5. Réfléchissez à votre situation

Votre rêve n'est pas un événement isolé. Il est en relation avec d'autres événements se produisant ou s'étant produits dans votre vie au moment où vous le faites. Que s'est-il passé récemment ? C'est la question que vous devez vous poser après avoir sélectionné les symboles de votre rêve et rassemblé les significations puis les interprétations divinatoires et psychologiques qui correspondent à chacun d'eux. Que s'est-il passé dans votre vie qui pourrait avoir un rapport direct et/ou indirect avec le contenu de votre rêve ? Prenez le temps d'y réfléchir, et écrivez vos impressions, sentiments ou souvenirs à ce sujet.

Gros plan sur votre actualité

Un rêve peut nous sembler si étrange, si bizarre parfois, que nous pouvons très bien avoir l'impression que son récit et son contenu n'ont aucun rapport avec ce que nous vivons ou éprouvons à l'état de veille. Au réveil, lorsque nous nous le remémorons, nous ne savons que faire d'un tel rêve, ou bien nous préférons l'oublier, convaincus qu'il n'a aucun sens et que nous sommes vraiment stupides de faire de tels rêves.

J'ai fait un rêve

Mais en réagissant ainsi, nous nous privons du profit que nous pourrions trouver dans le message contenu dans un rêve qui, d'emblée, nous a paru si absurde que nous négligeons de nous y attarder. Certes, tous les rêves ne sont pas porteurs de sens. Mais lorsque nous nous réveillons le matin, hantés par l'un de ces rêves totalement insolites ou que nous jugeons sans intérêt, incongru, résultant de ces états de pure folie inconsciente dont nous sommes tous plus ou moins victimes, plutôt que de le rejeter dans la poubelle de notre psyché inconsciente comme nous sommes trop enclins à le faire, nous devrions nous demander : « Pourquoi ai-je fait ce rêve ? » Après tout, nous disons couramment : « J'ai fait un rêve ! » En d'autres termes, c'est bien vous qui avez fabriqué ou produit ce rêve. Or, lorsque vous « faites » un rêve, il y a toujours une bonne raison à cela, même si le contenu de votre rêve n'a pas systématiquement une signification psychologique et/ou divinatoire.

Vous ne rêvez jamais pour rien

D'une certaine manière, plus le récit et le contenu d'un rêve vous semblent déraisonnables, ridicules, insensés, plus vous pouvez croire que ce rêve contient probablement un message très important pour vous. En effet, votre grand esprit des rêves ne perd jamais de temps à vous faire rêver pour rien. Il ne vous prend pas pour un imbécile. S'il s'exprime de la sorte, c'est qu'il ne sait pas s'adresser à vous autrement qu'en vous plongeant dans une situation onirique de pure folie ou qui vous paraît telle, en usant bien sûr du langage des symboles. S'il a un message important à vous transmettre, il sait bien qu'il doit vous surprendre, vous étonner, voire vous choquer pour vous déconcerter, vous sortir de votre torpeur, vous inviter à mettre le doigt sur quelque chose de très important qui se produit ou va se produire en vous, au moment où vous faites ce rêve. Et plus vous vous croyez étranger à cet événement, plus vous voulez l'ignorer, ou plus vous en êtes dupe, plus vous faites, par le biais de votre grand esprit des rêves, un songe qui d'emblée vous semblera totalement absurde.

Votre actualité

Pour prendre ce genre de rêve au sérieux, et bien que pour ce faire vous deviez faire un effort d'imagination, il existe une méthode simple que je vous conseille de mettre en application. En effet, non seulement cette méthode vous aidera à cultiver de bonnes relations avec vous-même – ce qui est d'ailleurs indispensable pour cultiver de bonnes relations avec autrui –, mais elle vous permettra également de comprendre ce qui se passe en vous et dans votre vie. De la sorte, vous pourrez percevoir instantanément ou intuitivement si un rêve, aussi absurde, embrouillé ou invraisemblable vous semble-t-il, n'arrive pas à point nommé, s'inscrivant dans le contexte des événements ou des situations que vous vivez, ou dans le contexte des sentiments que vous éprouvez au moment où vous faites ce rêve. Cette méthode consiste à faire le point sur « votre actualité », sinon au jour le jour, du moins chaque fois que vous prenez conscience qu'il se produit un fait important pour vous.

« L'actu »

De nos jours, l'actualité, que nous surnommons familièrement « l'actu » tant elle est entrée dans nos mœurs et dans notre vie quotidienne par le biais des médias, se compose d'informations qui pour la plupart ne nous concernent pas ou ne nous impliquent pas personnellement ou intimement. Cela ne signifie pas que nous ne devons pas nous tenir informés de ce qui se passe dans le monde. Cependant, il arrive que trop d'informations issues de la conscience collective, mais résultant parfois de la psyché inconsciente collective, nous submergent tant et si bien que nous ne prenons plus le temps de réfléchir par nous-mêmes. Nous les recevons en bloc, sans nous soucier de les interpréter. Nous nous contentons de colporter les commentaires ou les interprétations qui nous sont transmis, sans prendre le temps ni la peine de nous demander si nous y croyons vraiment, en quoi ils nous concernent, quelles influences ils exercent sur nous.

Se préoccuper et s'occuper de soi

Bien sûr, nous ne pouvons pas ignorer les événements qui se produisent dans le monde, au risque de nous en exclure, ce qui n'est pas une attitude psychologique très saine. Mais nous devons toujours prendre garde à ce que « le feuilleton de l'Actualité », qui dirige souvent notre attention sur des événements pas nécessairement cruciaux, ne nous détourne pas de nous-mêmes. Se préoccuper et s'occuper de soi demeure ce qu'il y a de plus important.

Les nourritures de notre esprit

Pour estimer les influences qu'exercent les informations provenant du monde extérieur, distillées quotidiennement et abondamment, le plus souvent sans discernement, par les canaux médiatiques auxquels nous sommes connectés en permanence, nous devrions peut-être les comparer aux nourritures que nous ingérons. En effet, de telles informations, dont la plupart nous sont communiquées de manière répétitive (redondance et rabâchage), relèvent plus du gavage que de l'alimentation normale et finissent par devenir indigestes. Or, ne nous y trompons pas, de telles informations nourrissent notre esprit et conditionnent notre vision du monde extérieur. Ce faisant, elles nous inclinent également à porter sur nous-mêmes un regard dénaturé, nous poussant à réagir inconsciemment et selon nos penchants personnels avec angoisse, anxiété, scepticisme, fatalisme, désespoir, colère ou indifférence, entre autres. Ainsi, si nous ne savons pas préserver le noyau précieux de notre personnalité, les informations que nous recevons du monde extérieur, et dont nous nourrissons notre esprit, exercent une influence insidieuse et désastreuse sur notre mentalité, notre comportement, nos choix.

Le journal de vos infos personnelles

Et si vous vous teniez informé de ce qui se passe en vous, chez vous, dans votre existence, dans votre proche entourage? Aussi anodins, anecdotiques, voire sans intérêt puissent-ils vous paraître, les événements de votre vie sont très importants. Votre grand esprit des rêves quant à lui n'en néglige aucun. Et lorsque dans l'un de vos rêves – absurdes ou inconsistants, selon vous, mais qui en réalité peuvent contenir un message très important pour vous – votre grand esprit des rêves fait allusion à l'un de ces événements, vous devez pour le discerner, en plus de tenir le journal intime de vos rêves, réaliser le journal de vos infos personnelles. Chaque fois qu'il se produit un événement, ou que vous vous trouvez confronté à une situation nouvelle, étrange, insolite ou simplement à laquelle vous n'êtes pas indifférent, écrivez-en le récit dans le journal de vos infos personnelles. De même si vous éprouvez ou nourrissez des sentiments particuliers ou si, dans la journée, vous avez pensé ou réfléchi à quelque chose vous concernant qui vous semble digne d'intérêt. Chaque jour, ou une fois par semaine, ou même une fois par mois si vous ne pouvez faire autrement, prenez le temps d'écrire dans un cahier ce qui, selon vous, vous est arrivé d'important, ou de décrire le contexte dans lequel vous évoluez. De la sorte, lorsque vous ferez un rêve sans queue ni tête ou que vous croirez dénué de sens, comparez-le à ce que vous aurez écrit dans le journal de vos infos personnelles, et vous vous rendrez probablement compte que ce rêve n'est pas aussi insensé que vous l'avez cru initialement.

6. Interprétez votre rêve en faisant la synthèse des informations dont vous disposez

À ce stade, les informations dont vous disposez sont constituées par les interprétations divinatoires et/ou psychologiques des symboles présents dans votre rêve, ainsi que par l'événement, la situation ou l'anecdote qui se sont produits récemment dans votre existence et qui sont en relation avec votre rêve. En réaliser une synthèse revient à découvrir la nature et le contenu du message que l'inconscient, par le biais de votre rêve, vous a transmis.

De l'analyse à l'interprétation

Souvenez-vous : suivant le modèle d'interprétation que je vous propose, vous devez d'abord analyser votre rêve, autrement dit, fixer votre attention sur les détails et les plus ou moins nombreux éléments et symboles qui le composent. Ensuite, vous pourrez l'interpréter. Bien que l'analyse de votre rêve requière toute votre attention, de sorte que, dans un premier temps, vous ne négligiez aucun détail révélateur, elle ne constitue pas l'étape la plus importante de mon modèle d'interprétation. Une bonne analyse du contenu de l'un vos rêves vous aidera à en tirer une meilleure interprétation, à condition toutefois que vous sachiez faire la synthèse des éléments qui le composent.

De l'esprit d'analyse à l'esprit de synthèse

De nos jours, en effet, en raison d'une mentalité collective dont chacun d'entre nous est plus ou moins imprégné et à laquelle la science et ses multiples applications techniques et technologiques contribuent largement, nous sommes beaucoup plus enclins à analyser qu'à synthétiser les informations dont nous disposons. Ainsi, par souci d'efficacité et de rentabilité le plus souvent, nous séparons et divisons plus que nous rassemblons ou unifions. Lorsque nous étudions l'un de nos rêves, nous devons d'abord exploiter notre esprit d'analyse, afin justement d'inventorier toutes les informations contenues dans notre songe ; mais ensuite, nous devons nous efforcer d'en faire la synthèse, c'est-à-dire qu'il nous faut percevoir comme un tout les symboles et leurs significations, ainsi que les événements ou situations de notre rêve, sans oublier ceux de notre actualité. C'est ainsi que nous passons de l'analyse à l'interprétation de notre rêve. Et ce faisant, notre regard glisse doucement mais sûrement de la subjectivité, à laquelle nous incline naturellement l'analyse ramenant tout à soi, à l'objectivité.

L'objectivité

De même qu'il faut toujours vous méfier des prédictions trop optimistes que vous formulent des amis bien intentionnés, ou un voyant que vous vous aviseriez de consulter, vous devez prendre garde à ce que l'interprétation que vous faites d'un rêve ne soit qu'une confirmation de ce que vous considérez comme l'intuition que vous en aviez. Vous pouvez certes trouver dans vos rêves des remèdes à vos angoisses ou à votre mal-être, mais lorsque vos interprétations vous confortent ou réconfortent un peu trop facilement, demandez-vous si vous avez vraiment fait preuve d'objectivité.

C'est trop beau pour être vrai

Si, après analyse puis interprétation, le message que vous avez décelé dans l'un de vos rêves vous paraît trop beau pour être vrai ou, à l'inverse, s'il vous semble obscur ou sans rapport direct avec votre situation ou votre état d'esprit, autrement dit, si vous doutez d'en avoir fait la bonne interprétation, ne vous en inquiétez pas outre mesure. Prenez le temps d'y réfléchir. Laissez l'analyse et l'interprétation que vous avez entreprises faire leur chemin, décanter, se développer. Gardez toujours l'esprit ouvert. Ne vous dites pas : « Ça y est ! J'ai compris ce que signifie ce rêve. C'est la bonne interprétation ! »

POINT IMPORTANT

Les instruments de l'interprète des rêves

Bien qu'il n'existe aucune méthode universelle pour interpréter nos rêves, nous pouvons du moins déceler dans notre nature humaine un certain nombre d'instruments dont nous pouvons faire usage pour analyser et comprendre le sens de nos rêves. Il faut manier ces instruments avec habileté car, dans le cas contraire, nous risquerions d'être pris au piège de la fascination qu'ils exercent sur nous lorsque nous nous identifions à eux. Ces instruments sont la pensée, l'intuition, la sensation, le sentiment, auxquels nous pouvons ajouter l'émotion, l'esprit d'analyse et de synthèse, le sens de l'humour et du paradoxe. L'intuition, par exemple, est un merveilleux instrument qu'il faut utiliser avec une certaine humilité en cela que nul d'entre nous ne peut se rendre maître de ses intuitions.

Il n'y a pas de bonne ou de mauvaise interprétation d'un rêve

Il n'y a pas de bonne ou de mauvaise interprétation. Il n'existe qu'une interprétation juste, c'est-à-dire dont le sens finit par s'imposer à vous telle une évidence incontournable. Paradoxalement, cette évidence ne peut pas toujours se formuler aussi clairement que vous la percevez ou qu'elle se révèle à vous. La vérité, notre vérité, est souvent indicible, mais elle n'en est pas moins juste par rapport à nous. D'ailleurs, ne donnez à personne le droit ou le pouvoir de vous dire ce qui est juste pour vous. En fin de compte, vous êtes seul à le savoir. « Cela ressemble beaucoup à la sagesse orientale dans laquelle il est dit que le bon remède dans les mains de l'homme mauvais produit un mauvais effet et que le mauvais remède dans les mains d'un homme bon produit un bon effet. Ce n'est donc pas ce que l'on fait, mais celui qui le fait, qui détermine le résultat[5]. » Or ici, la personne qui entreprend courageusement d'analyser son rêve d'abord, de l'interpréter ensuite, c'est vous.

Nous avons tous besoin d'avenir

Nous avons un passé que nous connaissons ou dont nous sommes plus ou moins conscients. Nous vivons notre présent au jour le jour, mais nous sommes plus que rarement présents à nous-mêmes. Quant à notre avenir, nous n'en savons rien. Et nous sommes parfois plongés dans des situations douloureuses et éprouvantes qui nous angoissent tant et si bien que nous avons besoin de savoir ce qui nous attend. Cependant, dans l'absolu, nous ne devons jamais oublier que ce qui va advenir et ce que nous allons devenir est déjà présent à l'état latent dans notre psyché inconsciente. Nous ne devons pas non plus oublier que nos rêves nous informent en nous aidant à mieux comprendre notre passé, à mieux vivre notre présent, parfois même en nous projetant dans un avenir plus que probable dont, au fond, nous avons ou avons eu le pressentiment. Les voyants ayant pignon sur rue et se vantant de posséder des facultés psychiques innées qui seraient plus éveillées chez eux que chez le commun des mortels ne font qu'exploiter une forme de psychologie primaire qui se traduit par un certain bon sens dans le meilleur des cas – bon sens que chacun de nous possède, mais que

---

5. Franz, Marie-Louise (von), *Alchimie et imagination active*, éditions Jacqueline Renard – La Fontaine de Pierre, Paris, 1989.

nous négligeons d'exploiter – ou par une réponse immédiate au réconfort que toute personne consultant l'un de ces devins recherche implicitement. Ainsi, vous n'aurez jamais la moindre difficulté à trouver chez l'un de ces voyants les réponses que vous souhaitez entendre.

Des réponses toutes faites

À propos des services d'astrologie et de voyance qui fleurissent un peu partout sur la Toile, il convient de vous avertir que leur but n'est pas de vous éclairer sur vous-même ni de vous parler en vérité, encore moins de vous révéler votre avenir. Leur unique préoccupation est de réaliser autant de profits que possible en exploitant votre détresse morale ou psychologique et votre naïveté à croire que votre avenir est inscrit quelque part sur les tablettes du destin, que d'autres que vous sont en mesure de lire pour vous, pauvres ignorants qui n'êtes pas dans le secret des dieux. Vos interlocuteurs qui, pour la plupart, ne sont ni astrologues ni voyants, détiennent des fiches contenant un certain nombre de questions clés, toujours les mêmes, et de réponses toutes faites. Il s'agit là d'un usage commercial de la psychologie et de la divination exploitées à des fins exclusivement mercantiles dont je ne saurais trop vous conseiller de vous détourner.

7. Découvrez et rédigez le message contenu dans votre rêve

Après avoir réussi à faire la synthèse des informations relatives à votre rêve, il ne vous reste plus qu'à rédiger le message qu'il vous a transmis et que vous venez de découvrir. Ce faisant, vous devenez vous-même voyant au sens pur et originel de ce terme qui, pour les hommes et les femmes des sociétés primitives et des premières civilisations, avait un sens sacré, profond, réel, vital, pour tout dire. En vous rendant apte à recevoir les messages contenus dans vos rêves, vous êtes en mesure de voir ou de regarder ce qui se produit en vous-même et de nouer ou renouer le dialogue avec cet étranger, cet autre vous-même qui, par le biais de votre grand esprit des rêves, s'adresse à vous, vous parle, vous envoie des messages. Et s'il se comporte ainsi, c'est qu'il a besoin de vous, qu'il attend quelque chose de vous. Quant à vous, si, suivant ce modèle d'interprétation, vous dégagez de vos rêves des messages dont certains contenus pourront vous surprendre, vous déconcerter, vous interpeller, vous consterner ou vous révolter (parfois, vous aurez probablement des attitudes de rejet ou de déni), vous devenez voyant, puisque vous voyez au-delà des apparences.

Qu'est-ce que la voyance ?

Pour comprendre le phénomène complexe de la voyance, il est indispensable de clarifier le sens de ce mot, tant il est galvaudé aujourd'hui. Pour beaucoup d'entre nous, la voyance se résume au don de voir des événements ou des faits qui doivent fatalement se produire dans notre vie dans un futur plus ou moins éloigné. Le voyant prédit l'avenir, comme nous sommes accoutumés à le croire. Ici, en l'occurrence, voir c'est prévoir. Cependant, nous observons que pour étayer ses prédictions, le voyant, dont nous présumons qu'il a quelques talents ou dons innés pour exercer cet art, commence souvent par nous révéler des situations ou des circonstances relatives à notre passé, ou fait allusion à des êtres que nous avons côtoyés et qui, présents ou absents de notre vie désormais, restent proches de nous. Dès lors, le voyant en question ne se contente pas de prédire ou de prévoir, mais il opère une espèce d'exploration ou d'auscultation de notre mémoire inconsciente dans laquelle il semble puiser des images intimes de notre vie passée qui, *a priori*, lui sont inconnues. Dans ce cas, nous sommes dans le domaine de ce qu'il est convenu d'appeler la « récognition », c'est-à-dire la connaissance du passé, qui s'oppose à la « précognition », du latin *prae*, qui signifie « à l'avance », et *cognoscere*, « connaître », c'est-à-dire « connaître à l'avance », qui est donc la faculté du voyant de voir et de prévoir, de connaître à l'avance et à notre insu des événements à venir qui nous concernent. Comment ce phénomène se produit-il ?

Le phénomène de la voyance

Aussi étrange que cela puisse paraître, eu égard au nombre de voyants qui exercent un peu partout en France et dans le monde et aux multiples investigations que les hommes de science entreprennent aujourd'hui, on ne s'est jamais penché sérieusement sur les mécanismes du phénomène de la voyance. C'est une pratique qui doit être reléguée au passé et assimilée aux superstitions et à l'ignorance, dit-on. Pourtant, la voyance existe et elle a toujours existé. Ce phénomène est à rapprocher des recherches entreprises sur la psyché inconsciente, dont il n'est probablement qu'un produit, une faculté, une manifestation.

La voyance dans la lunette des psychanalystes

C'est Sigmund Freud, le père de la psychanalyse, qui, le premier, a démontré que dans la psyché inconsciente le temps n'existait pas. Ou plus exactement, que dans cette zone obscure de notre personnalité, le passé et le présent pouvaient se confondre et surgir à tout moment. Rappelons que le principe de l'analyse freudienne repose sur une série d'associations d'idées qui peuvent nous permettre de ramener à notre conscience actuelle des faits, des événements, des situations, mais aussi des sentiments et des émotions issus de notre passé. En effet, selon le principe énoncé par la psychanalyse freudienne, la psyché inconsciente est le lieu inconnu de la conscience, constitué de contenus refoulés qui échappent à ladite conscience. Plus tard, Carl Gustav Jung, collaborateur de Freud dont les travaux n'obtinrent pas l'approbation du père de la psychanalyse, démontra quant à lui que dans la psyché inconsciente le passé, le présent mais aussi l'avenir se combinaient, s'interpénétraient, se mélangeaient, jusqu'à contenir parfois des réponses ou des solutions intuitives à nos problèmes non résolus. Après de longues recherches et des études approfondies sur le langage des symboles, des mythes et des archétypes, Jung révéla que l'intuition n'était en fait que le produit de la mémoire inconsciente du sujet et que celle-ci se manifestait à l'état de veille ou durant le sommeil. D'où l'on peut conclure que tout ce que nous avons vécu est inscrit dans notre mémoire inconsciente, mais aussi que certains événements à venir sont déjà inscrits en germe, pourrait-on dire, en chacun de nous.

Quel usage faire de la voyance ?

Dès lors, des êtres pourvus d'une perception inconsciente ou psychique plus sensible que d'autres devraient être en mesure de capter ces images inscrites dans notre mémoire à notre insu, parce que nous n'en sommes pas conscients. Mais ce phénomène demeure extrêmement rare, et rares sont ceux qui le maîtrisent. En d'autres termes, oui, la voyance existe, mais à quoi sert-elle ou, plus exactement, quel usage en faisons-nous ? Ne serait-il pas plus judicieux d'apprendre à découvrir et à exploiter notre mémoire inconsciente intuitive afin de devenir plus conscients de nos véritables motivations et des événements à venir qui sont en germe et dont, le plus souvent, les causes se trouvent dans nos actes passés ou actuels? « Si je savais comment un arbre se contracte en une graine, je pourrais aussi prédire comment l'arbre se développera à partir de cette graine. Si nous connaissons le noyau central d'une situation, nous pouvons prédire ses conséquences[6]. » Voilà un propos dont devraient s'inspirer tous ceux qui ont en charge de gérer l'avenir. Celui qui s'initie à l'interprétation de ses rêves, apprenant à décrypter les messages contenus en eux, entre peu à peu dans le noyau central de chaque situation psychique et physique de sa vie, se rendant de la sorte maître de son avenir et, mieux encore, conscient de son devenir.

Pourquoi le phénomène de la voyance est-il rarissime?

Parce que la mémoire inconsciente intuitive n'agit pas sur commande. Il ne suffit par d'avoir un peu plus que d'autres la faculté de voir pour voir systématiquement et à tout instant. Ainsi, dans l'Antiquité, on distinguait la divination intuitive ou spontanée de la divination inductive ou raisonnée. La première, exceptionnelle et rarissime, était le propre des prophètes et des visionnaires, la seconde, beaucoup plus courante, résultait de l'interprétation des signes et des symboles ou des oracles, c'est-à-dire de l'usage des arts divinatoires. Par ailleurs, il faut souligner que la mémoire inconsciente intuitive s'exprime au moyen du langage des symboles, des mythes et des archétypes. Or, non seulement ce langage est riche et complexe, mais des interférences relatives aux expériences vécues de l'individu concerné peuvent y ajouter une interprétation inconsciente personnelle des signes et des symboles dont la signification exacte échappe le plus souvent au voyant. Dès lors, on comprend qu'il ne suffit pas de voir, mais qu'il faut encore être en mesure d'interpréter ce que l'on voit. Là encore, c'est ce que fait l'interprète des rêves qui, comme son nom l'indique, interprète les visions produites par son grand esprit des rêves. Et c'est bien sûr ce que vous apprenez à faire par vous-même et pour vous-même en devenant l'interprète de vos rêves.

---

6. Franz, Marie-Louise (von), *La psychologie de la divination*, Poïesis-Payot, 1986.

Mon rêve

La charte de l'interprète des rêves

Première règle

1

Pour devenir interprète des rêves, la première règle à respecter consiste à ne jamais s'approprier les rêves d'autrui, encore moins à livrer l'identité du rêveur sans son consentement, par exemple si, pour une raison ou pour une autre, vous devez faire référence à tel ou tel rêve dont vous avez proposé une interprétation. Et de même que vous devez préserver l'intimité de toute personne vous confiant un rêve, ne dévoilez jamais vous-même l'un de vos rêves au tout-venant. Si vous livrez l'un de vos rêves, que ce soit à une personne de votre choix, en qui vous avez toute confiance. Sinon, abstenez-vous.

Deuxième règle

2

Il convient de souligner que si la psyché inconsciente peut se révéler parfois obsessionnelle – notamment lorsqu'elle produit un rêve récurrent ou toujours le même rêve, que nous faisons cycliquement, voire souvent, tant que nous n'avons pas réfléchi à son récit ni compris son message –, elle n'est que très rarement didactique et répétitive. La norme, ou ce que nous percevons comme telle au réel, n'est pas de mise lorsque nous avons affaire à la psyché inconsciente. Cela est si vrai qu'il arrive fréquemment que, au moment où nous nous croyons installés dans un certain confort, suivant un chemin qui nous semble tout tracé, notre grand esprit des rêves nous surprend, nous plongeant dans un songe dont le message peut très bien contredire radicalement tout ce dont nous avions l'intime conviction jusqu'alors ou remettre totalement en question ce que nous pensions pourtant acquis. Ce qui me conduit à mettre en lumière la deuxième règle de ma charte de l'interprète des rêves : quel que soit le récit de votre rêve, abordez-le autant que possible avec l'esprit ouvert et un œil neuf. Si, en réfléchissant aux symboles présents dans l'un de vos rêves ou en les analysant, vous vous dites « je sais ce que cela signifie », vous risquez fort de passer à côté du vrai message contenu dans votre rêve, par présomption ou impatience. D'autant que, le plus souvent, comme vous pourrez le constater en vous inspirant de mon modèle d'interprétation, ce n'est qu'après coup ou après un certain laps de temps, parfois même à un moment où vous n'y penserez plus, que la vérité du message de votre rêve s'imposera à votre esprit.

Troisième règle

3

Toute interprétation dans laquelle nous nous orientons pour comprendre le contenu, le sens, et le message révélés par un rêve implique forcément un choix de notre part. Or ce choix n'est ni anodin ni sans conséquence. Tout choix implique en effet non seulement une décision ou une résolution, mais aussi, et peut-être surtout, en ce qui concerne l'interprétation d'un rêve, le fait qu'en prenant telle ou telle orientation, c'est-à-dire tel ou tel angle d'interprétation, nous en rejetons délibérément d'autres. Nous pouvons donc considérer que le choix d'une interprétation en exclut toujours d'autres qui pourraient tout aussi bien être envisagées, mais que, d'emblée, suivant notre intuition ou notre imagination, nous décidons de laisser de côté. Si nous choisissons d'aborder notre rêve sous tel ou tel angle, cela n'est jamais dû au hasard ; il s'agit le plus souvent du produit d'une intuition ou d'un effet de notre mémoire inconsciente, ou encore d'un bon instinct qui nous guide sur telle voie plutôt que sur telle autre. Tout se passe dès lors comme si « nous savions » intuitivement dans quel sens nous devons nous orienter pour interpréter notre rêve et comprendre ce qu'il signifie pour nous. C'est la raison pour laquelle il arrive parfois qu'une interprétation proposée par telle ou telle personne pourtant éclairée ou bien intentionnée ne nous convient pas. « Nous savons » intuitivement que « ce n'est pas ça ». Lorsque « c'est ça », il se produit toujours un déclic en nous. Et même si nous n'avons pas encore tout compris du contenu détaillé d'un rêve, nous savons reconnaître son sens juste quand nous l'entendons ou quand nous sommes sur la bonne voie pour le déceler.

La bibliothèque des rêves

Dans la bibliothèque des rêves, je vous propose des récits de rêves dans lesquels tel ou tel symbole, ou tel ou tel mythe ou archétype, joue un rôle majeur. Mes interprétations, que je vous exposerai en suivant toutes les étapes de mon modèle d'interprétation, pourront vous servir d'exemples et vous être utiles pour vous apprendre à interpréter vos propres rêves.

Un rêve d'inondation

1. Le récit du rêve de Nathalie

Nathalie, 30 ans, a fait un rêve dont voici le récit:

> « Ayant été victime d'un dégât des eaux dans ma cuisine la veille, suite à une fuite importante de la robinetterie, j'ai fait le rêve suivant : j'ai rêvé que ce dégât des eaux s'était considérablement aggravé et étendu de manière importante dans ma chambre à coucher, une fuite se produisant notamment juste au-dessus de ma tête de lit. L'eau déferlait de plus en plus fort à travers une fissure sur le mur au-dessus de ma tête, mouillant mes cheveux, inondant mon visage, mon lit et le plancher de ma chambre. Je ne voyais pas l'eau sur le sol, mais je savais que son niveau montait dangereusement. Subitement, ma mère est apparue dans ma chambre pour me parler semble-t-il, mais je ne réussissais pas à comprendre ce qu'elle me disait, tant l'angoisse de voir l'eau envahir ma chambre m'absorbait. »

2. Le résumé du rêve de Nathalie

D'emblée, Nathalie a parfaitement bien rédigé son rêve, dont le récit est clair et concis. Elle pourrait s'abstenir de le résumer et aller directement à la troisième étape, c'est-à-dire relever sans plus attendre les symboles présents dans son rêve. Toutefois, dans ce premier exemple d'interprétation d'un rêve suivant mon modèle, pour que vous ayez une idée plus précise de cette étape, voici un résumé du rêve de Nathalie :

> « Suite à une inondation qui s'est effectivement et réellement produite dans ma cuisine, j'ai rêvé que l'eau suintait, puis coulait dans ma chambre à coucher, par une fissure dans le mur, située juste au-dessus de ma tête, tandis que j'étais dans mon lit, incapable de bouger. Soudain ma mère fit irruption dans ma chambre ; elle se mit à me parler, mais je ne comprenais pas ce qu'elle me disait. »

3. Les symboles présents dans le rêve de Nathalie

Les différentes étapes pouvant aider Nathalie à comprendre son rêve

D'emblée, Nathalie a parfaitement bien rédigé le récit de son rêve (première étape); le récit est clair et concis. Sans prendre la peine de résumer son rêve (deuxième étape), elle peut aller directement à la troisième étape, autrement dit, relever les symboles présents dans son rêve. Ces derniers se résument à:

1. L'inondation (provoquée par une fuite due à un dégât des eaux)
2. La chambre à coucher
3. Le lit
4. La fissure dans le mur
5. La mère

Elle peut désormais rechercher les significations des symboles présents dans son rêve (quatrième étape), afin de pouvoir entreprendre leur analyse et leur interprétation.

4. L'interprétation des cinq symboles présents dans le rêve de Nathalie

Symbole 1 ☛ l'inondation

Dans l'univers onirique, une inondation symbolise fréquemment l'irruption soudaine de forces émotionnelles trop ou mal contenues dont le rêveur est victime ou submergé. Au réel, nous savons tous qu'un chagrin, une peine ou grande douleur peut provoquer une crise de larmes. Dans un tel cas de figure, nous sommes submergés par nos émotions. Mais alors, ne les contenant plus, nous nous laissons aller à les exprimer physiquement en pleurant. En revanche, si pour certaines raisons bien précises – dont, le temps aidant, nous sommes devenus dupes ou inconscients –, nous avons refoulé nos émotions ou que nous nous refusons obstinément à nous y abandonner, nous engendrons des tensions émotionnelles telles qu'elles peuvent mettre notre équilibre psychologique en péril ou, pour le moins, nous plonger dans un état de mal-être latent. Et lorsque cela se produit effectivement, tôt ou tard et par l'intermédiaire de notre grand esprit des rêves, notre psyché inconsciente nous avertit des dangers que nous courons en nous comportant de la sorte. Ainsi, d'emblée, Nathalie peut s'interroger à ce sujet : de quelles émotions s'agit-il ? Enfin, toujours en ce qui concerne l'inondation, l'une des interprétations psychologiques que je vous ai proposées dans le paragraphe intitulé *Vous êtes victime ou témoin d'une inondation qui se produit chez vous* correspond à la situation dépeinte dans le rêve de Nathalie et lui précise qu'elle doit tenir compte de la pièce où a eu lieu l'inondation en question. Cette pièce pourra probablement l'éclairer sur la provenance de cette inondation et des émotions qu'elle symbolise.

Symbole 2 ☛ la chambre à coucher

Son rêve l'informe qu'il s'agit de la chambre à coucher. L'inondation provoquée par une fuite d'eau coulant d'une fissure dans le mur révèle ainsi que cette fuite est en rapport avec une immersion de ses forces psychiques inconscientes se produisant dans sa vie intime. En effet, la chambre à coucher, qui présente évidemment des analogies avec l'archétype maternel en raison de sa fonction protectrice, est par excellence l'endroit où nous nous réfugions pour échapper à l'agitation du monde extérieur, le lieu de notre vie intime et privée où nous sommes à l'abri des regards indiscrets. Et par analogie là encore, la vie intime et privée renvoyant aux relations de couple, amoureuses et sexuelles, la chambre à coucher y fait également référence. De fait, nous devons convier Nathalie à s'interroger à propos de sa vie intime et amoureuse au moment où elle fait ce rêve ; elle doit en effet se trouver au cœur de la situation qu'elle vient de vivre dans son rêve.

Symbole 3 ☛ le lit

Le lit sur lequel Nathalie est allongée dans son rêve symbolise à la fois la naissance, le repos, le sommeil et la mort. Toutes ces interprétations symboliques du lit faisant naturellement allusion au renouveau (passage de l'état de veille au sommeil et *vice versa* ; passage de l'action au repos et inversement ; etc.), qui est aussi l'un des messages contenus dans un rêve d'inondation. Ainsi, c'est dans un lit qu'une femme met un enfant au monde, et c'est dans un lit que cet enfant devenu un vieillard mourra un jour. Mais le lit est aussi la couche nuptiale.

Autrement dit, dans le rêve de Nathalie, il renvoie aussi bien à la (sa) mère, dont nous savons qu'elle apparaîtra plus tard dans ce même rêve, qu'à sa vie intime et amoureuse, là encore, à l'instar de la chambre à coucher.

Symbole 4 ☛ la fissure dans le mur

La fissure dans le mur indique tout simplement que quelque chose se brise dans les murs de la maison, symbolique bien sûr, de Nathalie, autrement dit, dans les « murs » qu'elle a dressés (symboliquement toujours) pour se protéger du monde extérieur et de certaines réalités personnelles, intimes, qui la dérangent ou la perturbent, auxquelles elle ne se croit apparemment pas apte à faire face. Toutefois, puisque dans son rêve un mur se fissure sous la pression de la fuite d'eau, tout laisse croire qu'elle va pouvoir bientôt en prendre conscience et probablement comprendre comment faire face à ces réalités. Néanmoins, elle ne doit pas négliger le fait qu'une fissure apparaissant dans un mur est fréquemment le signe avant-coureur d'une dégradation ou d'une usure du temps, voire d'un défaut dans la construction de l'immeuble. D'abord le mur se lézarde, puis une ou plusieurs fissures apparaissent.

• D'où vient cette fissure ?

Nathalie peut dès lors se poser les questions suivantes. Suis-je responsable de cette dégradation ? En ai-je pris conscience depuis un certain temps sans réagir, au point qu'aujourd'hui le mur se fissure et de l'eau en jaillit ? Ai-je déjà tenté de colmater la brèche sans succès ? Pourquoi la fissure se situe-t-elle au-dessus de ma tête, dans ce qui semble être le mur d'appui contre lequel se trouve la tête de mon lit ? Quel rapport cela a-t-il avec ma tête ? En suivant ce cheminement et le développement de ses pensées, Nathalie a fini par comprendre l'analogie existant entre le mur d'appui de sa chambre contre lequel repose son lit, la « tête de son lit » et sa propre tête. Elle a ainsi compris par elle-même que le mur d'appui au-dessus de la tête de son lit symbolise sa propre tête. Donc, quelque chose se fissure dans ses raisonnements, dans ses réflexions, ses certitudes, ses convictions. Ce qu'elle croit réel, solide, tangible, sûr, ne l'est pas. Il se produit une fissure ou une fêlure provoquée par de très fortes émotions que Nathalie croyait contenir. Familièrement, on dit d'une personne qui se comporte de manière déraisonnable ou insensée qu'elle est « fêlée ». Ici, c'est à l'égard d'elle-même que Nathalie se comporte d'une manière déraisonnable. Elle se contient, se contraint, contrarie ses émotions qui finissent par faire craquer ce sur quoi elle croit bon de s'appuyer. Fissure, fêlure, craquelure, même combat !

Symbole 5 ☛ la mère

Comme vous serez amené à le découvrir et à l'expérimenter, certains ingrédients présents dans un rêve sont parfois dénués d'interprétations symboliques ; ils ne sont rien d'autres que ce qu'ils sont dans la réalité. C'est le cas de la présence de la mère de Nathalie dans son rêve, qui ne figure pas « la mère » au sens large ou archétypique, mais tout simplement « sa maman » et tout ce qu'elle représente pour elle. Toutefois, il va de soi que l'apparition de sa mère à la fin de son rêve n'est pas anodine pour Nathalie. D'une certaine manière, elle lui soumet déjà une ébauche de synthèse des significations des symboles présents dans son rêve. En effet, il existe des liens évidents entre sa vie intime et amoureuse qui, symbolisée par la chambre à coucher et le lit, se trouve au cœur de la situation de son rêve, comme nous l'avons vu, et ses relations affectives avec sa mère.

• Les relations enfant(s)-parent(s)

Par ailleurs, il convient de préciser ici que, chaque fois que l'un de nos parents proches intervient dans l'un de nos rêves, il ne suffit pas de voir systématiquement en lui la personne cause de tous nos maux psychologiques et de notre difficulté à être nous-mêmes. Nous devons plutôt réfléchir, au moment où nous faisons ce rêve, à ce que ce parent représente pour nous, à la façon dont nous le percevons, le comprenons, le jugeons et aux relations que nous cultivons avec lui. Rendre notre père et/ou notre mère coupables de tout ce que nous sommes ou ne réussissons pas à être équivaut à refuser d'admettre notre part de responsabilité dans les relations qui se sont nouées et établies entre eux et nous depuis notre enfance. L'enfant que nous fûmes tous a lui aussi exercé une influence sur ses parents autant que ces derniers l'ont marqué. Et si pour une raison ou pour une autre, à l'âge adulte, nous en sommes venus à rompre toute relation avec nos parents, ou avec l'un d'entre eux, là encore, la responsabilité doit en être partagée entre nous et eux, et ce, même s'il nous semble qu'ils ont davantage contribué à cette rupture que nous ne l'avons fait. Il n'empêche, du fait que nous étions impliqués dans ces relations, aussi décevantes ou désastreuses fussent-elles, nous avons assurément notre part de responsabilité.

POINT IMPORTANT

Discerner l'essentiel

Lorsque plusieurs symboles interviennent dans un même rêve, comment discerner celui qui joue le rôle le plus important et comment établir la hiérarchie des autres symboles ?

Le symbole le plus révélateur et porteur d'informations essentielles pour le rêveur est toujours celui qui indique, souligne, précise ou domine la situation centrale ou le climat général du rêve. Dans notre exemple, il s'agit bien d'une inondation dont il est question de bout en bout dans le récit de ce rêve. Il constitue donc un fil conducteur qui permet à Nathalie de s'orienter dans son rêve. Pour les autres symboles éventuellement présents dans un rêve, il n'y a pas vraiment d'ordre chronologique à suivre, si ce n'est celui de leur entrée en scène dans le déroulement du rêve, pour y voir plus clair dans le récit dudit rêve et avoir de celui-ci une meilleure visibilité et lisibilité. Mais une fois que vous avez sélectionné les symboles présents dans votre rêve par ordre d'entrée en scène, c'est à vous de déterminer quel symbole plutôt qu'un autre doit figurer à telle ou telle place dans l'ordre d'importance que vous leur accorderez. Il n'y a pas de règle à ce sujet. Pour chaque rêve, vous devez décider de la place et du rôle que chaque symbole tient et joue en vous basant sur le récit de votre rêve. Il vous arrivera sûrement de commettre des erreurs en procédant de la sorte. Cependant, au fur et à mesure que vous avancerez dans l'analyse puis dans l'interprétation des symboles et de votre rêve lui-même, vous finirez probablement par comprendre votre erreur et, sans nul doute, vous saurez pourquoi et comment la rectifier.

5. La situation de Nathalie

Il s'agit maintenant pour Nathalie de réfléchir à sa situation au moment où elle fait ce rêve. Sans commettre d'indiscrétion, du fait que je protège évidemment l'anonymat de la rêveuse, je peux vous confier que la plus grande préoccupation de Nathalie au moment de ce rêve était bien sa vie amoureuse, décevante et douloureuse. Quant au fait qu'il s'est réellement produit un dégât des eaux chez elle juste avant son rêve, il démontre que son grand esprit des rêves a bien utilisé cet incident réel pour produire le songe de Nathalie, que ce dernier n'avait aucun caractère prémonitoire, et qu'il ne pouvait être qu'accessoirement sujet à des interprétations divinatoires. La seule interprétation divinatoire adaptée à ce rêve aurait pu être la rencontre d'une personne agréable et charmante. Toutefois, Nathalie ne se souvenant pas de la nature claire ou trouble de l'eau qui déferlait dans son rêve, cette interprétation divinatoire ne peut jouer un rôle important dans notre analyse. Par ailleurs, pour interpréter convenablement le rêve de Nathalie, il convient de préciser que sa mère était décédée depuis déjà plusieurs années et qu'ainsi la présence de cette dernière pouvait avoir un caractère sinon surnaturel, du moins spectaculaire. Tout s'est passé comme si elle surgissait à la fin de son rêve pour frapper l'imagination de notre rêveuse. Enfin, il convient d'ajouter que Nathalie se perçoit et se définit elle-même comme une jeune femme sérieuse, réaliste et raisonnable, sinon heureuse, du moins accomplie dans sa vie professionnelle et sociale, plus que dans sa vie intime et amoureuse.

6. L'interprétation du rêve de Nathalie

Fort de toutes les informations que nous venons de rassembler et qui, bien sûr, la concernent et l'impliquent personnellement – je dirais même intimement en l'occurrence –, je peux ainsi proposer à Nathalie une interprétation de son rêve qu'elle aurait tout aussi bien pu réaliser elle-même.

La fuite salutaire

Il semble que Nathalie se soit forgé une carapace, qu'elle ait dressé des murs autour d'elle (elle se dit sérieuse, réaliste, raisonnable) pour se protéger de ses émotions ou de sa trop grande sensibilité. Toutefois, l'un de « ses » murs, le mur contre lequel elle s'appuie, se fissure sous la pression d'une fuite d'eau (ou d'une fuite d'émotions, autrement dit, d'émotions qu'elle ne peut plus contenir). Cette fuite d'eau qui lui tombe sur la tête lui ôte toute raison d'une part, et la surprend d'autre part. Lorsque quelque chose nous « tombe sur la tête », c'est toujours inattendu, déconcertant, et nous n'y pouvons rien. Pourtant, le plus souvent, cela n'arrive pas par hasard, mais plutôt pour nous sortir de notre torpeur et nous aider à prendre conscience d'un fait important. Dans le rêve que nous avons pris pour exemple, tout ce flot d'émotions tombant sur la tête et le visage de Nathalie menace de la submerger. Mais cette fuite est salutaire, sans aucun doute, puisque malgré son angoisse d'être submergée, elle reste immobile dans son lit.

La mort qui parle

De même, elle sait que sa mère est là, et non seulement cela ne la surprend pas (alors qu'elle sait parfaitement que sa mère n'est plus de ce monde depuis longtemps), mais son angoisse d'être submergée toujours l'empêche de comprendre les paroles prononcées par sa mère. Ainsi, dans son rêve, Nathalie est spectatrice plus qu'actrice. Elle subit. Elle ne réagit pas. Tout cela parce qu'à son insu et depuis trop longtemps elle s'est coupée de ses émotions et de ses forces psychiques inconscientes. C'est pourquoi elle n'est pas (encore) en mesure d'entendre ce que sa mère lui dit. Son grand esprit des rêves la ménage, ne l'autorisant pas encore à comprendre les paroles prononcées par sa mère pour éviter de la choquer d'un point de vue psychologique et affectif. Il ne fait que la préparer à entendre et comprendre ces paroles. Lorsque dans un rêve la mort nous parle par la bouche d'une personne proche et décédée, c'est quasiment toujours notre psyché inconsciente qui s'exprime à travers elle. Or, nous ne sommes pas toujours prêts ou disposés à entendre cette voix ni à comprendre ce qu'elle nous dit. Ce qui provient de la psyché inconsciente est parfois si enfoui au fond de nous que cela nous semble parfois totalement étranger, incompréhensible, venu d'un autre monde qui nous est totalement inconnu. Dans le rêve de Nathalie, cette part d'inconnu se matérialise dans le fait que sa mère morte lui parle, mais qu'elle est incapable de comprendre ses paroles.

Se mouiller

Pour comprendre les paroles que prononce sa mère, il va falloir qu'elle « se mouille », selon l'expression familière, c'est-à-dire qu'elle ose s'impliquer plus pleinement dans ce qu'elle éprouve et ressent, dans ses émotions. C'est la raison pour laquelle, dans son rêve toujours, elle reçoit de l'eau sur la tête. C'est tout ce qui est en rapport avec ce qui se passe dans sa tête qui doit « se mouiller ». Nathalie ne nous précise pas si, dans son rêve, cette eau, qui lui tombe sur la tête et finit par inonder le plancher de sa chambre, était chaude ou froide, propre ou sale. Elle nous dit qu'il s'agissait d'eau, tout simplement. Ainsi, je ne peux m'empêcher de penser que cette eau qui l'arrose est une bénédiction. D'autant qu'elle recouvre le plancher et que, si Nathalie se levait pour marcher dans sa chambre inondée, ce seraient ses pieds qui se trouveraient dans l'eau.

Le baptême

De bout en bout, dans le rêve de Nathalie, il y a une allusion au baptême. Ce dernier est un rituel d'immersion symbolisant la purification et le renouveau. En lui plongeant la tête dans l'eau ou en lui faisant couler de l'eau sur la tête, le prêtre lave ainsi le petit enfant ou l'adulte qui, par ce geste symbolique et rituel, est purifié de ses péchés. Dans le rêve de Nathalie, nous dirions que l'eau de la fuite qui lui tombe sur la tête la lave d'un péché ou plus exactement d'une transgression qu'elle a commise contre elle-même. En effet, s'étant coupée de ses émotions et de ses forces psychiques inconscientes, elle a transgressé son ordre psychologique, son harmonie intérieure.

Les pieds, le cœur et la tête

Mais cette fuite d'eau qui lui mouille la tête constitue un acte de pardon. Elle doit se pardonner à elle-même d'avoir commis cette transgression contre elle-même. Mais le fait qu'elle se pardonne à elle-même ne suffit pas. Il faut encore qu'elle se lave les pieds dans le flot de ses émotions refoulées pour que celles-ci remontent jusqu'à sa tête en passant par son cœur, qui est évidemment le siège de ses émotions et sentiments. Bien que dans son rêve Nathalie ne descende pas de son lit, nous présumons implicitement qu'elle devra le faire tôt ou tard, mettant ainsi les pieds dans l'eau qui provient d'elle-même et qui la régénérera. Les pieds sont en analogie avec le signe zodiacal des Poissons, qui lui-même présente bien sûr des correspondances évidentes avec l'eau, l'inondation, le déluge et les émotions.

La posture de l'arc

Durant la vie intra-utérine, le fœtus se tient recroquevillé sur lui-même, la tête et les pieds joints, position que l'enfant devenu adulte éprouve de grandes difficultés à reproduire à moins d'avoir cultivé une certaine souplesse articulaire. Cette posture, que les chats adoptent volontiers, procure beaucoup de bien-être et favorise la régénération. C'est aussi une posture du hatha yoga figurant l'homme endormi, replié sur lui-même, qui se régénère en s'isolant du monde extérieur comme le fait naturellement le fœtus. Mais il existe une autre posture, la « posture de l'arc », dont le but est d'éveiller l'homme à sa conscience de lui-même. Il s'agit cette fois de s'allonger à plat ventre par terre, de saisir ses pieds à l'aide de ses mains et de les orienter vers le sommet de la tête.

La rêveuse et sa mère

Enfin, pour en revenir à la mère de Nathalie, il y a fort à parier qu'il existe un lien psychologique et affectif viscéral entre Nathalie et sa mère en cela que notre rêveuse, sans s'en rendre compte bien sûr, est encline à reproduire les mêmes schémas, les mêmes attitudes, les mêmes réflexes comportementaux, bref, le même vécu affectif que celui de sa mère. Bien que Nathalie le sache, elle n'en a pas encore pris conscience. Et il faut que l'un de « ses murs » commence à se fissurer, qu'il y ait une fuite d'émotions, que ces dernières l'inondent pour qu'enfin elle ouvre les yeux et comprenne qu'il ne peut y avoir d'amour sans émotion. Si tel n'est pas le cas en effet, ce n'est pas de l'amour, mais une vue de l'esprit ou une volonté raisonnée d'aimer ou de l'être qui n'a rien à voir avec l'amour qui, lui, comme nous le savons, nous fait souvent perdre toute raison, nous poussant à des actes irrationnels.

7. Le message contenu dans le rêve de Nathalie

« En persistant à contenir tes émotions, à te couper de ce qui se passe en toi, en préférant rester dans l'angoisse d'un danger qui te menace, mais sourde aux paroles d'apaisement et pleines de bon sens que, pourtant, par l'intermédiaire de ta mère, ton grand esprit des rêves prononce pour toi, tu empêches le renouveau auquel tu aspires, et qui est annoncé dans ton rêve par cette inondation, de se produire. Mais bien sûr, cette promesse de renouveau doit retenir toute ton attention ! En effet, aussi sûrement que l'oxygène que nous respirons régénère nos cellules, nos émotions nous régénèrent elles aussi. Nous ne pouvons pas vivre sans elles. Elles sont vitales ! »

Tel est le message que le grand esprit des rêves de Nathalie lui délivre ou, si vous préférez, qu'elle se transmet à elle-même par l'intermédiaire de son rêve.

POINT IMPORTANT

Dans nos rêves, les revenants existent

Il arrive fréquemment qu'une personne chère, disparue depuis plus ou moins longtemps et surgissant dans l'un de nos rêves, incarne tout simplement notre psyché inconsciente ou notre grand esprit des rêves. En particulier lorsque nous sommes enclins à nous « couper » des messages très importants pour notre équilibre et notre évolution que, par son intermédiaire, nous souhaitons ou devons nous délivrer à nous-mêmes. Ce « revenant », par sa présence surnaturelle dans l'un de nos rêves, joue dès lors un rôle de messager qu'il faut accueillir et écouter avec la plus grande attention. Et si dans un premier temps sa présence nous semble totalement insolite ou incongrue, ou s'il nous tient des propos mystérieux, obscurs ou incompréhensibles, tôt ou tard, nous finirons par en tirer quelque chose d'intéressant ou d'important pour nous-mêmes – d'où l'intérêt de tenir le journal intime de nos rêves, de façon à pouvoir nous remémorer tel ou tel rêve que nous avons fait et dont nous n'avons pas su ou pu percevoir toute l'interprétation. Quoi qu'il en soit, il peut arriver que, dans vos rêves, vos morts vous rendent visite et vous parlent, dans ce cas, vous devez n'en éprouver aucune frayeur.

Deux rêves d'araignée

Avant de découvrir les instruments dont l'interprète des rêves en herbe que vous êtes dispose et comment vous pourrez en faire usage, voici un deuxième exemple d'interprétation que je vous propose dans la bibliothèque des rêves. Il s'agit cette fois d'étudier, d'analyser puis d'interpréter deux rêves faits par une jeune femme de 21 ans durant la même nuit. Bien que le récit du second rêve ne donne pas l'impression d'être une suite du récit du premier, ces deux rêves n'en présentent pas moins un point commun : au centre du récit des deux rêves de Daphné, dont je vais vous proposer les interprétations croisées et simultanées, se trouve une araignée. Les récits très courts de ces deux rêves n'ôtent rien à la richesse de leur contenu. Je vous rappelle que ces deux rêves se sont succédé au cours de la même nuit. Malgré les différences entre leurs récits respectifs, ils vont nous permettre de comprendre comment il arrive que deux ou plusieurs rêves se suivent, constituant ainsi une série de songes dont nous pouvons envisager une interprétation globale. Par ailleurs, ces deux rêves sont exemplaires en cela qu'ils se prêtent simultanément à une interprétation divinatoire et psychologique.

1. Le récit des rêves de Daphné

Premier rêve ☛ « J'étais avec une amie qui jouait avec une petite araignée. J'éprouvais une forte répulsion à la voir jouer avec cette araignée, et même du dégoût. Mais tandis qu'elle jouait toujours avec elle, l'araignée s'est transformée en papillon. Bien que devenue un papillon, je savais qu'il s'agissait toujours d'une araignée, mais cette fois elle me semblait très belle, et je ressentais une forte attirance pour elle. »

Second rêve ☛ « Un peu plus tard dans la nuit, j'étais avec ma mère, se tenant debout devant moi, mais elle me tournait le dos. Je vis alors qu'il y avait une araignée dans son dos. Je me suis approchée d'elle pour la lui ôter, mais en la saisissant et la jetant, je me suis rendu compte qu'elle était énorme. Je croyais l'avoir jetée suffisamment loin de moi, mais elle s'était accrochée à moi par un fil, et elle revenait vers moi très rapidement. Je la ramasse, et cette fois je la lance aussi loin que possible, et de toutes mes forces. Mais elle revient très vite vers moi, et elle monte le long de ma jambe, ce qui m'a réveillée en sursaut. »

2. Le résumé des rêves de Daphné

Ces deux rêves étant très courts et, dans chacun d'eux, l'action tout à fait explicite, il n'est pas nécessaire de les résumer. Nous pouvons donc passer directement à l'étape suivante.

3. Les symboles présents dans les rêves de Daphné

Premier rêve

- L'amie
- L'araignée
- Le papillon

Second rêve

- La mère
- L'araignée
- Le dos
- La jambe

4. L'interprétation des six symboles distincts présents dans les rêves de Daphné

Ayant en commun une araignée constituant le fil conducteur des deux récits oniriques, ces deux rêves ne comptent en réalité que sept symboles. Mais nous pourrions tout aussi bien réduire le nombre de symboles à quatre, ce en considérant les liens existant entre l'amie du premier rêve et la mère du second, le papillon du premier songe et la jambe du deuxième, enfin les araignées des deux rêves. En revanche, dans le second rêve, l'acte de jeter (ici l'araignée) et le fil par lequel l'araignée s'accroche à Daphné pourraient aussi figurer dans la liste des symboles. Du fait qu'il s'agit de symboles servant de liens entre des symboles plus importants, je ne les ai pas retenus, mais je vais en tenir compte dans mon interprétation.

Symboles 1 et 2 ☛ l'amie et la mère de Daphné

Mais d'emblée, au sujet de tels rêves, il convient d'apporter quelques précisions concernant d'une part l'amie de Daphné, qui est présente dans son premier rêve, et d'autre part sa mère, qui joue un rôle important dans son second rêve. Nous avons déjà vu qu'une personne connue surgissant dans un rêve (voir ci-dessus l'interprétation d'un rêve d'inondation) n'incarne parfois rien d'autre que ce qu'elle est en réalité dans la vie diurne. Néanmoins, au début de chacun des deux rêves de Daphné, l'action semble se focaliser sur deux personnes distinctes : son amie dans le premier rêve, sa mère dans le second rêve. Dès lors, ici, en plus d'être clairement les personnes qu'elles sont au réel, le rôle que chacune d'elles joue, ou plus exactement ce que chacune d'elles représente symboliquement pour Daphné, doit retenir son attention. Il s'agit bien sûr d'une amie et de la mère de Daphné, mais il est important d'inviter cette dernière à faire appel à son imagination créatrice pour tenter de comprendre ce que sont son amie et sa mère à ses yeux, au moment où elle fait ces rêves, en quoi elles présentent éventuellement des points communs, à ses yeux toujours bien sûr, voire ce qui les oppose.

• Deux rêves qui se suivent

En effet, le rôle central que joue l'araignée dans les deux rêves de Daphné démontre qu'ils se suivent. Cependant, les conclusions de leurs récits ne sont pas similaires. À la fin du premier rêve, elle dit elle-même ressentir une attirance pour l'araignée transformée en papillon, tandis que dans le second, elle éprouve une forte répulsion qui la réveille. Le grand esprit des rêves de Daphné aurait pu se contenter du premier songe. Mais apparemment, non seulement la fin du premier ne suffisait pas à éclairer la rêveuse, mais comme nous allons le découvrir à la lumière des interprétations, cette fin confrontait Daphné à une attitude psychologique défaillante ou erronée de sa part. En conséquence, un second rêve était nécessaire. En cela, il s'agit bien de deux rêves qui se suivent et contiennent des informations complémentaires.

Symbole 3 ☛ l'araignée

Lorsqu'une araignée surgit dans un rêve, nous savons qu'il convient de nous interroger à propos de ce que nous tramons à notre insu, ou de ce qui se trame en nous ou autour de nous, au moment où nous rêvons de cette araignée. Dans son premier rêve, *a priori*, Daphné éprouve du dégoût à observer son amie jouer avec la petite araignée. Puis elle se ravise dès qu'elle s'aperçoit que l'araignée se métamorphose en papillon. Mais dans le rêve suivant, le dégoût qu'elle avait éprouvé dans son premier songe resurgit, puis il devient nettement prédominant de bout en bout. Nous verrons dans l'interprétation globale que je vais vous proposer des deux rêves de Daphné que cette répulsion en est un point clé.

Symbole 4 ☛ le papillon (dans le premier rêve)

Dans la nature, le papillon étant d'abord un insecte qui subit un certain nombre de métamorphoses, il est une image symbolique de l'âme humaine. Ainsi, dans le rêve de Daphné, le papillon représente probablement son âme, et c'est la raison pour laquelle, bien qu'elle sache qu'il s'agit toujours d'une araignée, elle est très attirée par lui. Mais symboliquement toujours, le papillon figure les idées futiles, changeantes, les divagations ou les égarements, la légèreté et l'instabilité des pensées et des sentiments, toutes données qui pourraient bien se révéler utiles à notre interprétation.

Symbole 5 ☛ le dos (dans le second rêve)

Nous ne pouvons évidemment pas voir ce qui se passe dans notre dos, mais une tierce personne peut éventuellement nous y aider. Suivant la tradition chinoise, notamment celle du Yi King, un des plus anciens livres d'oracles et de sagesse, qui fut largement commenté par Confucius, le dos est le siège du moi, autrement dit, des pensées et considérations égoïstes. Selon ce livre, celui ou celle qui tient son dos droit, à la fois solide et souple, peut sinon se détacher, du moins ne plus être tributaire ou victime de ses sentiments égoïstes ; le regard qu'il pose sur lui-même, sur autrui et sur le monde extérieur n'est plus subjectif, mais objectif. Nous disons aussi fréquemment d'une personne qui prend à son compte ou endosse les problèmes d'autrui ou des responsabilités qui ne lui incombent pas d'assumer ou de supporter, qu'elle « a bon dos ». Enfin, lorsque nous éprouvons une certaine lassitude à devoir porter un trop lourd fardeau ou à accomplir des tâches fastidieuses, nous disons volontiers et familièrement là encore que nous « en avons plein le dos ».

Symbole 6 ☛ la jambe (dans le second rêve)

Nos jambes nous permettent entre autres et surtout de nous tenir debout, de marcher, d'avancer ou d'aller de l'avant et, au plan symbolique et psychologique, de progresser et d'évoluer. L'impulsion guidée par la volonté qui nous pousse à marcher se manifeste dans la cuisse, mais c'est la jambe qui se met en mouvement. Cette nuance a son importance en cela que, lorsque nous marchons, nous sommes en proie à une impulsion certes guidée par la volonté, mais sans que nous en ayons nécessairement conscience. Le fait de marcher peut en effet procéder d'une sorte d'automatisme, autrement dit, d'une action inconsciente produite par notre volonté.

5. La situation de Daphné

Dans la période que traversait Daphné lorsqu'elle a fait ces rêves, elle ne savait pas encore qu'elle allait être très déçue par son amie à qui elle avait pourtant tendu la main, tandis qu'elle s'inquiétait pour sa mère, dépressive et découragée en raison d'un certain nombre de difficultés d'ordre relationnel et matériel. Il convient également de souligner que, étant d'une nature généreuse et dévouée, Daphné dissimule volontiers un caractère sombre, voire fataliste, sous des attitudes résolument sympathiques, chaleureuses, désinvoltes, empreintes d'un grand sens de l'humour. Elle témoigne ainsi d'une ambivalence comportementale qui l'incline tantôt à une vie sociale et relationnelle débridée, tantôt à la dramatisation, au repliement sur soi, voire à la crainte du monde extérieur. Il faut enfin souligner le caractère quasiment fusionnel des relations affectives que cultive Daphné avec sa mère, point qui aura une certaine importance dans l'interprétation de son rêve, quand on sait que, généralement, ses relations avec l'amie qui apparaît dans son premier rêve présentent le même caractère fusionnel.

6. L'interprétation des deux rêves de Daphné

L'interprétation du premier rêve

Nous observons que, dès la première scène de son rêve, Daphné ressent du dégoût à voir son amie jouer avec une petite araignée. Ce fait souligne l'aspect repoussant, répugnant qu'elle attribue à l'araignée. Ici, l'araignée qui va se transformer en papillon figure une zone obscure de la psyché de son amie, une zone si sombre, inconnue ou méconnue de notre rêveuse, ou inacceptable pour elle, qu'elle lui inspire du dégoût. Néanmoins, elle sait qu'on ne doit pas jouer avec ce que nous répugnons à voir, à comprendre, à accepter, car c'est une manière de s'en détourner. Par exemple, si le sens de l'humour est une qualité qu'il faut cultiver pour savoir se distancier d'une réalité parfois trop pesante, pressante ou douloureuse, lorsqu'une telle attitude devient systématique et que nous tournons tout en dérision, cela indique que nous avons perdu le sens des réalités et que nous refusons de nous impliquer dans ce qui, pourtant, nous concerne au premier chef. L'amie de Daphné jouant avec cet aspect noir et dangereux de sa psyché, figuré par l'araignée, cette dernière se transforme en papillon, et cette composante sombre lui échappe. Autrement dit, elle n'est absolument pas consciente de ce qu'elle représente. Intuitivement, Daphné savait en effet que son amie possédait à son insu cet aspect sombre, mais elle n'en avait pas encore pris conscience, cédant à son penchant affectif fusionnel et quelque peu idéaliste et voyant en son amie une personne agréable, dénuée de complications. En réalité, il s'agissait là d'un rêve prémonitoire, puisque l'amie en question s'est avérée hypocrite, froidement calculatrice, et finalement autodestructrice. Elle jouait un jeu.

• Amie ou ennemie ?

Mais Daphné peut aussi appréhender la présence de son amie dans son rêve – sa psyché inconsciente lui proposant d'en voir le vrai visage – sous l'angle d'une figure symbolique et représentative de son ombre ou de cette zone sombre d'elle-même qu'elle refuse de connaître telle qu'elle est, d'intégrer dans la conscience qu'elle a d'elle-même et d'affronter en elle et dans sa vie. En effet, à la lumière de la situation de Daphné, nous découvrons que celle qu'elle tient pour une amie va finalement la décevoir, et même se révéler son ennemie. Et c'est bien ce qui s'est produit dans les faits, l'amie en question étant allée jusqu'à chercher à nuire à Daphné une fois que cette dernière a ouvert les yeux à son sujet. Par ailleurs, il convient de préciser que Daphné a ressenti plus qu'une attirance, une véritable empathie pour celle qui devait devenir son amie et qui a fini par se retourner contre elle. Et cette attirance mutuelle confirme bien que, d'une certaine manière, Daphné a vu dans cette amie, inconsciemment bien sûr, une incarnation de son ombre. Une telle interprétation souligne l'importance que nous devons accorder à l'actualité de la personne ayant fait tel ou tel rêve. Dans le cas de Daphné, en effet, sa situation physique et psychologique apporte un éclairage essentiel au contenu de son premier rêve.

L'interprétation du second rêve

Daphné ne devait donc pas se contenter de « voir » en rêve ce processus agir en son amie malgré elle. Il lui fallait aussi découvrir en quoi et comment un processus relativement similaire se produisait en elle-même au moment où elle faisait ce rêve. Tel est l'objet de son second songe, lui proposant une suite au premier, mais en l'impliquant plus pleinement. L'araignée accrochée dans le dos de sa mère lui donne un double éclairage : d'abord, en ce qui concerne un certain nombre d'attitudes affectives et de réflexes psychologiques, elle a fait siens les comportements de sa mère, cette dernière ayant probablement et souvent eu l'occasion d'« avoir bon dos » dans certaines situations et circonstances de sa vie, qui ont servi de modèles à Daphné. De ce fait, il se trame ensuite quelque chose dans le dos de Daphné (non dans celui de sa mère), c'est-à-dire à son insu.

• Qu'est-ce qui se trame ?

En rapport avec le premier rêve, l'araignée dans le dos de sa mère figure une trahison dont Daphné sera probablement victime et, là encore, se révèle l'aspect prémonitoire et divinatoire de ses deux rêves. Mais, qui plus est, tout laisse croire qu'il se trame quelque chose de similaire en Daphné elle-même. Il ne suffit donc pas qu'elle jette l'araignée pour se débarrasser des pensées néfastes et (auto)destructrices, insaisissables, qu'elle nourrit inconsciemment et qui sont figurées par l'araignée. En effet, bien qu'elles ne tiennent que par un fil, de telles pensées malfaisantes s'attachent solidement à elle, et elle ne peut s'en défaire. D'une manière ou d'une autre, elle doit en prendre conscience et les affronter. Sinon, elles menacent de revenir à la charge à son insu et de la paralyser, l'empêchant de progresser, d'évoluer (l'araignée qui revient et monte le long de sa jambe). Elle ne doit pas encore être prête à en prendre totalement conscience, puisque son ombre figure sous l'aspect répugnant à ses yeux d'une araignée. Néanmoins, en décrochant l'araignée du dos de sa mère et en la jetant au loin, elle la saisit (dans les deux sens de ce verbe: prendre et comprendre). Elle est donc capable de « prendre sur elle », ce qui est déjà un pas en avant. Bien sûr, l'araignée revient et, cette fois, elle s'accroche à sa propre jambe. Ce qui nous indique chez Daphné une volonté certes encore inconsciente, mais bien réelle, de prendre sur soi ce que figure et contient son ombre, d'en « endosser » la responsabilité. Et cela constitue un net progrès.

7. Le message contenu dans les deux rêves de Daphné

Synthèse des deux rêves de Daphné

S'agissant des rêves de Daphné, il convient de faire une synthèse des interprétations dont nous disposons, de façon à découvrir le fil conducteur de ces deux rêves ou leur point commun. C'est lui qui nous guidera vers le message contenu dans ces deux rêves. Voici comment nous pouvons l'énoncer pour Daphné: lorsque nous jouons avec un aspect dangereux, voire maléfique, se développant en nous-mêmes, celui-ci se transforme à notre insu en une attitude mentale incohérente, en pures divagations, en actes insensés (l'araignée se transformant en papillon). Il nous possède ou, si vous préférez, du fait que nous ne le prenons pas au sérieux, il finit par exercer une telle emprise que, selon l'expression familière, nous ne sommes plus nous-mêmes. Son amie et Daphné elle-même sont toutes deux sous l'emprise d'un tel phénomène. Victimes de notre ombre, de tout ce qu'elle contient à notre insu, et dont nous sommes, d'une certaine manière, responsables et dupes, nous commettons parfois des actes insensés, plus ou moins dangereux.

Message

« Tu ne vois pas le vrai visage de ton amie, mais ce que tu projettes en elle t'aveugle et te rend dupe de ses arrière-pensées. Inconsciemment, l'affection que tu lui portes relève d'une pure complaisance à l'égard de toi-même, notamment d'une composante obscure de ta personnalité (ton ombre) qui opère d'une manière relativement similaire en ton amie. Ta complaisance à l'égard de ce facteur de désagrégation qui opère en elle et en toi à des degrés divers sera à l'origine d'une déception affective, tandis qu'il pourrait bien finir par te paralyser, t'empêchant ainsi d'évoluer, tant il est vrai qu'il arrive parfois qu'en ménageant autrui, nous nous ménageons nous-mêmes. »

POINT IMPORTANT

À propos du message contenu dans un ou plusieurs rêves

S'il est important ou salutaire de déceler le message contenu dans un rêve, il ne faut en aucun cas l'appréhender sous l'angle d'une conclusion. En ayant réussi à comprendre la signification profonde d'un rêve, vous ne fermez pas une porte, vous l'ouvrez. Il ne s'agit pas d'une fin, mais d'un commencement. L'interprétation de votre rêve et le message qu'il contient vous donnent l'occasion de disposer d'une clef pour ouvrir une porte à l'intérieur de vous-même ou, dit d'une manière métaphorique, vous ouvrez la porte de la maison de votre âme, à travers laquelle va entrer la lumière, lumière jaillissant du plus profond de votre être et que vous pouvez accueillir ou recevoir comme telle. Toutefois, ayant découvert l'interprétation de votre rêve et le message qu'il recèle, si vous vous avisez de croire que vous détenez une réponse ou une solution définitive, vous fermez la porte et empêchez la lumière de pénétrer en vous.

Une porte doit être ouverte ou fermée

Certes, ce faisant, des zones d'ombre de notre personnalité ou de notre caractère peuvent tout à coup être mises en lumière et en évidence, et cela ne nous fait pas plaisir, nous perturbe ou nous contrarie. Dès lors, nous sommes enclins à vite refermer la porte, en donnant à notre interprétation un caractère définitif. Mais si vous aspirez sincèrement à devenir de moins en moins dupe de vous-même, à mieux vous comprendre et vous connaître, vous saurez intuitivement quand et comment il est heureux et salutaire pour vous de laisser la porte ouverte.

Une chose encore : si, ayant trouvé la clef d'un rêve, pour des raisons qui vous sont propres et qui ne concernent que vous, vous ne réussissez pas à laisser la porte ouverte, ne vous en souciez pas outre mesure, ne culpabilisez pas. Il faut qu'une porte soit ouverte ou fermée.

Parfois, quelque chose nous dit, intuitivement là encore, qu'il vaut mieux laisser la porte close pour le moment. Tout simplement parce que nous ne sommes pas prêts à faire entrer la lumière dans notre maison ou parce que nous craignons une intrusion de l'extérieur. Auquel cas il est préférable de patienter. Nous devons êtres disponibles, prêts ou mûrs, pour recevoir un nouvel éclairage qui nous aidera à élargir notre conscience.

CHAPITRE

3

LES INSTRUMENTS DE L'INTERPRÈTE DES RÊVES

L'interprétation des rêves relevant de l'art, et non de la technique ou de la mécanique, il m'apparaît plus judicieux et opportun d'évoquer les instruments qui vous seront utiles pour vous initier précisément à l'art de l'interprétation. La plupart de ces instruments, chacun de nous les porte en soi. Vous les portez donc en vous-même. Toutefois, l'esprit du temps aidant, nous avons perdu l'habitude (pour des raisons qui seraient trop longues à expliquer ici, à moins de me lancer dans de fastidieuses digressions) d'apprendre à nous servir de tels instruments. Certes, vous trouverez probablement ici ou là des « méthodes » ou des « techniques » qui vous sont proposées pour utiliser ces instruments au mieux de vos possibilités, tout cela pour « développer votre personnalité », accéder à un plus « grand bien-être » en « optimisant vos qualités et capacités ». Méfiez-vous de telles formulations qui procèdent du pur marketing et qui n'ont d'autre but que de vous inciter à acheter ou dépenser votre argent, vous nourrissant de faux espoirs et de désillusions assurées. Votre bien-être ne se trouve pas à l'extérieur, pas plus dans un pot de yaourt sans matière grasse que dans une méthode miracle pour trouver le bonheur, il se trouve en vous-même et seulement en vous-même.

Le jeu des rêves

Ainsi, vous devez bien comprendre que vos rêves et les messages qu'ils contiennent ne sont pas systématiquement agréables ni sources de bien-être. Souvent, ils vous dérangeront, perturberont, révolteront, vous poussant malgré vous au déni ou vous plongeant dans un certain malaise, voire dans une parfaite angoisse. Pourquoi cela? Parce que pour nous confronter à l'autre nous-mêmes qui nous est étranger tant que nous ne savons pas nous voir, nous comprendre, nous accepter, et pourquoi pas nous aimer tel que nous sommes vraiment, et non d'une manière fragmentaire, en ne conservant de l'image de nous-mêmes seulement ce qui nous flatte et nous gratifie, pour nous confronter à celui qui n'est autre que nous-mêmes, nous devons découvrir peu à peu en nous des choses qui ne nous font pas plaisir, éprouvant ainsi des sentiments parfois pénibles. S'il est vrai que pénétrer dans l'univers de vos rêves peut se concevoir comme un jeu passionnant, parfois son caractère initiatique le rend aussi dangereux du fait que, levant peu à peu le voile de vos illusions, il vous conduira à une confrontation avec vous-même, autrement dit, avec ce que vous êtes vraiment.

En plus du langage des symboles, des mythes et archétypes que nous devons apprendre à lire et à comprendre et avec lequel, quoi qu'il en soit, nous nous familiarisons un peu plus jour après jour en fixant précisément notre attention sur les symboles, mythes et archétypes qui peuplent nos rêves, il existe d'autres instruments dont nous pouvons faire usage pour interpréter nos rêves.

Ce sont:

- La pensée
- L'intuition
- La sensation
- Le sentiment
- L'imagination
- Le sens de l'humour et du paradoxe

La pensée, l'intuition, la sensation et le sentiment

Marie-Louise von Franz explique: « Notre champ de conscience se fonde sur quatre fonctions fondamentales: la pensée, l'intuition, la sensation (fonction de perception) et le sentiment (fonction d'évaluation). Toute réalisation consciente complète s'accomplit par la coopération de ces quatre fonctions[7]. » Ces quatre fonctions naturelles constituent les quatre premiers instruments que tout interprète des rêves doit apprendre à employer au mieux de ses capacités, mais surtout en s'efforçant d'en être plus conscient. En effet, et contrairement à ce qui se produit dans nos rêves durant notre sommeil (lorsque nous rêvons, en effet, nous n'avons d'autre choix que de rêver et de « vivre » tel ou tel rêve, parfois avec une extrême intensité), à l'état de veille, nous ne voyons, nous ne savons ou ne connaissons pas tout ce qui, pourtant, nous touche, nous implique ou nous concerne. Si nous savons plus ou moins bien que nous sommes responsables de nos actes, choix et décisions, nous n'en évaluons que rarement la portée et les conséquences dans le déroulement de notre existence. Qui d'entre nous peut se vanter d'agir à tout moment en étant parfaitement conscient de ses pensées, de ses intuitions, de ses sensations et de ses sentiments multiples, divers et variés, et en les exploitant harmonieusement ?

La pensée

C'est un fait, nous ne pouvons penser qu'une seule chose à la fois. Nous pouvons observer ce fait lorsque nous fixons notre attention dans un but bien précis, par exemple lorsque nous réalisons une opération délicate ou qui comporte des risques, lorsque nous souhaitons comprendre quelque chose, résoudre un problème ou une énigme, ou encore lorsque nous aspirons à traduire aussi précisément et justement que possible des idées personnelles, des sentiments intimes. Cependant, à la moindre inattention de notre part, nous pouvons perdre le fil de nos pensées, notre esprit indomptable semblant s'évader sans que nous puissions

---

7. Franz, Marie-Louise (von), « Quelques réflexions sur la synchronicité », dans Reeves, Hubert et coll., *La synchronicité, l'âme et la science*, Poïesis, 1985.

le retenir. Ainsi, nos pensées nous assaillent, se manifestent à notre insu, ou bien encore, nous en perdons le fil. Nous sommes malhabiles à les apprivoiser, à les fixer, à réfléchir ou méditer – si ce n'est après coup, rarement avant d'agir ou pendant l'action. Qui plus est, étant fréquemment happés par des occupations et préoccupations de la vie quotidienne, par les innombrables informations du monde extérieur, nous nous détournons de nos pensées intimes, les seules pouvant nous éclairer.

Le fil de nos pensées

En réalité, il ne s'agit pas vraiment de plusieurs pensées distinctes, mais de nombreuses pensées reliées les unes aux autres par un fil conducteur et qui se succèdent selon nos humeurs, nos sentiments, nos désirs, nos envies, nos sensations, nos aspirations, nos rêves éveillés. Avoir la tête ailleurs ou dans les nuages ne signifie pas que nous ne pensons pas, mais que nous sommes entraînés par le fil de nos pensées que nous ne contrôlons pas et dont, parfois, nous avons bien du mal à rester conscients. Ainsi, si nous ne pensons bien qu'à une seule chose à la fois, notre pensée ayant une certaine plasticité naturelle, elle possède la faculté d'adopter d'innombrables formes, de s'adapter à toutes les circonstances, de se transformer, et ce faisant, elle nous échappe le plus souvent, car pour la retenir ou faire corps avec elle, cela réclame de notre part un effort conscient, une vigilance de tous les instants à laquelle nous nous dérobons. Cependant, en raison même de sa plasticité et de son caractère sauvage, pourrait-on dire, mais qui permet toutefois de l'apprivoiser à condition de lui laisser une certaine liberté, notre pensée est un merveilleux instrument pour réfléchir et imaginer. En cela, elle peut nous aider à pénétrer le sens de nos rêves.

Le pouvoir de la pensée

L'esprit et la matière étant en étroite relation, nos pensées exercent probablement une influence, voire un pouvoir sur le monde matériel tandis que, inversement, la réalité matérielle influe sur nos pensées. Malgré les outils de mesure scientifique de plus en plus élaborés dont nous disposons, à ce jour nous n'avons pas encore réussi à comprendre comment se produisent de tels phénomènes, comment l'esprit et la matière s'influencent l'un l'autre, comment, par le seul pouvoir de leur pensée, certains êtres parviennent à infléchir les lois qui régissent la vie sur Terre – pouvoir que jadis nous étions enclins à attribuer à la magie. Et bien que cela soit difficilement mesurable d'un point de vue scientifique, il ne fait aucun doute que des personnes pourvues d'un certain charisme ou d'un non moins certain pouvoir de conviction réussissent à influencer leurs contemporains par la seule force de leur pensée, pour le meilleur ou pour le pire. Ainsi, il ne fait aucun doute que le pouvoir de la pensée pure et spontanée résulte d'une intensité psychique à laquelle nous ne sommes plus accoutumés par manque d'attention et du fait que nous ne nous exerçons plus à penser. Nous pensons comme nous agissons, mécaniquement, inconsciemment, convaincus que le monde est bien tel que la science nous le démontre et qu'à aucun moment notre pensée n'agit sur la réalité extérieure ou sur les événements, y compris ceux qui nous impliquent ou concernent personnellement.

La pensée est un guide

Cependant, lorsque nous plongeons dans l'univers de nos rêves et de notre psyché inconsciente, force nous est de constater qu'en nous laissant guider par la pensée qui précède toute réflexion et tout raisonnement, nous percevons dans son ensemble l'ambiance, l'atmosphère, parfois même la signification profonde de notre rêve, avant même d'avoir commencé à l'analyser. Au point qu'il nous arrive, par la seule intensité de notre pensée, de ressentir au plus profond de nous la signification d'un rêve sans même nous souvenir de son contenu détaillé. De ce fait, s'agissant de votre univers onirique, non seulement je vous invite à vous laisser guider et investir par le phénomène spontané de votre pensée, mais encore à apprendre à vous en servir intelligemment pour comprendre instinctivement ce que tel ou tel symbole présent dans l'un de vos rêves signifie pour vous. Ne doutez pas du fait que, chaque fois qu'elle est pure et spontanée et que vous ne cherchez donc pas à la dominer ou l'orienter d'une façon ou d'une autre, votre pensée sait tout ce que vous devez savoir. Fiez-vous à elle !

L'intuition

Il s'agit là d'une faculté dont nous nous méfions désormais, quand nous ne la reléguons pas aux zones les plus anciennes, primitives, irrationnelles de notre conscience, oubliées ou enfouies en nous désormais, nos centres d'intérêt et les progrès que la conscience humaine a accomplis nous en ayant heureusement détournés, pour ne pas dire débarrassés. Que savons-nous de l'intuition ? Qu'il s'agit probablement d'un effet de la mémoire inconsciente ou d'une réminiscence instantanée d'expériences que nous avons déjà vécues ou que d'autres que nous ont vécues avant nous. Il ne s'agit pas d'un phénomène psychique constituant une preuve de l'existence de vies antérieures, mais plus exactement d'une faculté bien particulière et plus ou moins sensible et active de notre mémoire inconsciente.

La mémoire inconsciente

Pourquoi disons-nous « mémoire inconsciente » ? Parce que, de même qu'il nous est impossible de commander à nos rêves, nous ne pouvons ni contrôler ni maîtriser nos facultés intuitives. Nous ne pouvons pas décider d'être ou de devenir intuitifs. En soi, ou de façon innée, nous le sommes plus ou moins. Nous le sommes d'autant plus que nous ne nous coupons pas totalement de notre psyché inconsciente et que notre esprit est suffisamment ouvert, tolérant, curieux et réceptif pour que notre psyché inconsciente individuelle reste reliée à la psyché inconsciente collective, la première et la seconde pouvant s'enrichir mutuellement à tout instant et, ce faisant, nous permettre d'élargir notre champ de conscience.

L'expérience intuitive

Tout se passe alors comme si, en nous, notre mémoire individuelle, cet instrument de notre conscience que nous utilisons chaque fois que nous avons besoin de nous rappeler un fait, une expérience, une idée, un sentiment, etc., se trouvait investie par un souvenir auquel nous n'avons pas fait appel ou référence consciemment. Ou bien, telle ou telle expérience que nous vivons présentant de nombreux points communs avec une expérience que nous avons déjà vécue antérieurement, mais dont notre mémoire consciente ne se souvient absolument plus, une pensée, un sentiment, une impression de déjà vécu nous revient malgré nous et, cette fois, tout se passe comme si, instantanément et de façon totalement irrationnelle, nous savions tout de cette expérience ou de cette situation avant même de la vivre ou au moment même où nous la vivons. Les intuitions sont donc bien des réminiscences d'expériences vécues qui se répètent, mais qui, le plus souvent, sont voilées, obscurcies par la raison, l'esprit logique et rationnel ou par des considérations exclusivement d'ordre matériel et concret.

Comment distinguer les bonnes et vraies intuitions des mauvaises ou fausses ?

Certains d'entre nous semblent nourrir une confiance aveugle en leurs intuitions, alors que d'autres, résolument sceptiques, ne veulent y voir que des vues de l'esprit, des impressions confuses auxquelles il faut bien nous garder d'accorder crédit. Ces deux points de vue méritent notre attention. En effet, il arrive parfois que nous prenions nos angoisses pour des prémonitions ou bien que nos craintes ou inquiétudes nous inclinent à éprouver de faux pressentiments. Auxquels cas nous sommes en proie à des illusions, non à des intuitions. Il arrive aussi que nous repoussions systématiquement toute prémonition ou tout pressentiment, n'ayant pas suffisamment confiance en nous-mêmes pour nous fier à ce que nous pressentons et agir en conséquence. Il arrive aussi que nous soyons si bien ancrés dans la réalité matérielle et concrète que nous n'avons plus aucune conscience de nos facultés intuitives. L'une et l'autre attitudes sont évidemment excessives. Enfin, il arrive aussi fréquemment que nous confondions intuition et instinct. Or, à l'instar de l'intuition, l'instinct est lui aussi excessivement réprimé, voire en complète disgrâce dans nos civilisations et sociétés contemporaines.

Le langage de l'instinct

Notre corps possède une mémoire qui lui est propre, mais aussi une forme de prescience ou d'aptitude à l'anticipation qui lui permet de nous avertir, à l'aide d'un langage relevant du pur instinct, des risques que nous prenons ou courons. Bien que les recherches des neurophysiologistes aient démontré que chaque souvenir monopolise un nombre considérable de neurones et que le siège de la mémoire intelligente de tout être humain semble bien se trouver dans le cerveau, il n'en reste pas moins que la mémoire primaire (pour ne pas dire primitive), qualifiée de « sensorimotrice » par ces mêmes neurophysiologistes, est une fonction du corps humain. Cette mémoire corporelle, si j'ose dire, du fait qu'elle présente de grandes analogies avec les réflexes conditionnés des animaux, est en disgrâce de nos jours. Nous lui préférons la mémoire intelligente, stimulée par les tests mnémotechniques et évaluée sur l'échelle du fameux « QI », ou quotient intellectuel, qui fait de n'importe quel être humain un singe plus ou moins savant.

L'intelligence de la vie

Toutefois, juger de l'intelligence d'un individu aux capacités et au volume de sa mémoire ou, si vous préférez, à son aptitude à emmagasiner des informations et à sa rapidité à en disposer au dépoté, n'a d'intérêt que pour gagner un superprix dans un jeu télévisé ou pour figurer dans le *Livre des records*. La mémoire exploitée comme une fin en soi a désormais son équivalent technologique : le disque dur ! Et moins l'homme utilise sa mémoire et son intelligence pour vivre, créer, et faire des expériences uniques en relation avec son environnement naturel et relationnel, plus il oublie ce qu'il est et d'où il vient, et plus il aspire à réaliser une intelligence artificielle. Notre corps et sa mémoire sensorielle recèlent quant à eux ce que nous pouvons considérer aujourd'hui comme un mystère, tant nous sommes coupés de la vraie vie et de notre milieu naturel : l'intelligence de la vie !

Nous sommes malades de nos instincts dénaturés

Que nous soyons croyants ou non, de trop longs siècles de culture judéo-chrétienne nous ont induit malgré nous à dissocier le corps et l'âme, puis de nos jours la matière et la psyché, le corps et la matière ayant été implicitement associés aux forces du mal et du Diable durant des millénaires, tandis que l'âme et la psyché étaient perçues comme des manifestations du bien et de Dieu. Ainsi, nous sommes intimement convaincus que le corps et la matière nous tirant vers le bas, nous devons les dominer, nous en rendre maîtres par tous les moyens et notamment, bien sûr, en brimant nos instincts. Mais en croyant réussir à les brimer, nous ne faisons que les détourner de leurs fonctions initiales au point qu'ils réapparaissent sous des formes outrancières ou violentes le plus souvent, nous prenant de cours ou nous possédant tels de vrais démons. En proie à nos instincts dénaturés, nous devenons ainsi malades de nous-mêmes.

La mémoire du corps

Les instincts s'inscrivent parmi les éléments constitutifs de la mémoire du corps. Cette mémoire s'inspire de l'intelligence de la vie ou de la nature. Certes, cette dernière exclut fréquemment tout jugement de valeur morale, quand elle n'invite pas à agir d'une manière totalement immorale. Néanmoins, le fait qu'elle nous pousse à déborder les limites et les règles de la raison et de l'ordre moral constitue le pendant indispensable aux dites règles qui, sans cela, perdent toutes formes d'émotion, de pureté, de spontanéité, de vérité. Ainsi, toute personne qui privilégie l'ordre, la raison, la logique, le réalisme pragmatique – allant parfois jusqu'à sombrer dans le cynisme, l'intransigeance ou l'intolérance à l'égard d'elle-même ou d'autrui, au détriment de sa sensibilité – atrophie sa mémoire corporelle. Elle ne perçoit plus les messages que lui transmettent son corps et ses sens.

Vivre avec nos instincts

Il y a évidemment du bon à résister aux pressions de nos instincts. Si nous leur cédions à tout instant, toute vie sociale serait quasiment exclue, tant certains d'entre eux peuvent nous pousser à des actes extrêmes ou insensés. Néanmoins, il y a une nuance, une juste mesure que chacun de nous doit trouver, entre inhiber totalement nos instincts et tenter de les apprivoiser de sorte que nous puissions les laisser s'exprimer librement en nous, sans être victimes des excès auxquels ils peuvent nous incliner. Et à ce sujet, il n'y a probablement pas de règle valable pour tous. Chacun de nous vivant une expérience unique, nous devons estimer comment vivre en relation avec nos instincts selon nos propres critères, sachant que la relation que nous pouvons établir avec tel ou tel instinct en nous ne sera pas d'emblée simple et facile. Il est plus aisé de refouler nos instincts que de vivre en relation avec eux. C'est en cela que nos rêves peuvent nous aider. En effet, nos instincts, bons ou mauvais, ou plus exactement dont nous faisons un bon ou un mauvais usage, surgissent fréquemment dans nos rêves, apparaissant sous les aspects de diverses espèces animales notamment.

L'intuition au service de l'interprétation de vos rêves

Ainsi, de nos jours, l'intuition s'apparente à la confusion des sens, des sentiments, des émotions et des idées, et se confond avec l'instinct. Elle n'a plus aucune valeur, encore moins d'utilité, dans le monde réel, concret, matérialiste, dans lequel il faut agir sans cesse et exercer une emprise de tous les instants pour exister, survivre ou réussir. Oubliés les sens originels de l'intuition : « image réfléchie dans un miroir », « regarder attentivement » et « se représenter par la pensée » ! Pourtant, l'intuition est un effet naturel de votre mémoire qui vous autorise à puiser des informations dans le vaste champ de la conscience collective, alors que le plus souvent vous n'explorez ou n'exploitez qu'à peine un dixième de ses richesses et de ses possibilités. À l'aide du langage des symboles et de votre intuition, vous pouvez accueillir votre rêve tel un messager, puis, une fois éveillé, tenter de comprendre le contenu et le sens du message qu'il vous a délivré pendant votre sommeil. En vous efforçant de comprendre le sens de votre rêve et quels enseignements vous pouvez en tirer, vous entrez intuitivement en relation avec vous-même. Ainsi, n'oubliez jamais que le fait de décoder le langage des symboles et d'interpréter le message contenu dans un rêve relève plus de l'intuition que de l'esprit d'analyse.

La sensation

Il est très difficile *a priori* d'envisager une sensation au singulier, tant ce que nous sentons et ressentons résulte d'un ensemble de sensations. En revanche, c'est bien en appréhendant nos sensations dans leur totalité que nous prenons conscience de notre corps, de notre individualité, de notre ego. Pour le dire autrement, la conscience que nous avons de notre corps grâce à nos sensations nous pousse à faire une différence entre nous-mêmes et le monde qui nous entoure, à nous percevoir tel un individu à part entière, isolé du monde extérieur. Ce sont elles encore qui nous permettent d'entrer en contact physique avec la réalité ou ce que, par le biais de nos sens toujours, nous considérons comme telle. Ce sont elles toujours qui influent sur nos goûts, nos préférences, qui nous permettent de distinguer le bon du mauvais, l'agréable du désagréable, le plaisir de la douleur, la beauté de la laideur, tous critères que nous partageons avec les autres et que, simultanément, nous éprouvons d'une manière singulière.

Quelles sont nos vraies sensations ?

Cependant, nos sensations, issues de nos cinq sens, ces merveilleux capteurs, nous plongent dans des impressions confuses, car nous nous exerçons très peu à voir, sentir, écouter, goûter et toucher suivant nos propres critères, sans nous référer à des règles, principes, modèles et schémas provenant du monde extérieur. C'est tout juste si nous savons reconnaître ce que nous apprécions et repoussons spontanément, ce qui nous singularise et nous rend unique, tant nous cherchons de réconfort à partager les mêmes sensations, les mêmes plaisirs, au même moment. Nous ne savons plus percevoir le monde autrement qu'au travers des idées et des impressions communes que nous nous faisons de lui, et non par le truchement de nos sensations personnelles. Nous vivons dans un monde où l'esprit du temps (ou, si vous préférez, ce qui est dans l'air du temps) dispose de réseaux de diffusion en si grand nombre qu'il est quasiment impossible d'échapper à son influence. Dès lors, découvrir nos propres et vraies sensations en exploitant nos cinq sens suivant nos seuls critères, sans que ceux-ci n'inclinent d'une quelconque manière vers ce qu'ils convient ou non d'apprécier, implique un effort d'attention et une réelle prise de conscience.

Le sixième sens

Cette prise de conscience de nos vraies sensations peut être à l'origine de l'éveil de ce que nous appelons communément notre « sixième sens », lequel résulte de notre faculté d'abandon à nos propres sensations, pour estimer chacune d'entre elles séparément et distinguer celle d'entre elles qui, chez chacun de nous, est plus éveillée que les autres. En effet, certains d'entre nous ont une vue perçante, d'autres un odorat très développé, d'autres encore une espèce de don inné pour goûter, distinguer, assembler les saveurs, ou pour entendre avec beaucoup d'acuité les sons, la musique, l'harmonie, la juste tonalité, ou enfin pour toucher, palper, manipuler, faire corps avec la matière sous des formes diverses.

À chacun son sixième sens

Ainsi, pour certains, leur sixième sens présente des analogies avec la vision, la voyance ou la clairvoyance ; pour d'autres, il est en affinité avec le pressentiment, qui est le fait de sentir à l'avance (« présage » signifiant quant à lui « avoir du flair ou sentir finement à l'avance »); pour d'autres encore il est en rapport avec le savoir (« saveur » et « savoir » partageant des racines étymologiques communes), ou avec une faculté d'entendement qui leur permet non seulement d'écouter et de comprendre avec plus d'attention, mais aussi de percevoir des sons ou des voix, autrement dit, d'être doués de clairaudience. Ce mot est une extrapolation et une interprétation d'un terme beaucoup plus ancien dont l'origine se retrouve dans la racine sanskrite *avih*, qui signifiait « évidence ». En ancien français, ce mot a donné « ouïr », qui signifiait aussi bien « entendre », « écouter », que « comprendre ». En sanskrit toujours, *avih*, c'est la « connaissance », le « discernement ». Enfin, pour certains, le sixième sens peut concerner la préhension, l'appréhension et la compréhension, stimulant ainsi leur bon sens, leur lucidité intellectuelle et leur conférant un don pour faire corps avec la matière, deviner et prévoir à travers elle, la modeler, ou parfois même pour guérir.

EXERCICE

Les *chakras* de la clairvoyance et de la clairaudience

Certaines postures du hatha yoga, reposant sur les principes d'éveil et d'harmonisation de nos facultés innées, permettent de développer la clairvoyance et la clairaudience. Toutefois, il faut les employer avec prudence et précaution, car il est indispensable de se trouver dans une relative sérénité pour s'y exercer. Ainsi, il existe deux *chakras* qui sont respectivement en étroite relation avec la faculté de clairvoyance (le premier) et le don de clairaudience (le second). Le premier est *l'ajnâ chakra*, situé entre les sourcils, à la base du front, que l'on a surnommé le « troisième œil » en Occident. Le second est le *vishuddha chakra*, situé au niveau de la gorge, à la base du cou. Si vous êtes parfaitement détendu, au calme, sans risque d'être dérangé, allongez-vous par terre, les bras le long du corps, puis, après avoir chassé toutes vos tensions et, si possible, tous vos soucis de votre esprit, respirez profondément les yeux fermés. En inspirant l'air par le nez, fixez votre esprit sur le *vishuddha chakra*, c'est-à-dire sur votre gorge, à la base du cou. Et en expirant l'air par la bouche, fixez votre esprit sur *l'ajnâ chakra*, entre vos sourcils. Entre chaque inspiration et expiration, faites une courte rétention, autrement dit, conservez l'air dans vos poumons avant de l'expirer par la bouche. Si vous faites cet exercice ne serait-ce que dix minutes chaque semaine, vous favoriserez l'éveil de vos facultés innées de clairvoyance et de clairaudience.

Le stade de la différenciation

Pour le petit enfant qui vient de naître, tout est sensation(s) et, de ce fait, toutes ces sensations éprouvées par le nouveau-né constituent probablement et dans un premier temps une profusion d'informations provenant d'un univers inconnu, qu'il perçoit, probablement là encore, comme hostile et agréable, simultanément ou alternativement. Selon les observations des scientifiques et des psychologues, jusqu'à six mois environ, le bébé persiste à faire corps avec sa mère ; il ne se distingue pas encore comme étant totalement séparé, physiquement et charnellement, de sa mère ou du bien-être de la vie intra-utérine. Ce n'est semble-t-il qu'aux environs du sixième mois suivant sa naissance qu'il commence à se percevoir tel un individu à part entière. À ce stade, les psychologues prétendent qu'il s'agit en quelque sorte pour lui d'une seconde naissance, d'une première prise de conscience : il fait une différence entre « moi » et « l'autre ». On peut donc penser que, dès le septième mois environ, il réalise son premier accomplissement. De telles observations nous conduisent à percevoir les autres d'une manière plus généreuse et positive que le philosophe Jean-Paul Sartre, qui affirmait : « L'enfer, c'est les autres. » En effet, sans prise de conscience de l'autre, puis des autres, l'enfant ne réussirait probablement pas à prendre conscience de lui-même, puis à structurer ce que les psychanalystes nomment « le complexe du moi ».

Sensation et conscience

Cette observation scientifique est peut-être un corollaire de la parole d'évangile suivant laquelle « l'homme âgé ne tardera pas à interroger pendant ses jours un tout petit enfant de sept jours au sujet du lieu de la vie, et il vivra, parce que beaucoup de premiers deviendront derniers, et ils seront unifiés[8] ». Auquel cas, et comme c'est souvent le cas dans ces textes anciens qu'il faut interpréter à l'aide du langage des symboles, des mythes et des archétypes, ce ne sont pas les jours ou les mois qui doivent retenir notre attention ici, mais le chiffre 7, qui symbolise la totalité de l'être et son accomplissement. Dès lors, les premiers devenant les derniers sont ceux qui savent recouvrer en eux-mêmes cet instant

---

8. Logion 4 de l'Évangile selon Thomas, traduite et présentée par Philippe de Suarez, Métanoïa, Montélimar, 1974.

où, par le biais de leurs sensations, ils découvrent une nouvelle sensation : celle de pouvoir être conscients d'eux-mêmes. Et c'est ainsi qu'ils peuvent être unifiés, en rassemblant toutes les composantes de leur être et de leur personnalité et devenir ainsi parfaitement conscients de ce qu'ils sont en réalité. Cette interprétation devrait vous aider à mieux estimer le rôle essentiel que jouent les sensations dans l'éveil de votre conscience.

EXEMPLE D'INTERPRÉTATION

Les sept composantes de la personnalité

Le chiffre 7 est très présent dans la Bible. Il l'est aussi dans les contes de fées, qui s'interprètent également à l'aide du langage des symboles, des mythes et des archétypes. Par exemple, le Petit Poucet a sept frères, tandis que l'ogre est chaussé de bottes lui permettant de faire des pas de géant, de sept lieues. De même pour Blanche-Neige, dont vous savez qu'elle se réfugie chez les sept nains, dans la maison desquels elle met de l'ordre. Or, d'un point de vue symbolique et, pourrait-on dire, psychologique, qu'il s'agisse des sept frères du Petit Poucet ou des sept nains de Blanche-Neige, nous avons affaire à des représentations des sept degrés de la conscience, des sept composantes de la personnalité ou des sept grands principes inhérents à la constitution psychique de l'être humain. En d'autres termes, les sept frères du Petit Poucet sont autant de composantes de lui-même, et il en va de même des sept nains qui accompagnent Blanche-Neige. Ces sept composantes de la personnalité sont l'instinct, l'émotion, l'intelligence, l'intuition, la raison, la volonté et la conscience.

Le sentiment

Tout sentiment induit que nous l'éprouvons ou pouvons l'éprouver, ce qui, implicitement, signifie qu'il s'agit d'une épreuve ou d'une expérience vécue et ressentie d'une manière unique et singulière par chacun d'entre nous. Par exemple, si nous parlons d'amour, le sentiment ayant fait le plus couler d'encre et de larmes de par le monde et que nous avons tous en commun, il va de soi qu'en dehors d'une certaine forme archétypique d'amour dans laquelle nous nous reconnaissons tous (et qui fait les beaux jours de toutes les œuvres de fiction, l'abondance de royalties de leurs auteurs et les profits majeurs de leurs éditeurs plus encore), chacun d'entre nous éprouve des sentiments d'amour très différents, multiples et variés. Or, lorsque nous interprétons un rêve dans lequel il est question d'amour, c'est spécifiquement à l'amour tel que nous l'éprouvons que nous nous référons. Ce qui n'exclut pas que nous nous informions sur toutes les formes d'amour qui nous sont proposées ou que nous trouverons, pour les comparer à nos propres sentiments d'amour. Toutefois, dans notre rêve, il y a fort à parier que ce sera l'amour tel que nous l'éprouvons qui nous interpellera ou qui nous mettra sur la piste de son interprétation et du message qu'il contient.

L'amour, un sentiment parmi tant d'autres

Plus nous parlons d'amour, moins nous le connaissons. Nous y aspirons, nous le cherchons, mais nos sentiments amoureux sont souvent tronqués, détournés de leur objet, dénaturés par des modèles ou des schémas auxquels nous nous référons. Au point que, dans notre esprit, les sentiments se résument à des émotions fugaces, incontrôlables, des pulsions et des désirs, une soif de fusion que nous attribuons un peu trop hâtivement et arbitrairement à des complexes parentaux, et que nous voulons satisfaire et soulager. Pourtant, de même que percevoir des sensations multiples et variées implique de s'y abandonner, de se mettre en état de réceptivité, de même éprouver des sentiments multiples et variés eux aussi, parfois contradictoires, nécessite une implication de tout son être, de l'intelligence, de l'intuition et beaucoup de perception. Il ne nous est pas toujours aisé de comprendre que l'amour n'est pas l'unique sentiment que nous éprouvons, mais juste un parmi tant d'autres. Par exemple, à côté de la bienveillance, de la compassion, de la générosité, du dévouement, de l'altruisme, de l'enthousiasme, de la tendresse, de la délicatesse, et de bien d'autres sentiments gratifiants, la jalousie, la cupidité, l'avarice, le mépris, la haine, la colère, l'intolérance, l'intransigeance, l'égoïsme, et d'autres encore dont nous ne sommes pas toujours fiers, reposent sur la palette de nos sentiments.

L'amour, une forme d'attention

Mais c'est fort probablement dans l'expérience vécue des sentiments d'amour que nous éprouvons et qui résultent d'élans de sympathie et de pulsions irrépressibles, expérience dans laquelle nous donnons tour à tour le meilleur et le pire de nous-mêmes, que le sentiment s'exprime à travers nous dans sa vraie nature. Ainsi, nos sentiments amoureux (nous) éclairent (sur) tous nos autres sentiments. Ce sont eux qui nous rendent plus attentifs aux autres et à nous-mêmes. Pour reprendre les termes de Lawrence Durrel, « la forme la plus vraie d'attention est naturellement l'amour[9] ».

Les sentiments et l'interprétation des rêves

En quoi nos sentiments peuvent-ils nous être utiles pour comprendre les significations de nos rêves et tirer profit des messages qu'ils contiennent ? En cela qu'ils nous plongent toujours dans des impressions multiples et contradictoires dont nous sommes rarement conscients dans notre vie quotidienne. Cependant, lorsque vous analyserez un rêve puis que vous vous efforcerez d'en interpréter les symboles ou de savoir ce qu'ils signifient pour vous et pour vous seul, vos sentiments pourront vous guider et vous mettre sur la bonne voie. Qui plus est, l'intérêt d'un sentiment que nous éprouvons à tel ou tel instant, qu'il soit ou non gratifiant, repose sur le fait qu'il implique toujours une expérience vécue. Lorsque nous sommes en proie à des sentiments, quels qu'ils soient, il ne s'agit plus pour nous de théories, de vues de l'esprit ni d'intellectualisation, mais de ressentis et d'affects. Nous en sommes si affectés que nous pouvons dès lors découvrir en nous de nouveaux sentiments, plus purs, plus naturels, pas nécessairement plaisants, mais très significatifs en cela que nous ne pouvons leur échapper parce qu'ils sont ce que nous sommes et qu'en les éprouvant nous nous éprouvons nous-mêmes.

---

9. Durrel, Lawrence, *Justine* (t I du *Quatuor d'Alexandrie*), Buchet-Chastel, Corrêa, Paris, 1959.

CITATION

À la recherche du bonheur

La quête du bonheur nous semble une aspiration des plus naturelles, comme allant de soi. Nous croyons tous au bonheur. Nous voulons tous être heureux. Nous revendiquons notre droit au bonheur. Mais nous sommes si confus lorsqu'il s'agit de définir notre propre conception du bonheur que nous l'attribuons au bien-être, à la chance, au succès financier, à la réussite professionnelle, au confort matériel, à l'ivresse ou à la jouissance, dont nous sommes convaincus que nous pouvons les gagner, les obtenir, les acquérir ou les posséder, sans nous rendre compte que ce ne sont que des substituts au bonheur. En conséquence, tous ces substituts au bonheur que nous voulons posséder et dont notre monde actuel regorge deviennent tôt ou tard des sources de douloureuses déceptions et de graves frustrations, à l'origine non seulement de nombreux conflits personnels et collectifs, mais aussi de nos maladies de l'âme et du corps.

« Le bonheur est une Eurydice : on l'a perdu dès qu'on veut le saisir. Il ne peut vivre que dans l'acceptation, et meurt dans la revendication. C'est qu'il dépend de l'être et non de l'avoir : les moralistes de tous les temps l'ont répété, et notre temps n'apporte rien qui doive nous faire changer d'avis. Tout bonheur que l'on veut sentir, que l'on veut tenir à sa merci – au lieu d'y être comme par grâce – se transforme instantanément en une absence insupportable. »

Denis DE ROUGEMONT, *L'Amour et l'Occident*, Librairie Plon, Paris, 1939.

Devenez un chercheur de vérité

Du fait que nous négligeons d'employer à bon escient ces quatre fonctions fondamentales que sont l'intuition, la pensée, la sensation et le sentiment, nous engendrons des tensions se résolvant le plus souvent par des complexes, des malaises existentiels, de mauvais réflexes comportementaux, des actes répétitifs qui génèrent systématiquement les mêmes causes et les mêmes effets dans notre existence, dont hélas, le plus souvent, nous ne savons pas tirer les leçons adéquates. Nos rêves contiennent des messages qui, si nous avons la curiosité de chercher à en comprendre le sens, peuvent nous aider à nous délivrer du lourd fardeau de ces mauvais penchants, avec lesquels nous sommes si bien habitués à vivre que nous les considérons comme des composantes à part entière de notre personnalité. Mais comme vous l'avez compris, pour parler le langage des rêves et entendre leurs messages, il faut plus que de la curiosité. Il faut du courage, de la volonté, de l'imagination, savoir faire preuve d'objectivité, être sans complaisance à l'égard de soi-même, sans cesse chercher la vérité, sans croire ou se vanter de l'avoir enfin et définitivement trouvée. En effet, la seule vérité qui soit, en ce qui concerne le rêve du moins, c'est la vérité du moment.

L'imagination

Vous avez de l'imagination. Et non seulement vous pouvez l'exploiter pour interpréter vos rêves, mais plus vous vous exercerez à l'art de les comprendre, plus vous stimulerez votre imagination. Vous croyez probablement que l'imagination est l'apanage des artistes, que c'est un don, voire une vocation. En réalité, nous possédons tous une imagination. Ce qui distingue l'artiste du commun des mortels à cet égard, c'est son talent pour exprimer ou traduire son imagination créatrice. Pour ce faire, il choisit une forme d'expression artistique qui lui convient: la peinture, la musique, l'écriture, etc. Quant à la faculté d'imaginer, elle est quasiment innée chez l'être humain. Si tel n'était pas le cas, l'humanité n'aurait jamais évolué, elle ne se serait jamais distinguée du règne animal.

Faire preuve d'imagination

De nos jours, nous n'encourageons pas nos enfants à faire preuve d'imagination. Nous souciant bien trop de leur avenir, de leur intégration sociale, du métier qu'ils exerceront, de l'emploi qu'ils trouveront, nous nous méfions de tout ce qui relève de l'imagination. Nous croyons à tort que cette dernière nous éloigne de la réalité, du concret, des contingences matérielles et sociales auxquelles nous devons tous faire face pour gagner notre vie, avoir notre place au soleil, trouver le bonheur. Mais nous oublions en chemin que sans imagination, ni les outils technologiques améliorant notre confort ni ceux qui sont si prisés par les nouvelles générations, tels l'ordinateur et le téléphone portable, n'existeraient.

Épreuves, imagination et évolution

Si l'on en croit l'Histoire, le plus souvent, c'est dans la difficulté et l'épreuve que, brusquement contraints ou se trouvant à un point où il s'agissait de sauver leur vie ou de survivre par tous les moyens, nos ancêtres firent preuve d'imagination. En s'efforçant de trouver des solutions à des problèmes apparemment insolubles, en s'efforçant d'innover, d'inventer, de créer, bref, d'imaginer, nos ancêtres ont acquis une conscience d'eux-mêmes et du monde environnant de plus en plus aiguë. En faisant preuve d'imagination, ils ont évolué. Tel est notre héritage. Et nous serions impardonnables de ne pas nous en montrer dignes, de ne pas reprendre le flambeau, et de ne pas poursuivre le chemin qu'ils ont tracé.

MYTHES & SYMBOLES

Le monde de l'imagination

Suivant les demeures ésotériques auxquelles se réfèrent les soufis (le soufisme est une branche ascétique et mystique de l'islam, dépouillée de tout caractère dogmatique), la réalité est constituée d'un triple monde. Entre la réalité matérielle de ce monde, que nous appréhendons à l'aide de nos cinq sens, et un troisième monde, qui fait appel non plus aux perceptions sensorielles, mais spirituelles, il existe un monde intermédiaire. Il s'agit du monde « des idées-images, des figures-archétypes, des corps subtils, de la matière immatérielle ». Dans ce monde, la matière devient esprit et l'esprit devient matière, tout change et se transforme en permanence, tout prend corps ou se spiritualise. C'est par excellence le monde de l'imagination pure et de la psyché inconsciente d'où surgissent probablement nos rêves, nos visions, nos inspirations, auquel notre propre imagination nous relie, et dont le langage est bien celui des symboles, des mythes et des archétypes*.

---

* D'après CORBIN, Henry, *L'imagination créatrice dans le soufisme d'Ibn'Arabi*, Flammarion, Paris, 1958.

EXERCICE

Pratique de l'imagination créatrice

Cette pratique consiste à fixer votre attention sur un élément ayant joué un rôle important dans l'un de vos rêves : un objet, un animal, un personnage, etc., de façon à entrer en relation avec lui et à observer ce qu'il est ou représente pour vous. Par exemple, si vous avez rêvé d'une souris, essayez de vous rappeler comment s'est présenté ce petit animal dans votre rêve, ce qu'il faisait, les impressions que vous avez eues en le voyant. Ce faisant, vous le personnifierez en quelque sorte. Évitez si possible d'avoir des préjugés, des idées préconçues à propos de cette souris. Mais si certains de ces lieux communs vous viennent à l'esprit spontanément lorsque vous évoquez une souris par exemple, essayez de comprendre pourquoi, d'emblée, vous pensez à ce petit animal sous cet angle ou cet aspect. Il est préférable de pratiquer cet exercice avant de glaner des interprétations concernant le symbole de la souris. En effet, plus le regard intérieur que vous poserez sur ce petit rongeur de votre rêve sera spontané, plus vous le laisserez vous parler, d'une certaine manière, c'est-à-dire s'imposer à votre attention sans faire intervenir de jugements de valeur, de lieux communs ou d'interprétations subjectives, et plus ce qu'il signifie pour vous et pour vous seul vous sera évident.

Rêver, c'est imaginer !

Il est un moyen très simple pour marcher dans leur pas, et faire preuve à votre tour d'imagination : intéressez-vous à vos rêves ! Rêver, c'est imaginer ! Aussi invraisemblables, irrationnels, totalement irréalistes vos rêves puissent-ils vous paraître, ils sont ce que vous êtes. Ils procèdent d'un acte d'imagination pur et spontané. Ils sont la preuve que vous êtes capable de faire preuve d'imagination, à votre insu dans un premier temps, puisque vous ne pouvez pas contrôler vos rêves, puis en exerçant une certaine maîtrise dans un second temps, lorsqu'à l'état de veille vous vous efforcez d'interpréter et de comprendre les messages contenus dans vos rêves.

Vous imaginez tout le temps

Pour vous faire rêver, votre grand esprit des rêves fait appel à votre imagination. Il ne se contente pas d'utiliser toujours les mêmes ingrédients pour composer invariablement les mêmes recettes, il tient compte de tous les facteurs et paramètres, dont beaucoup échappent à votre conscience, voire à votre entendement, pour préparer un rêve unique à un moment unique de votre existence. En d'autres termes, il ne se contente pas de faire preuve d'imagination au moment où vous rêvez, son imagination est en action à chaque seconde de votre vie. Vous imaginez tout le temps sans même vous en rendre compte. Mais en étant de plus en plus attentif à vos rêves, et en vous exerçant à l'art de l'interprétation, vous deviendrez de plus en plus conscient de votre faculté d'imaginer.

UN PEU D'HISTOIRE

Le pouvoir de l'imagination et la douleur

Selon l'usage que nous en faisons, notre imagination peut nous faire souffrir ou nous soulager. Le sens de l'expression familière « il y a eu plus de peur que de mal » illustre bien le premier cas de figure. En effet, la peur, pur produit de l'imagination, peut non seulement engendrer une forte angoisse injustifiée, mais parfois elle peut aussi rendre intolérable une douleur pourtant bénigne. Pour maîtriser la douleur, il existe des exercices de yoga, ou d'autres, tels ceux que pratiquent les femmes voulant accoucher dans les meilleures conditions possibles sans faire usage de substituts médicaux ou chimiques. Quoi qu'il en soit, des études scientifiques ont démontré que la douleur ressentie par chaque individu pourrait bien se révéler relative au caractère de l'individu en question, et non proportionnelle à la gravité des maux ou des blessures dont il est victime. Ainsi, des médecins ont observé une nette dissipation, voire une disparition totale de la douleur, chez 35 % des patients auxquels ils ne pouvaient plus donner de plus fortes doses de morphine pour les soulager, leur injectant ainsi en remplacement un placebo à base de sel. Et quand on sait que seuls 75 % des malades éprouvant de violentes douleurs réagissent positivement aux injections de morphine, on est en droit de supposer que certains d'entre eux doivent l'amélioration de leur état à leur imagination autant, sinon plus, qu'à la morphine*.

---

* D'après DRÖSCHER, Vitus B., *Le merveilleux dans le monde animal,* Robert Laffont, Paris, 1968.

Le sens de l'humour et du paradoxe

Notre grand esprit des rêves a le sens de l'humour et le goût du paradoxe. Dès lors, il arrive que pour trouver la signification d'un rêve nous devions l'interpréter au second degré. Si nous voulons en croire le langage populaire, lequel s'inspire d'une sorte de sagesse intuitive inconsciente et collective, ce qui est « drôle » peut être simultanément ou tour à tour amusant et/ou étrange. Cette formule convient parfaitement à notre grand esprit des rêves, qui s'emploie très fréquemment à jouer avec les mots et leurs sens, qui se moque de nous et de nos attitudes par trop caricaturales – dont, évidemment, nous n'avons pas conscience à l'état de veille –, ou qui nous plonge dans des situations insolites, saugrenues, extravagantes, voire ridicules.

Nos bizarreries

Bien que nous rêvions de tels comportements et situations, ceux-ci n'étant pas très gratifiants, nous préférons leur accorder peu d'importance ou même nous en désintéresser complètement. Pourtant, si nous voulons bien fixer notre attention sur ces rêves, dont la fantaisie le dispute à la mauvaise plaisanterie, et chercher à comprendre leurs significations, nous sommes surpris de constater qu'en suivant le fil de nos interprétations, nous nous trouvons en présence de nos « bizarreries ».

De qui se moque-t-on, sinon de soi-même ?

À quelle occasion notre grand esprit des rêves se moque-t-il de nous ? Chacun, selon son caractère, ses penchants, ses sentiments, ses habitudes comportementales, est peu ou prou enclin à l'exagération ou à se prendre au sérieux, notamment en certaines circonstances et situations. Ainsi, lorsque nous agissons d'une manière présomptueuse, que nous affichons une certaine autosuffisance, que nous nourrissons des certitudes, que nous cédons à l'emphase, que nous coupons court à toute discussion ou contestation, convaincus d'avoir raison, etc. – les exemples abondent – ou, à l'inverse, lorsque nous nous montrons lâches, égoïstes, susceptibles, hypocrites, de mauvaise foi, etc. – là encore, les exemples ne manquent pas –, notre grand esprit des rêves prend un malin plaisir à nous ridiculiser. Ou bien nous faisons un rêve qui nous invite à faire appel à notre sens de l'humour. Ainsi, par le truchement de notre sens de l'humour et par le biais de nos rêves, nous nous moquons de nous-mêmes.

L'aspect positif et l'aspect négatif du sens de l'humour

Le sens de l'humour présente des avantages et des inconvénients. Son aspect positif réside dans le fait de pouvoir se distancier par rapport à soi. Il ne s'agit pas de vous moquer des autres ni du monde, mais de vous-même, ou mieux encore, de rire de vous-même. En plus de vous permettre de dédramatiser certaines situations pénibles ou des états d'âme d'emblée trop graves ou douloureux, cette attitude critique, mais dénuée de toute discrimination, vous aide à prendre du recul par rapport à vous-même et à vos actes, à vous regarder être et agir, en quelque sorte, et d'en rire ou d'en sourire chaque fois que vous jugez vous-même que vous vous preniez bien trop au sérieux. Mais si pour vous-même et à propos des autres et de tout, vous faites preuve d'une espèce de sens de l'humour ou d'une ironie systématique, vous péchez par excès inverse. En effet, cette fois, vous vous distanciez bien trop de vous-même et de la vie, vous ne vous impliquez pas dans vos actes et dans ce que vous êtes. Et ce faisant, vous vous montrez de plus en plus inconscient. Auquel cas vos rêves seront probablement très sombres, sans une once d'humour cette fois, car votre grand esprit des rêves est passé maître dans l'art de prendre le contre-pied de vos attitudes les plus affirmées, de vous contredire ou contrarier chaque fois que vous péchez contre vous-même par présomption ou autosuffisance. En plus du sens de l'humour, notre grand esprit des rêves a aussi le goût du paradoxe.

Le goût du paradoxe

En soi, la fonction du rêve est elle-même un paradoxe, tandis que tout contenu d'un rêve relève lui aussi du paradoxe. En effet, nombreux sont les rêves qui contiennent des messages qui contredisent nos convictions, certitudes ou préjugés, à propos de nous-mêmes surtout. En d'autres termes, notre grand esprit des rêves possède un certain penchant à nous contrarier, nous aidant en cela à prendre conscience qu'il est absurde et vain de croire qu'une chose est acquise une fois pour toutes ou que nous avons définitivement tout compris. De plus, une des fonctions du rêve étant aussi de compenser nos manques ou nos excès, il n'est pas rare, par exemple, qu'une personne éprouvant un profond chagrin ou une grande tristesse rêve d'une situation dans laquelle elle ressent une joie profonde ou éclatante ou, à l'inverse, qu'une personne plutôt enjouée ou insouciante rêve d'une situation sombre, conflictuelle ou dramatique.

Le paradoxe du menteur

Ainsi, si nous assimilons volontiers le songe au mensonge, c'est probablement par allusion au paradoxe du menteur qui ment lorsqu'il dit la vérité et qui dit la vérité lorsqu'il ment. Ce goût du paradoxe qu'a le rêve se retrouve dans nombre de proverbes, aphorismes, maximes, adages et axiomes, soulignant dès lors que ce goût du paradoxe est bien du goût de la sagesse populaire et spirituelle. En voici pour preuve quelques paroles de philosophes taoïstes pleines de paradoxe :

> « Seul celui qui ne demande rien est capable d'obtenir quelque chose. »
>
> « Certains font leur malheur en cherchant le bonheur, et parfois la poursuite du gain entraîne la ruine. »
>
> « Se sentir tout piteux dans le malheur et prendre des airs triomphants dans le bonheur, être plein de regrets devant les erreurs commises et d'arrogance dans la réussite, toujours aller de l'avant sans savoir se retourner en arrière, c'est ce qu'on appelle être fou[10]. »

---

10. Blanc, Charles (le) et Mathieu, Rémi (dir.), *Philosophes taoïstes* (chapitre xiv : Quanyan ou Des paroles probantes), Gallimard, Paris, 2003.

EXEMPLE D'INTERPRÉTATION

Une drôle de cuisine

Une personne m'a confié une série de rêves se déroulant systématiquement dans une cuisine en désordre, dont le sol était jonché de casseroles, de plats et d'assiettes. Comme vous allez le découvrir, cette série de rêves constitue un bel exemple du sens de l'humour dont peut faire preuve notre grand esprit des rêves. Dans tous ses rêves, cette personne, dont il convient de préciser qu'au réel elle se distingue par un sens aigu de l'ordre, me confiait que, paradoxalement, elle ne semblait pas choquée par le désordre régnant dans cette cuisine. « Pourtant, disait-elle, dans mes rêves, je me prends les pieds dans les casseroles, les assiettes et les plats. » L'interrogeant plus avant, elle m'avoua se sentir mal à l'aise depuis un certain temps, en raison d'un problème familial assez ancien, non réglé, en rapport avec sa mère et sa sœur, qui refaisait surface et la contrariait fortement. Elle ne pouvait rien dire, prétendait-elle, mais le fait de savoir et de ne rien pouvoir dire, justement, la nouait. Or, en résumé, les messages que ces rêves se déroulant dans cette cuisine en désordre lui transmettaient ne pouvaient s'interpréter sans humour. Chacun connaît les expressions populaires « tirer de vieilles casseroles derrière soi », « ne pas se sentir dans son assiette » et « mettre les pieds dans le plat ». Dès que ces paroles furent prononcées par elle après qu'elle eut donné libre cours à son imagination pour que, finalement, lui reviennent en mémoire ces expressions familières, la personne en question ne fit plus jamais de rêve se déroulant dans une cuisine en désordre. De plus, s'infligeant une douce violence, elle « mit les pieds dans le plat », osant dire aux personnes concernées ce qu'elle aurait dû leur avouer ou confier depuis longtemps ; celles-ci furent choquées par ses propos dans un premier temps, puis elles firent elles aussi des efforts pour s'exprimer plus franchement à l'égard de notre rêveuse. Ainsi, en ce qui la concerne, après avoir compris qu'elle se moquait d'elle-même par le biais de son grand esprit des rêves, elle avait renoué le dialogue avec elle-même et, simultanément, avec les personnes de sa famille avec lesquelles elle était en conflit latent en raison de non-dits et de malentendus.

CHAPITRE

4

LAISSEZ PARLER VOS RÊVES

LES CAUCHEMARS

Ces rêves pénibles, angoissants ou terrifiants que nous rassemblons sous le terme générique de « cauchemars », nous pensions jadis qu'ils résultaient des mauvais sorts jetés par des *cauquemaires*, ou sorcières. Et si l'on en croit l'anglais *nightmare*, qui signifie « cauchemar » ou, littéralement, « spectre nocturne », il semble que « cauchemar », s'inspirant de l'anglo-saxon *nightmare*, ait fini par remplacer « incube », qui désignait antérieurement un rêve terrifiant ou, plus exactement, une oppression nocturne due à l'intrusion d'un satyre ou d'un fantôme venant troubler le sommeil d'une femme.

Le choc

Quoi qu'il en soit, nos ancêtres percevaient le cauchemar comme un phénomène surnaturel produit par des éléments extérieurs. La femme en proie à ce genre de rêve était donc une victime. Cela peut faire sourire de nos jours. Cependant, force est de constater qu'un rêve terrifiant ou angoissant se manifeste toujours pour prévenir le rêveur, le contraindre à une prise de conscience, lui révéler que, dans sa vie, ou dans une circonstance bien particulière de son existence, se produit un décalage, un clivage dangereux entre la réalité et l'idée qu'il s'en fait. Pour réveiller la conscience endormie du rêveur, pour lui ouvrir les yeux, il lui faut un choc. Telle est la fonction du cauchemar : éprouver le rêveur ou lui faire peur pour le réveiller, dans tous les sens de ce verbe.

L'envoûtement

Or, lorsque nous sommes en présence d'une personne vulnérable et fragile psychologiquement, ou qui n'est pas prête à intégrer dans sa conscience les conclusions qu'elle pourrait ou devrait tirer d'un cauchemar, il est préférable, dans un premier temps du moins, de lui expliquer qu'elle est victime de phénomènes extérieurs. D'une certaine manière, un rêve au contenu terrifiant ou angoissant peut très bien s'appréhender sous l'angle d'un envoûtement, même si, en

EXEMPLE D'INTERPRÉTATION

Expression & métaphore

Perdre tout son sang : rêver d'être victime d'une hémorragie sans blessure apparente ou de perdre tout son sang sans raison, il s'agit là bien sûr d'un cauchemar. Au plan psychologique, un tel rêve peut s'interpréter sous l'angle d'une dangereuse perte d'énergie vitale ou de ressources psychiques ou, selon le cas, d'un sacrifice que le rêveur doit faire pour se purifier. Cependant, voici comment, au VIIe siècle de notre ère, Ibn Sîrîn, maître en divination par les rêves de culture arabe, interprétait un tel rêve : « Voir du sang couler de son propre corps sans avoir été blessé au préalable, ou voir le sang jaillir en de multiples endroits du corps et le souiller est le signe de l'acquisition de biens illicites. Mais si le corps et les habits sont intacts, cela signifie "une hémorragie de biens illicites" à la mesure de la quantité de sang perdu*. »

---

* SÎRÎN, Ibn, *Manuel d'oniromancie musulmane*, Alif Éditions, Lyon, 1992.

dernier ressort, c'est la personne qui rêve qui s'est envoûtée elle-même. En lui proposant d'aborder l'interprétation de son rêve sous cet angle, tôt ou tard, si bien sûr nous ne l'entretenons pas complaisamment dans une telle interprétation de son rêve, elle finira par comprendre que son cauchemar est un pur produit de tensions intimes, de ses émotions, de ses instincts ou de ses complexes qui se combattent ou s'entrechoquent au fond d'elle-même, ou qu'il est une manifestation de son ombre.

Tout le monde « fait des cauchemars »

En effet, de nos jours, rêver par exemple d'être poursuivi par un monstre, par une présence mystérieuse, inquiétante, invisible, ou par un animal sauvage, rêver de tomber en chute libre dans un précipice ou un gouffre sans fond, de

POINT IMPORTANT

Y a-t-il de « bons » et de « mauvais » rêves ?

Un bon rêve n'est pas forcément un rêve idyllique. De même, un cauchemar n'est pas systématiquement un mauvais rêve. Un « bon rêve » est un rêve au contenu symbolique d'une grande richesse, recélant un message ou dévoilant des informations importantes vous concernant personnellement ou intimement. Qu'il soit merveilleux ou inquiétant n'y change rien. En revanche, les « mauvais rêves » surgissant durant une nuit agitée ou une mauvaise nuit (elle aussi) se distinguent des autres rêves en cela qu'ils nous laissent une impression de confusion et de malaise. Nous n'en avons aucun souvenir précis au réveil, mais toute la journée qui va suivre, sans vraiment nous l'expliquer, nous nous sentons de méchante humeur, irritables ou en proie à un sentiment d'insatisfaction ou de frustration, comme si quelque chose nous échappait ou que nous étions amputés d'une partie de nous-mêmes. Cela étant, tout rêve impressionnant, terrifiant ou angoissant nous invite à une prise de conscience immédiate et salutaire. Il nous informe du fait que nous sommes enclins à ne pas adopter la bonne et juste attitude dans telle ou telle situation réelle et concrète, que nous nous leurrons, que nous commettons des erreurs d'appréciation ou de jugement, que nous sommes dupes de nous-mêmes et peut-être victimes de mauvais réflexes comportementaux.

se noyer ou d'être pris au piège d'un engrenage sans issue, etc., de tels rêves s'apparentent à des cauchemars. Il n'est plus question de fantôme ou d'incube venant hanter nos rêves. De plus, il va de soi que les femmes ne sont pas les seules à « faire des cauchemars » ; nul d'entre nous ne peut se vanter de n'avoir jamais été plongé dans un tel rêve.

Des désagréments profitables

Un cauchemar n'est pas nécessairement un mauvais rêve, et c'est très rarement une prémonition ou le pressentiment d'un fait réel. Il s'agit généralement d'un rêve dont le contenu plonge dans des situations si extrêmes qu'elles peuvent se révéler intolérables, provoquant un brusque réveil, d'où subsiste une sensation d'angoisse, de mal-être, de panique parfois, mais aussi, paradoxalement, un certain soulagement. Ainsi, telle personne peut très bien se vanter dans la journée que tout va bien pour elle et dans sa vie et, la nuit suivante, rêver d'un raz-de-marée, d'une tornade ou d'une catastrophe quelconque dont elle n'échappe que parce qu'elle se réveille brusquement. Lorsque vous faites un tel rêve, ne vous angoissez pas outre mesure, mais demandez-vous quel message votre grand esprit des rêves a voulu vous transmettre. Demandez-vous quelles émotions, notamment, sont susceptibles de vous submerger à votre insu et à tout instant, dont ce cauchemar vous avertit. Certes, un tel rêve est souvent pénible et désagréable. Mais en étant brusquement expulsé de votre sommeil par ce genre de rêve, réconfortez-vous en vous disant que vous deviez éprouver de tels désagréments pour recevoir un message très important dont, si vous savez l'interpréter, vous tirerez probablement le plus grand profit.

LES MONSTRES DE VOS RÊVES

Bien que notre conscience commence à déployer ses ailes et que tout nous pousse malgré nous à nous ouvrir au monde, à être plus ou moins reliés à ceux qui vivent à des milliers de kilomètres de nous, chemin faisant, nous avons perdu des valeurs et des mœurs relevant du simple bon sens et de la simple humanité. Ces mœurs, ces croyances et ces valeurs, que nos ancêtres s'étaient forgées au fil des siècles sans vraiment y réfléchir, quasi spontanément, n'étaient certes pas parfaites, loin s'en faut ! Mais elles avaient le mérite de ne pas exclure d'emblée l'étrange, le surnaturel, le monstrueux.

La normalité

Regardez bien autour de vous. Qui que vous soyez, où que vous viviez, il règne une normalité si évidente que vous n'y prêtez plus attention. Et dans notre modèle de société, cette normalité procède de l'exclusion et résulte de la peur. Nous excluons ainsi tout ce qui nous effraie, nous dérange, tout ce qui perturbe notre tranquillité, notre sécurité, les critères, principes et règles de vie sociale auxquels nous nous cramponnons de crainte d'être confrontés à l'inconnu.

« Vous avez dit bizarre ? Comme c'est bizarre[11] ! »

Notre grand esprit des rêves connaît nos forces et nos faiblesses. Il exploite indifféremment les unes et les autres dans nos rêves pour nous confronter à ce qui, en nous, procède d'une normalité consciente ou inconsciente, individuelle et/ou collective, à laquelle nous cédons le plus souvent par faiblesse ou négligence, et qui contrarie notre force intérieure. Lorsque, par paresse, par négligence ou par manque d'imagination, nous nous conformons à cette normalité qui nous épargne de réfléchir par nous-mêmes, nos rêves sont ainsi peuplés d'êtres bizarres, de personnages étranges ou de monstres. Nous engendrons, nous créons nos propres monstres, la plupart du temps sans nous en rendre compte bien sûr, sauf lorsqu'ils surgissent dans nos rêves et qu'ils nous plongent dans une indicible frayeur. Dans la vie réelle, si nous nous trouvions face à face avec les

---

11. Extrait des dialogues signés Jacques PRÉVERT, dans le film de Marcel CARNÉ *Drôle de Drame* (1937).

monstres que nous rencontrons parfois dans nos rêves, nous serions probablement encore plus terrifiés que nous ne le sommes dans notre vie onirique.

Le monstre de vos rêves et vous

Lorsqu'un monstre, un être ou un animal monstrueux surgit dans l'un de vos rêves, vous devez toujours vous demander ce qu'il peut bien signifier pour vous. Voici un certain nombre de questions que je vous suggère de vous poser. L'une d'elles au moins devrait vous mettre sur la piste de l'interprétation de votre rêve.

• Chercher à identifier ce monstre

Bien que monstrueux, repoussant ou répugnant, à qui ou à quoi ce monstre vous fait-il penser ? Vous rappelle-t-il quelqu'un que vous connaissez ? L'auriez-vous déjà vu quelque part, sous un autre aspect ? Dans l'affirmative, essayez de vous souvenir où vous l'avez vu, à quelle occasion, dans quel contexte, ou à quelle époque de votre vie ? Ce faisant, efforcez-vous de vous remémorer ce que vous faisiez dans ce contexte ou à cette période de votre vie, les personnes que vous fréquentiez, vos préoccupations, motivations ou centres d'intérêt. En cherchant des réponses à ces questions, vous réussirez peut-être à « identifier » ce monstre, à trouver et comprendre son origine en vous et ce qu'il signifie pour vous.

• Qu'avez-vous de commun avec le monstre de votre rêve ?

Ce monstre avait-il quelque chose de familier à vos yeux, ou bien vous était-il complètement inconnu, étranger, inimaginable ? Malgré la frayeur que sa présence dans votre rêve vous a occasionnée, vous a-t-il semblé sympathique, ou bien était-il exclusivement terrifiant ou hostile ? Autrement dit, dans votre rêve, aviez-vous l'impression qu'il existait une espèce de lien indicible et implicite entre ce monstre et vous ou, au contraire, que vous n'aviez absolument rien à voir avec cette créature ? Dans le premier cas, cette composante de votre personnalité qui vous apparaît sous un jour monstrueux ne vous est pas étrangère, vous n'avez pas coupé tout lien avec elle, vous êtes donc en mesure de la comprendre, de l'accepter, puis de l'intégrer. À l'inverse, s'il vous semble que la créature monstrueuse ne présente aucun point commun avec vous, c'est probablement que vous êtes dupe de cet aspect de votre personnalité ou que vous en êtes victime. Cependant, du fait qu'elle s'impose à votre conscience, puisque vous vous souvenez de votre rêve, vous devez bien vous demander ce que votre moi profond attend de vous à travers elle.

MONSTER...!

EXEMPLE D'INTERPRÉTATION

Quelques monstres connus

Le loup-garou, ou l'homme-loup, tient probablement son origine dans les hordes de guerriers revêtus de peaux de loups qui déferlèrent sur l'Europe du Nord au XIIIe siècle. Mais il prend aussi racine dans la peur du loup entretenue par nos ancêtres durant de longs siècles, et dans le fait que certains chamans, magiciens ou sorciers avaient le pouvoir de se métamorphoser en loup. Bien sûr, l'irruption d'un loup-garou dans un rêve peut également faire allusion à un principe cruel, avide et dévorant présent dans la psyché inconsciente collective. Mais s'il hante l'un de vos rêves très personnels, touchant cette fois votre psyché consciente individuelle, c'est que quelque chose en vous, procédant probablement de votre ombre, vous « dévore » et peut vous transformer en loup sauvage et féroce.

Le géant surgissant dans un rêve vous confronte à une composante de votre personnalité excessive : un complexe de supériorité, de l'orgueil, de la suffisance, de la présomption. Un sentiment, un désir, une volonté a grandi démesurément à votre insu et menace de vous posséder, autrement dit, de vous faire agir d'une manière excessive ou avec exagération, avec toutes les conséquences qu'un tel comportement peut engendrer.

L'ogre est un géant lui aussi. Lorsqu'il surgit dans un rêve, il fait aussi référence à l'aspect dévorant déjà souligné dans le cas du loup-garou. Il présente aussi des analogies avec **le vampire.** L'un et l'autre sont des êtres fantastiques en rapport avec les démons de la mort et de l'anthropophagie. Présents dans un rêve, ils vous confrontent à un aspect rigide et froid de votre personnalité qui prend possession de vous ou vous vampirise.

Le cyclope est encore un géant. Il possède un œil unique, une force colossale, et on lui attribuait une grande habileté manuelle. Les Grecs de l'Antiquité voyaient en lui une divinité de l'Orage plutôt généreuse, tandis qu'en Europe, ce monstre avait la réputation d'incarner « le mauvais œil ». C'est ainsi que sa présence dans un rêve renvoie tantôt au « troisième œil », autrement dit, à l'aspect clairvoyant et éclairé de votre conscience, tantôt au « mauvais œil », c'est-à-dire à un penchant à vous nuire à vous-même, ou à nuire à votre prochain.

LA CHUTE DANS LE VIDE

Dans nos rêves comme dans la réalité, l'abîme, le gouffre et le vide sont associés au vertige, à la perte totale de contrôle de soi, à la chute dans l'inconnu et à la peur qu'elle suscite. Lequel d'entre nous peut se vanter de ne pas avoir peur du vide ? D'où nous vient cette peur ancestrale ? Que signifie-t-elle ? Avant de tenter de répondre à ces questions, nous devons comprendre qu'une force irrépressible nous attire et nous tire vers le bas.

La pesanteur

Nous savons aujourd'hui qu'elle est le produit de la fameuse loi de la gravitation universelle établie par le physicien anglais Isaac Newton (1642-1727) dans son ouvrage *Principes mathématiques de la philosophie naturelle*, publié en 1686. Cette force, c'est la pesanteur, surnommée « poids du corps », qui présente évidemment l'avantage de nous permettre de garder les deux pieds sur terre. Sans elle, tout ce qui se trouve à la surface du globe terrestre ne résisterait pas à la puissante aspiration du vide spatial qui environne notre planète.

Le trou sans fond

Mais bien que la divine science ait apporté une explication logique et rationnelle à ce phénomène naturel, l'attraction terrestre n'en exerce pas moins toujours une influence insidieuse et irrésistible sur notre comportement lorsque nous nous trouvons au bord d'un gouffre, d'un trou ou d'un espace sans fond, autrement dit, d'un abîme. C'est si vrai que le mot « gouffre », qui originellement désignait un golfe, un repli creux de la terre en bord de mer, tel le Golfe Persique par exemple, a pris le sens d'« abîme où l'on peut être englouti » au XIIe siècle.

La psychologie des profondeurs

Quant à l'abîme proprement dit, en ancien français, il faisait aussi bien allusion à l'enfer qu'aux profondeurs abyssales de l'océan. Et c'est probablement à partir de cette analogie de l'abîme avec les fonds abyssaux que Carl Gustav Jung fit le lien entre ces derniers et l'archétype maternel, notamment lorsque nous rêvons que nous sommes plongés dans les abysses sous-marins, que nous y nageons, que nous nous y noyons, ou d'où nous remontons comme par miracle. D'où peut-être également la psychologie des profondeurs, chère au même Jung, suivant laquelle il ne peut y avoir d'éveil et d'évolution de notre conscience sans plongée dans les profondeurs ou les abîmes de notre âme, avec tous les risques et dangers que recèle une telle exploration.

Refaire surface

Ainsi, même l'angoisse, éprouvée dans un rêve, d'être happé par un gouffre ou de tomber dans l'abîme peut avoir des effets secondaires positifs ou lumineux, en cela qu'une fois notre peur instinctive comprise et surmontée, nous pouvons ouvrir les yeux, voir dans les profondeurs abyssales de notre psyché et apprendre à nous orienter dans les méandres et les tréfonds de notre être. Cependant, le risque existe que nous soyons engloutis par les profondeurs abyssales de notre psyché inconsciente sur laquelle nous ne pouvons exercer aucune influence ni aucun pouvoir. Voilà pourquoi nous ne devons surtout pas nous risquer à ce genre d'aventure intérieure sans guide. À cet égard, il est bon de nous en remettre à notre grand esprit des rêves, qui fait toujours remonter à la surface de notre conscience des messages et des conseils qui nous sont très utiles pour vivre et pour comprendre peu à peu ce que nous sommes. Sachant que, dans l'absolu, quelle que soit la profondeur de notre plongée en nous-mêmes, elle n'a d'intérêt que si, au moment adéquat, nous savons refaire surface.

Le passage à vide

Cela nous conduit tout naturellement au passage à vide, à l'extrême fatigue ou aux formes de dépression physiologique et/ou psychologique que, dans nos civilisations pressées, pressantes et oppressantes, où il faut toujours être actif, présent, voire omniprésent parfois, nous percevons, à tort, comme des états maladifs. À ce point que nous faisons une surconsommation d'antidépresseurs dont les effets secondaires sont pourtant désastreux pour notre organisme et notre bien-être. À propos des états dépressifs, il convient de souligner qu'ils résultent le plus souvent des trop fortes pressions que nous exerçons sur nous-mêmes ou que des tierces personnes ou encore des circonstances ou des événements exercent sur nous. « Je suis sous pression », disons-nous couramment. Si nous faisons monter la pression au-delà du possible, tôt ou tard, la dépression ou le passage à vide est inévitable.

CITATION

Tout ce qui est en haut est aussi en bas

Selon de très anciennes croyances, l'abîme est enfoui dans les plus grandes profondeurs marines et, simultanément, il s'élève dans les plus incommensurables hauteurs sidérales. Pour conjurer la peur du vide, il n'est qu'une solution : prendre conscience que ce qu'il représente nous tire aussi bien vers le bas que vers le haut. C'est ce qu'illustre un aphorisme alchimique du XVIIe siècle :

« Ciel en haut
Ciel en bas
Étoiles en haut
Étoiles en bas
Tout ce qui est en haut
Est aussi en bas
Saisis-le
Et réjouis-toi ! »

Paraphrase ancienne de la *Tabula Smaragdina* d'Hermès TRISMEGISTE ou du texte rapporté par Athanase KIRCHER dans *Œdipus Ægyptiacus*, 1653 ; cité par Carl Gustav JUNG dans *Métamorphoses de l'âme et ses symboles*, Librairie de l'Université, Georg & Cie SA, Genève, 1978.

La nature a horreur du vide

Or nous ne craignons rien tant que le vide. Reprenant un aphorisme latin, Blaise Pascal disait que la nature en avait horreur. Mais Pascal ne se doutait pas que nous le prendrions à la lettre et que dans le monde à venir nous passerions tous notre temps à remplir le (ou notre) vide de bruits, de mouvements, d'images, de fantasmes, de besoins, d'habitudes, d'informations innombrables provenant du monde extérieur dont la plupart sont, elles aussi, issues de la psyché inconsciente collective. En effet, si en plongeant dans notre monde intérieur nous courons le risque d'être submergés par notre psyché inconsciente et de sombrer dans la folie, il en va finalement de même dans le monde extérieur.

Dépression et folie individuelles et collectives

Le monde dans lequel nous vivons rend parfois certains d'entre nous sinon fous, du moins suffisamment dépressifs, au point que nous disons d'eux, familièrement, qu'ils disjonctent ou qu'ils pètent un plomb. Les faits divers dont nous abreuvent les médias regorgent d'exemples dramatiques ou tragiques de ce genre. Et le plus souvent, plutôt que de réagir individuellement d'abord, puis en compagnie d'autres qui pourraient eux aussi réagir, pour en finir avec ce spectacle affligeant et intolérable offert par nos contemporains, nous nous contentons d'y assister, impuissants et résignés. Par suite, nous laissons nos gouvernants légiférer abondamment. Ceux-ci – sous le couvert de la loi, dont nous devrions pourtant comprendre qu'étant la même pour tous elle nie l'individu et tout ce qui le singularise et distingue des autres – nous confortent dans ces sentiments d'impuissance et de résignation qui engendrent à leur tour des états dépressifs toujours plus vifs et dangereux.

Pourquoi avons-nous peur du vide ?

En latin, *vocare* et *vacare* signifiaient à la fois « être vide » et « être libre de ». Aujourd'hui encore, lorsque nous sommes « vacants » ou « en vacances » par exemple, nous sommes libres d'agir à notre guise, mais nous sommes aussi vides. Et au croisement des racines latines et indo-européennes du « vide », nous trouvons les origines de « vanité, évanescent, s'évanouir, dévaster, dégât, gâté, gâteux », ainsi que « désert », *waste* en anglais, *wüst* en allemand. D'un point de vue psychologique, toutes ces dérives verbales et sémantiques sont

CITATION

Le silence et le vide

« Quelqu'un s'adressa au philosophe Lie tseu et lui demanda : "Pourquoi tenez-vous le vide en si grande estime ?" Lie tseu répondit : "Le vide n'a que faire de l'estime. Si l'on veut être sans nom, rien ne vaut le silence, rien ne vaut le vide. Par le silence et le vide, on atteint ses demeures. Quand les choses de ce monde se gâtent, il y a des gens qui s'évertuent à vouloir les réparer au moyen de la vertu et des devoirs, mais bien en vain !" »

LIE TSEU [philosophe chinois du ve siècle avant J.-C.],
Le vrai classique du vide parfait, traduit du chinois par Benedykt Grynpas,
Gallimard-Unesco, Paris, 1961.

très intéressantes, en cela qu'elles illustrent notre appréhension à être vides et libres d'agir selon notre bon vouloir. Comme si, inconsciemment, sachant que « notre » nature humaine a horreur du vide, nous ne pouvions rester désœuvrés, libres d'agir dans le vide, si j'ose dire, ou de tourner à vide. Ainsi, lorsque le concept de vide devient pour nous une réalité physique susceptible de nous aspirer ou que, dans l'un de nos rêves, il prend forme ou nous happe, notre peur ancestrale de la dissolution, de la perte de tout contrôle, de l'évanouissement, du désert, bref, du vide à l'état pur, autrement dit, de quelque chose de totalement inconnu, inimaginable et inconcevable pour notre esprit, sans rien ni personne, sans commencement ni fin, refait surface elle aussi.

L'expérience de la naissance

Et pourtant, aussi impressionnant ou angoissant soit-il, un rêve de chute dans un abîme ou un gouffre sans fond ne nous invite que très rarement à en donner une interprétation négative. Mais bien sûr, il ne s'agit pas d'un rêve anodin. Rêver que nous tombons dans un abîme ou dans un gouffre sans fond peut constituer une réminiscence du vécu de notre naissance. En effet, si l'accouchement s'avère une épreuve physique pour la mère, il ne l'est pas moins pour le bébé brusquement expulsé du bien-être protecteur de la vie intra-utérine. Bien que consciemment nous ne puissions pas nous remémorer clairement cette expérience que, bien sûr, chacun d'entre nous a vécue, elle n'en demeure pas moins enfouie dans notre mémoire psychique inconsciente, d'où elle peut resurgir et réapparaître dans nos rêves pour nous signifier qu'il est fort probable que nous allons brusquement plonger dans une autre réalité, dans les profondeurs de notre être, pour vivre une sorte de renaissance.

Vos rêves de chute dans le vide

✔ Vous avez rêvé de chute dans le vide :

INTERPRÉTATIONS PSYCHOLOGIQUES

1. Toutefois, il arrive aussi que chuter ou tomber dans le vide, dans un gouffre sans fond, dans un abîme, voire dans des abysses sous-marins (« abîme » et « abysse » partageant la même étymologie en grec, *abussos*, « sans fond », et en latin, *abyssus*, « abîme ») vous montre en train de chuter ou sur le point de chuter dans les zones les plus insondables de votre psyché inconsciente, courant ainsi le risque de vous

y perdre ou d'y sombrer. Il s'agit là de l'interprétation la plus négative d'un tel rêve. Cependant, ce songe ne fait que vous avertir, afin que vous teniez compte du fait que vous commettez probablement des erreurs de jugements, notamment et surtout envers vous-même, que vous manquez d'objectivité et de distanciation en ce qui vous concerne, ou bien que vous vous aventurez en territoire inconnu, et que cela n'est pas sans danger pour votre équilibre psychique et psychologique.

2 Mais parfois, il est aussi nécessaire de « toucher le fond », c'est-à-dire d'aller jusqu'au bout d'une situation apparemment sans issue, pour rebondir et s'en sortir. Auquel cas cette chute, aussi angoissante puisse-t-elle vous paraître, se révélera un signe salutaire. Ce dernier vous indiquant que vous avez tout intérêt à vous abandonner, peut-être même à vous donner corps et âme dans cette situation, même si elle vous semble difficile ou éprouvante. C'est aussi le sens du verbe « s'abîmer ». Ce faisant, tôt ou tard, vous serez en mesure de réagir.

3 Évidemment, le fait d'être poussé dans le dos par une personne connue ou inconnue, ou de tomber dans un précipice, un gouffre ou un abîme d'une manière irrésistible vous confronte plus sûrement à une plongée dans les abysses insondables de votre être, à une sorte de perte de conscience, vous mettant en garde à ce sujet. Si vous faites un tel rêve, posez-vous la question de savoir où, comment et en quoi vous semblez perdre pied. Le mieux serait encore d'en parler à une personne digne de votre confiance, l'expression verbale et les confidences pouvant se révéler salutaires dans ce genre de circonstances. Mais vous devez vous adresser à une personne dont vous savez qu'elle ne vous jugera pas et qui se montrera aussi attentive et objective que possible à votre égard.

INTERPRÉTATIONS DIVINATOIRES ET PSYCHOLOGIQUES

Parfois, d'autres interprétations purement psychologiques d'un rêve de chute dans le vide se mêlent aussi à des interprétations divinatoires.

1 Par exemple, si vous tombez dans le vide, vous êtes probablement sur le point d'avoir une révélation qui favorisera votre évolution personnelle. Cette dernière engendrera dès lors un grand changement ou un bouleversement important qui vous déstabilisera durant un certain temps.

2 Si vous fixez votre regard dans le vide et que, pris de vertige, vous semblez irrésistiblement attiré vers le bas, il est à craindre qu'une ambition ou un désir vous tourne tant et si bien la tête qu'il menace de vous faire chuter ou tomber de haut et, cette fois, de vous abîmer. Autrement dit, vous ne sortirez pas indemne de cette situation.

3 En revanche, si vous n'éprouvez aucune sensation de vertige en regardant le vide, il n'est sans doute pas trop tard pour réagir et prendre conscience des risques que vous courez en vous laissant tenter par ce que représente ce vide dans votre rêve.

MYTHES & SYMBOLES

Vide et vacuité

Il est une autre forme de vide à laquelle notre grand esprit des rêves fait parfois allusion : la vacuité. Il s'agit d'un concept qui prit forme dans les traditions indiennes et chinoises, plus philosophiques que religieuses, issues du bouddhisme. En Occident, des mystiques et des ermites y firent aussi allusion en nommant plus volontiers cette forme de vide intérieur « silence », « vacance », « solitude » ou « désert intérieur ». De nos jours, si nous confondons volontiers de telles notions avec l'indifférence, le cynisme, l'égoïsme ou la résignation, c'est que nous craignons d'être confrontés au vide qui est en nous, et que nous passons le plus clair de notre temps à le remplir d'informations provenant du monde extérieur. Cependant, si nous voulions bien laisser nos forces psychiques inconscientes d'une richesse infinie remplir ce vide intérieur que nous redoutons tant, nous serions plus aptes à élargir le champ de notre conscience. C'est d'ailleurs ce qui se produit lorsque nous rêvons : une sorte de vide ou de vacuité résultant du sommeil s'installe en nous que notre psyché inconsciente emplit de rêves dont les contenus sont susceptibles de nous éclairer sur nous-mêmes. Mais, si nous le voulons, nous pouvons aussi enclencher un tel processus à l'état de veille, en faisant le vide en nous, afin d'être plus attentifs et réceptifs à nos pensées et à nos inspirations.

4 Si vous marchez au bord du vide en ayant l'impression que vous allez tomber, du fait d'un manque de confiance en vous, d'équilibre ou de maîtrise de soi, vous vous trouvez dans une situation instable ou dangereuse. Selon que, dans votre rêve, ce vide se situe à votre droite ou à votre gauche, vous êtes conscient ou inconscient de ce qu'il représente et des dangers que vous courez.

5 Par contre, si vous marchez au bord ou au-dessus du vide avec assurance, vous pouvez croire que vous êtes en train de franchir ou sur le point de franchir, avec aisance, une étape importante ou périlleuse, un cap délicat ou difficile de votre vie. Ce même rêve peut également signifier que l'absence d'un être cher ou une perte que vous avez subie n'affectera pas ou peu votre évolution personnelle. Ce rêve vous dit en quelque sorte que, quoi qu'il arrive, la vie continue et que vous poursuivrez votre chemin.

L'ACCIDENT

En nous familiarisant un peu plus chaque jour avec le langage des rêves, en renouant de la sorte le dialogue avec nous-mêmes et les couches les plus profondes de notre être, nous pouvons non seulement nous recentrer, mais recevoir des messages nous prévenant d'événements heureux ou malheureux susceptibles de se produire dans le cours de notre existence, et dont les germes sont déjà présents et inscrits en nous-mêmes. L'accident, par exemple, résulte bien moins de circonstances extérieures fortuites, du hasard ou de la fatalité, que de forces inconscientes submergeant la ou les personnes qui en sont victimes au moment où il se produit. Ainsi, si un rêve d'accident s'apparente au cauchemar, il peut néanmoins s'avérer tout à fait salutaire en cela que, par le biais de notre grand esprit des rêves, il agit à titre préventif.

Culpabilité et fatalité

Des siècles d'une culture fondée sur la culpabilité nous interdisent d'emblée de nous responsabiliser ou de nous mettre au centre des événements auxquels nous sommes confrontés au fil des jours et durant toute notre vie. Bien que nous soyons enclins à nous soumettre à la loi de cause à effet, il est bien rare que nous sachions faire le lien entre ce qui se passe à l'intérieur de nous-mêmes et ce qui se produit dans le monde extérieur, y compris et surtout lorsque nous sommes victimes d'un concours de circonstances ou d'événements qui nous semblent exclusivement provenir du monde extérieur. Cependant, nous disons volontiers que « cela n'arrive pas qu'aux autres ». Nous le savons si bien que, c'est plus fort que nous, nous ne pouvons nous empêcher de nous attarder sur les drames et les accidents dont les autres, justement, sont victimes. Comme si nous savions que tout peut (nous) arriver, que la fatalité ou ce que nous percevons comme telle, peut frapper à tout moment.

L'enchaînement des causes et des effets

Le mot « fatalité » dérive du latin *fatalitas*, qui désigne une force naturelle ou surnaturelle par laquelle tout ce qui arrive est déterminé d'avance. Il est lui-même issu de *fatum*, « destin » (d'après Alain Rey, *Dictionnaire historique de la langue française*, Dictionnaires Le Robert, Paris, 1992). Cependant, aujourd'hui, et notamment grâce aux contenus de nos rêves que nous pouvons interpréter, nous sommes en mesure de comprendre que si « tout ce qui arrive est déterminé d'avance », c'est que nous manquons de clairvoyance, négligeant de prendre en compte l'enchaînement des causes que nous produisons et des effets que nous subissons. Plus nous sommes conscients de ce que nous sommes et de ce qui se passe en nous-mêmes, moins nous sommes dupes de nos pensées et de nos actes, et plus nous sommes en mesure d'exercer notre libre arbitre et de conjurer la fatalité.

Il n'y a pas de fatalité

D'où nous pouvons déduire qu'il n'y a pas de fatalité d'événements et de circonstances dans une vie humaine et que, s'il existe une fatalité, c'est exclusivement celle de ne pouvoir échapper à soi-même, d'être obligatoirement ce que nous sommes, rien d'autre que ce que nous sommes, mais *tout* ce que nous sommes, sans exclure une partie de nous-mêmes. La loi de la causalité dans laquelle nous nous inscrivons communément et qui présente de nombreux avantages fonctionnels et pratiques nous prive d'une vision et d'une interprétation globales de la réalité dont nous faisons partie. Dire que pour chaque effet il y a une cause et inversement nous interdit de voir et de comprendre dans quel schéma global cet événement ou ce fait – ayant telle origine et produisant telle ou telle manifestation ou conséquence – s'inscrit, et où et comment nous nous trouvons au cœur de tout cet enchaînement de circonstances. Si nous provoquons des causes, nous en récolterons des effets. Cependant, de même qu'il ne suffit pas au gland de tomber du chêne et de s'enfouir dans la terre pour qu'à son tour il devienne un chêne (beaucoup de paramètres et d'intervenants extérieurs auront aussi des rôles à jouer pour favoriser la transformation naturelle du gland en chêne, et ce n'est qu'en tenant compte de tous ces facteurs que l'on peut comprendre comment un gland devient chêne), de même une cause en soi, quelle qu'elle soit, ne suffit pas pour produire systématiquement et fatalement le même effet.

Que signifient ces rêves ?

Rassurez-vous, lorsque vous rêvez, par exemple que vous vous faites renverser ou écraser par un véhicule, cela ne signifie pas qu'un tel événement dramatique va effectivement se produire dans la réalité. En revanche, si vous faites un tel rêve, interrogez-vous sur ce véhicule, sur les circonstances de cet accident dans votre rêve, sur le ou les événements éventuels qui l'entourent, ainsi que sur votre actualité, bien sûr. En effet, il ne s'agit pas d'un rêve anodin.

• Le véhicule qui vous renverse ou vous écrase

Si ce véhicule était une automobile conduite par une personne inconnue, il se pourrait bien qu'une circonstance dont vous n'avez pas conscience ou qu'un événement imprévu remette en question une situation que vous avez générée. Si elle était conduite par une personne que vous connaissez, vous êtes sans doute en mesure de « personnifier » cette situation, autrement dit, de mieux la cerner, de comprendre précisément de quoi il s'agit. Si le véhicule en question était un autobus, un car ou un train, vous avez probablement épousé une cause impliquant la conscience collective, et c'est dès lors une manifestation de la psyché inconsciente collective dans l'engrenage de laquelle vous être entré qui s'exprime à travers votre rêve d'accident.

• Vous avez rêvé que vous vous faisiez renverser par un véhicule

Ce rêve vous avertit qu'un événement bouleversant, ou plus exactement « renversant », est sur le point de se produire à votre insu – pas totalement bien sûr, puisque vous faites ce songe. Par exemple, il peut s'agir d'une situation que vous pensiez solide ou immuable et que vous perdez du jour au lendemain ou qui va se présenter à vous sous un jour tellement insolite et inimaginable que vous serez contraint de revoir votre jugement ou de remettre totalement en question des valeurs, croyances ou convictions personnelles. Mais dans tous les cas, vous êtes ou serez en état de choc émotionnel, lequel bien sûr se révélera salutaire, puisqu'il vous invitera à une prise de conscience.

• Vous avez rêvé que vous vous faisiez écraser par un véhicule

Si vous vous réveillez juste avant d'être écrasé par ledit véhicule (ce qui est très fréquent), il y a fort à parier que vous avez pris ou que vous êtes sur le point de prendre une initiative, une décision, ou de faire un choix qui pourrait bien se révéler « écrasant » à court ou à long terme, autrement dit, susceptible de devenir pesant, trop lourd à porter sur vos seules épaules, fardeau sous le poids duquel vous plierez tôt ou tard. Lorsque vous avez pris cette direction, vous n'avez probablement pas voulu ou pas su prendre en compte un certain nombre de paramètres relatifs à votre situation matérielle ne coïncidant pas avec votre évolution psychologique réelle, décalage dont pourtant vous avez dû avoir l'intuition. Ce faisant, vous vous êtes mis en danger, et suivant l'enchaînement « fatal » des causes et des effets, des circonstances ou des événements indépendants de votre volonté vous contraindront à vous en rendre compte. À moins bien sûr que vous preniez conscience, juste après avoir fait ce rêve, de ce qui est devenu pénible à supporter pour vous et que vous réagissiez à bon escient.

EXEMPLE D'INTERPRÉTATION

Étymologie

Renverser : issu du latin *versare*, « verser » signifiait originellement « tourner souvent, faire tourner » ou « remuer quelqu'un pour agir sur lui ». À partir du XVIe siècle, on a employé « bouleverser », composé de « boule » et de « verser », pour signifier qu'une personne tombait à terre. Ainsi, « verser », « renverser » et « bouleverser » font allusion au mouvement tournant des émotions et au choc émotionnel. Au plan symbolique, être renversé dans un rêve implique que quelque chose va nous remuer en profondeur ou que nous sommes (ou sommes sur le point d'être) en proie à une forte émotion qui devrait engendrer une prise de conscience importante.

Écraser : emprunté à l'ancien anglais *crasen*, qui est devenu *craze*, puis *crush*, en français, « écraser » a d'abord signifié « aplatir et déformer un corps » puis, par analogie, « tuer ou chercher à tuer ». Dès lors, se faire écraser dans un rêve implique, au plan symbolique toujours, que ce n'est plus seulement notre psychisme qui est concerné, mais que notre corps lui aussi est touché. Quelque chose vous est devenu si insupportable, en vous ou autour de vous, que cela vous écrase.

LE TRAIN

Dans un train, vous êtes un passager parmi tant d'autres. De ce fait, un rêve de train fait fréquemment allusion à des considérations d'ordre collectif où se mêlent ou se distinguent, selon le cas, des préoccupations personnelles. Tout train ayant un point de départ et un lieu de destination, le parallèle fut souvent fait entre lui et la vie humaine, qui va de la naissance (départ) à la mort (arrivée). De même, nous avons perçu une analogie entre la voie ferrée que le train suit pour se rendre d'un point à un autre et la destinée d'une personne qui, dès l'instant de son apparition sur terre jusqu'à sa disparition, semble ainsi « sur des rails ». Pour toutes ces raisons, les rêves de train tournent parfois au cauchemar, notamment lorsque le train que nous devons prendre part sous nos yeux ou est déjà parti, lorsque nous tombons d'un train en marche ou encore lorsque le train dans lequel nous sommes passagers déraille.

Le train de la vie

Évidemment, d'autres donnant une interprétation moins fataliste de l'existence croient volontiers que chacun de nous trace sa voie. Mais leur conviction s'attachant au concept de libre arbitre n'exclut pas qu'il leur arrive aussi de rêver de train. En effet, que nous soyons sur des rails ou que nous tracions notre route, quoi qu'il en soit, nous suivons tous un chemin ou, plus exactement, nous faisons tous notre chemin d'un point de départ à un point d'arrivée. Autrement dit, nous sommes tous dans le train de la vie.

Voyageur ou chauffeur ?

Ainsi, au plan symbolique, dans un rêve, le train est une représentation du voyage, mais surtout d'un déplacement d'un point à un autre, sans que l'on puisse dévier de sa route. Dès lors, selon que vous rêvez que vous n'êtes qu'un voyageur parmi tant d'autres ou que vous conduisez le train, l'interprétation de votre rêve différera. Dans le premier cas de figure, vous n'êtes probablement pas maître des événements de votre vie au moment où vous faites ce rêve, vous laissant entraîner sur une voie ou vers un but que vous n'avez pas nécessairement choisis (ou alors partiellement, en particulier si vous connaissez votre destination), au même titre que tous les autres voyageurs présents dans ce train. Dans le second cas de figure, au contraire, vous dirigez les opérations, vous savez ce que vous faites et où vous allez. Peut-être poursuivez-vous un objectif précis que rien ni personne ne semble pouvoir vous empêcher d'atteindre. Il arrive en effet que certains d'entre nous ressentent le besoin de « se mettre sur des rails » pour agir et atteindre le but qu'ils se sont fixé.

Vos rêves de train

✔ Vous avez rêvé d'un train :

INTERPRÉTATIONS PSYCHOLOGIQUES ET DIVINATOIRES

1 Prendre le train en marche vous montre sous un jour opportuniste ou trop enclin à vous identifier à des idées, des convictions, voire des certitudes qui ne sont pas forcément les vôtres. En effet, tout se passe comme si vous décidiez subitement de suivre la même voie que les autres. Une telle attitude peut relever d'un certain conformisme, dont vous pouvez vous demander s'il vous ressemble vraiment au moment où vous faites ce rêve.

2 Sauter d'un train en marche en revanche, indique clairement une démission de votre part. Que vous en ayez pris conscience ou non, au fond vous êtes prêt, voire déterminé, à ne plus suivre la voie que l'on vous a tracée ou que vous vous êtes tracée antérieurement. S'agit-il d'une velléité de votre part, d'un besoin de vous distinguer refoulé jusqu'à présent, ou d'une réelle volonté qui affleure dans votre conscience ? Posez-vous ces questions. D'autre part, si dans votre rêve une tierce personne vous pousse hors du train contre votre gré, vous devriez réfléchir au risque – dont vous êtes probablement inconscient au moment où vous faites ce rêve – que vous courez de perdre une situation que vous pensiez pourtant bien établie ou de devoir la quitter brusquement et contre toute attente de votre part.

3 Manquer son train, rêve que nous faisons tous assez souvent, révèle une occasion perdue, ou bien l'expression d'un refus conscient ou inconscient de votre part de vous engager dans une situation, dans une voie dont vous savez trop bien où elle doit vous conduire. Cependant, un tel rêve n'est parfois que le reflet de votre crainte de manquer une occasion ou de ne pas être à la hauteur d'une situation.
À vous de prendre conscience de cette crainte et d'essayer de comprendre comment vous pouvez la surmonter.

4 Assister à une catastrophe ferroviaire peut indiquer un bouleversement qui pourrait bien se produire dans le cours normal de votre existence et qui, symboliquement bien sûr, vous fera sortir de vos rails. Au plan psychologique, cela peut signifier qu'un bouleversement dans votre vie engendrera un grand changement dans votre manière d'être et dans vos choix de vie.

5 Mais si vous êtes un voyageur parmi d'autres dans ce train accidenté, ce rêve vous signifie que vous « déraillez », autrement dit, que vous êtes « dérouté » par des événements ou circonstances de votre vie (étudiez votre actualité au moment où vous faites un tel rêve) ou que vous déraisonnez.

6 Si le train dans lequel vous vous trouvez roule dans un très long tunnel, attendez-vous à vivre une période éprouvante assez longue, durant laquelle vous n'aurez rien d'autre à faire qu'attendre de « sortir du tunnel ».

7 Si votre train passe sur un pont, le cours de votre vie vous amènera probablement à prendre de la hauteur, à voir les choses avec plus de bienveillance et de générosité. Ou bien vous pouvez croire que vous traversez actuellement une période de transition qui vous mènera à un changement important.

8 Plus le train dans lequel vous vous trouvez est long, plus il est probable que vous « menez grand train de vie », selon l'expression familière. Selon que vous êtes (a) en tête, (b) au milieu ou (c) en queue de train, (a) c'est vous qui menez ce train de vie, (b) vous essayez de le maintenir ou de le préserver en suivant raisonnablement le cours des événements, (c) ou bien vous vous laissez entraîner par les événements ou par votre milieu relationnel ou social.

9 Voir ou regarder un train passer peut signifier que le cours de votre vie se déroule malgré vous ou à votre insu, peut-être normalement, mais que vous êtes plus spectateur qu'acteur, ou alors que vous êtes plus ou moins indifférent à ce qui se passe dans votre vie. Dans votre rêve, plus vous êtes éloigné de la voie ferrée où ce train passe, plus vous semblez détaché de ce qui se passe ou vous arrive, à tort ou à raison, d'autres symboles présents dans votre rêve vous renseigneront à ce sujet. Parfois, la symbolique d'un tel rêve peut être rapprochée de celle du serpent.

10 Il est rare que nous ne nous réveillions pas brusquement juste avant l'instant fatidique d'un rêve où nous sommes sur le point d'être écrasés par un train. Au plan symbolique, ce sont alors des considérations d'ordre collectif qui nous écrasent dans un tel rêve. Autrement dit, le poids des préjugés, des lieux communs, des idées reçues, du conformisme, peut-être aussi de l'instinct grégaire (qui existe avec plus ou moins d'intensité en chacun de nous) nous devient insupportable, mais si nous nous heurtons violemment ou de plein fouet à lui, nous courons de gros risques. Cependant, il arrive parfois que le cours de notre vie nous pousse à résister aux pressions de l'instinct grégaire. Le texte du sixième trait du vingt-huitième hexagramme du Yi King illustre admirablement ce genre de situation : « L'extraordinaire est à son comble. On est courageux et l'on veut à tout prix venir à bout de sa tâche. C'est l'infortune. Toutefois, abandonner la vie en voulant faire triompher ce qui est bon et bien n'entraîne pas de blâme. Il est des choses plus importantes que la vie[12]. »

---

12. *Yi King, le Livre des transformations*, traduit du chinois par Richard Wilhelm et de l'allemand par Étienne Perrot, Librairie de Médicis, Paris, 1973.

EXEMPLE D'INTERPRÉTATION

Expressions & métaphores

Aller bon train : c'est marcher d'un pas alerte, mais c'est aussi, métaphoriquement, ce que l'on dit de tout ce qui suit son cours sans obstacle, qui progresse sans difficulté. Si le train de votre rêve roule à bonne vitesse constante, une vitesse de croisière en quelque sorte, vous pouvez croire que son cours va bon train. Mais s'il roule à grande, voire à très grande vitesse, il y a probablement de l'impatience en vous ou bien les événements se précipitent, ou encore la conclusion d'une situation ou d'un processus psychologiques s'accélère.

Mettre en train, mise en train : un rêve où vous vous trouvez dans un train qui démarre vous signale que vous avez probablement besoin d'être stimulé ou encouragé à agir, autrement dit, que l'on vous mette en train. Si vous montez dans un train, encore à l'arrêt bien sûr, ce rêve vous informe que vous êtes au début d'une action, de l'exécution d'un plan ou de la réalisation d'un projet. Cette mise en train est fréquemment un rêve prémonitoire. Ce rêve peut aussi attirer votre attention sur le fait que vous devez vous préparer psychologiquement à une telle entreprise.

Le train-train quotidien : un train qui vous donne l'impression de ne pas avancer, qui roule très lentement, ou duquel vous pouvez voir un paysage morne ou triste fait probablement allusion au train-train quotidien qui, dans votre existence, vous empêche de progresser et d'évoluer ou vous ennuie, tout simplement.

L'INCENDIE

Le feu éclaire, réchauffe et purifie. Mais livré à lui-même, il embrase, consume et détruit tout sur son passage. Ainsi, lorsqu'un incendie se déclare dans un rêve, nous devons toujours nous demander quel danger nous courons. En effet, tout rêve d'incendie nous met en présence de nos désirs ardents, de nos sentiments passionnés, que nous pensons contenir ou maîtriser à l'état conscient, mais qui s'embrasent dès que nous n'exerçons plus le contrôle de la raison sur nous-mêmes. Et plus nous nous efforçons, le plus souvent sans nous en rendre compte, de nous en abstraire, voire de les refouler ou de les inhiber, plus de telles ardeurs et passions sont susceptibles de provoquer « un incendie » dans notre psychisme.

Destruction et purification

Nous disons et savons tous qu'il ne faut pas se fier aux apparences, mais rares sont ceux d'entre nous qui mettent cet adage en application. Ainsi, il arrive parfois qu'une personne que nous côtoyions peut-être quotidiennement et que nous pensions pourtant bien connaître adopte brusquement un comportement insensé ou irrationnel. Par exemple, une personne donnant l'apparence du calme, de la tempérance, ou dont vous pensiez qu'elle ne perdrait jamais son sang-froid, peut entrer soudainement dans une colère noire ou commettre un acte insensé. Ainsi, à votre insu, et probablement à son insu, elle se consumait à petit feu depuis longtemps et tout à coup un incendie se déclare en elle. Certes, dans l'absolu, cet incendie est purificateur. Mais cet exemple plus fréquent qu'on veut bien le croire doit vous inviter à ne jamais négliger l'irruption d'un incendie dans l'un de vos rêves. Il signifie toujours que quelque chose brûle et se consume en vous et risque de mettre votre équilibre psychologique en péril si vous négligez d'y réfléchir et d'en prendre conscience.

Vos rêves d'incendie

✔ Vous avez rêvé d'un incendie :

INTERPRÉTATIONS DIVINATOIRES

1 Quel que soit l'endroit où il se produit, cet incendie augure d'une période de grande agitation, d'excitation, de changements importants, et de résolutions définitives d'un certain nombre de problèmes et difficultés.

2 Mais il peut aussi vous annoncer que vos projets ne se réaliseront pas ou que ce que vous pensiez acquis pourra être remis en question par des événements indépendants de votre volonté.

INTERPRÉTATIONS PSYCHOLOGIQUES

Selon que l'incendie de votre rêve se déclare dans un endroit qui vous est familier ou dans un lieu qui vous est étranger, l'interprétation que vous pourrez en faire différera.

1 L'incendie de forêt vous confronte à votre confusion intellectuelle, à une certaine dispersion dont vous faites preuve. Ce faisant, vous vous épuisez, vous gaspillez votre énergie psychique et vitale, vous vous égarez. Si vous fuyez l'incendie dans votre rêve, ce dernier menace de vous rattraper dans votre vie consciente où vous pourriez bien être victime d'une série d'incidents à répétition, très perturbants, mais révélateurs. Si vous êtes encerclé par le feu, dans votre rêve toujours, il est grand temps de vous recentrer sur ce qui est important pour vous et d'aller à l'essentiel, en quelque sorte.

2 Une ville incendiée vous indique que, contrairement à ce que vous pensez, vous n'êtes plus en sécurité, *a fortiori* s'il s'agit de la ville où vous habitez ou d'une ville que vous connaissez bien. Le feu a déjà pris en vous, mais vous n'en avez pas encore pris conscience. Ce rêve vous informe et vous avertit que de grands changements vont se produire en vous. Toutefois, ils seront probablement à l'origine d'un renouveau profond ou d'une régénération.

3 Le feu qui se déclare dans une maison, en particulier dans la vôtre (ou dans votre appartement) vous touche directement, surtout au plan affectif ou émotionnel. Si vous la voyez brûler de l'extérieur, c'est que vous ne vous sentez pas impliqué. Et pourtant vous l'êtes, puisque c'est votre maison ou votre appartement qui brûle. Et si vous êtes à l'intérieur, la pièce où le feu se déclare, ou dans laquelle vous vous trouvez dans votre rêve, jouera un rôle très précieux dans votre interprétation. Par exemple, si le feu prend dans la cave, c'est que vous êtes enclin à étouffer des sentiments ardents ou des désirs passionnés depuis trop longtemps et que ceux-ci menacent de vous consumer.

4 Si vous allumez un ou plusieurs incendies, jusqu'à vous percevoir dans votre rêve comme un pyromane, alors vous pouvez croire que vous avez des attitudes autodestructrices, en cela que vous brûlez d'impatience, mais que vous manquez de persévérance. Vous « allumez » des idées, des projets, des entreprises que vous ne menez jamais à bien. Ou alors vous « couvez » des sentiments de vengeance destructrice que vous n'êtes peut-être plus en mesure de contenir.

EXEMPLE D'INTERPRÉTATION

Expressions & métaphores

« Il y a le feu » dit-on lorsque nous sommes pressés ou que nous avons une tâche urgente à accomplir. L'incendie onirique peut ainsi parfois figurer vos sentiments enthousiastes, votre impatience, le fait que vous vivez dans l'urgence ou qu'un fait ou un événement inattendu, se produisant très soudainement, va vous obliger à agir ou réagir vite.

Se faire incendier ou incendier quelqu'un : l'incendie de vos rêves peut encore vous confronter à des actes erronés que vous avez commis, ou à de mauvais réflexes comportementaux auxquels vous avez cédé une fois de plus. Auquel cas vous savez inconsciemment que vous allez vous « faire incendier », autrement dit, que vous vous faites à vous-même de lourds reproches ou que certaines personnes de votre connaissance s'apprêtent à vous en faire. En revanche, si (dans votre rêve évidemment) vous mettez le feu dans un endroit que vous ne connaissez pas ou chez une tierce personne, il est probable que vous nourrissez de fortes rancœurs et que vous souhaitez « incendier quelqu'un » ou, si vous préférez, l'accabler de reproches.

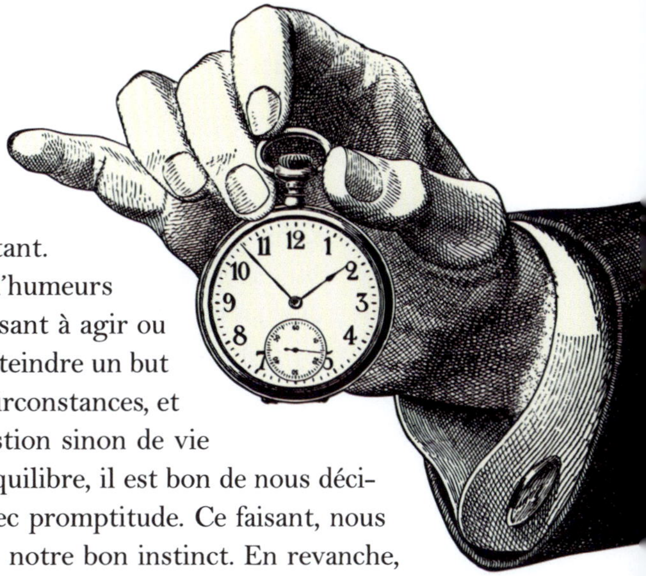

L'IMPATIENCE

L'impatience n'est pas un état constant. Elle résulte le plus souvent de désirs, d'humeurs ou d'une agitation mentale nous poussant à agir ou intervenir le plus vite possible pour atteindre un but ou obtenir satisfaction. En certaines circonstances, et notamment lorsqu'il s'agit d'une question sinon de vie ou de mort, du moins vitale à notre équilibre, il est bon de nous décider, de choisir, d'agir ou de réagir avec promptitude. Ce faisant, nous ne cédons pas à la hâte ; nous suivons notre bon instinct. En revanche, lorsque tout à coup nous sommes investis par une bonne idée ou par des sentiments passionnés (de justice par exemple, lorsque nous croyons être victimes de jugements faux ou arbitraires portés à notre encontre et que nous voulons alors rétablir la vérité – voir ci-dessous *L'instinct de vengeance*), lorsque nous nous sentons blessés, spoliés, trahis, ou plus simplement et plus positivement, lorsque nous sommes en proie à un élan amoureux ou créateur, nous sommes impatients de passer à l'acte.

Les dangers de l'impatience

Chez certains d'entre nous présentant des prédispositions à la hâte, ayant un caractère enthousiaste, un tempérament enflammé ou toujours besoin d'action, l'impatience peut devenir une habitude, voire un véritable mode de vie. Pour eux, rien ne se fait ou n'aboutit jamais suffisamment vite. Pressés et pressants, ils se jettent la tête la première contre les obstacles, inconscients du fait que lorsque de tels états deviennent permanents, ils mettent leur équilibre psychologique en péril, entraînant parfois dans leur aveuglement et leur précipitation des personnes de leur entourage qui, comme eux, peuvent devenir victimes d'actes manqués, d'incidents, de déconvenues ou de déceptions à répétition, ou encore – et c'est plus grave bien sûr – d'accidents.

La hâte est une bien mauvaise conseillère

Vivre en état perpétuel d'urgence ou de hâte n'est pas une bonne chose. Si vous vous comportez de la sorte, ou s'il vous arrive occasionnellement de céder à la précipitation, réfléchissez-y à deux fois avant de passer à l'acte et demandez-vous d'où vous vient cette impulsion apparemment irrépressible qui vous pousse subitement à agir ou à obtenir satisfaction. Si vous vous précipitez pour réaliser quelque chose, efforcez-vous également d'estimer quelles conséquences bonnes ou mauvaises cette entreprise pourrait avoir sur vous ou dans votre existence. Et considérez avec attention que, le plus souvent, la hâte est une bien mauvaise conseillère. Tout se passe en effet comme si vous étiez possédé par elle. Si vous préférez, ce n'est plus vous qui agissez, c'est l'impatience dont vous êtes devenu le jouet qui vous pousse à agir ou à vous comporter de la sorte.

Que cache l'impatience ?

Sous les signes d'impatience que manifeste telle ou telle personne, se dissimulent fréquemment des états d'anxiété, dépressifs, de grande fatigue nerveuse ou de stress, voire, plus fondamentalement, un manque de confiance en soi. Certes, lorsque nous avons affaire à une personne en proie à l'impatience ou que nous sommes entraînés avec elle dans son mouvement pressant, *a fortiori* si nous en sommes victimes, nous ne discernons pas bien ce qui motive réellement un tel empressement. Néanmoins, un peu comme dans les contes de fées lorsque le héros prononce la formule magique qui met un terme à un ensorcellement, il suffit parfois de dire à cette personne le mot juste qu'elle doit entendre, pour que tout le mécanisme inconscient qui engendre son impatience s'enraie et qu'elle se calme. Le fait d'être stoppée net dans son élan provoquera probablement chez elle une crise dépressive ; cette dernière se révélera dès lors salutaire, en cela qu'elle pourra l'aider à prendre conscience qu'en agissant ou en se comportant sous l'emprise de la hâte, elle était victime d'une sorte d'envoûtement d'une composante de sa personnalité qui la possédait. Autrement dit, victime de son impatience, elle n'était plus elle-même.

EXEMPLE D'INTERPRÉTATION

Un rêve d'une personne en proie à l'impatience

« J'ai l'impression que je suis placée au-dessus du déroulement de la scène à laquelle j'assiste dans mon rêve. Je conduis une moto dans un véritable labyrinthe, apparemment à l'intérieur d'une immense construction dans laquelle il y a de très nombreux couloirs se croisant ou s'enchevêtrant les uns les autres. Je roule assez vite, et des personnes que je ne vois pas bien et que je ne connais pas jettent des bûches sur la route, ou plus exactement dans les couloirs, pour m'empêcher de passer. Mais je déjoue tous ces obstacles assez facilement. Puis, ayant fait une halte, un homme inconnu me vole ma moto ; je le vois s'enfuir à très vive allure. Après avoir traversé une cloison, puis une grande baie vitrée en la brisant au passage pour s'enfuir, il est arrêté par des jeunes gens de plus en plus nombreux, brandissant des bâtons, qui l'encerclent et l'arrachent de son siège, le jettent à terre, et le lynchent littéralement. L'ayant tué, ils l'enroulent dans une immense bâche en plastique. Il ne semble plus rester aucune trace de lui ni de la moto. Cependant, mon chien (un labrador) flaire encore sa trace. »

D'emblée, il convient de préciser que la personne ayant fait ce rêve a toujours fait montre d'une grande impatience. En cela, et pour ce qui nous intéresse ici, son rêve est exemplaire.

Découvrez l'interprétation de ce rêve à la page suivante…

EXEMPLE D'INTERPRÉTATION

Considérons les symboles présents dans ce rêve :

1 **Le labyrinthe**, qui figure ses idées et ses pensées entremêlées et dans lesquelles elle est prise au piège.

2 **La moto**, qui indique qu'elle se dirige malgré tout et tant bien que mal, par le pouvoir de sa volonté et grâce à la propulsion (le moteur) de ses émotions et de ses motivations (et de ses impulsions), dans le labyrinthe de ses idées.

3 **L'inconnu qui lui vole sa moto**, qui révèle qu'elle n'est pas à l'abri de perdre la faculté d'agir et de s'orienter par sa seule volonté.

4 **Le groupe de jeunes armés de bâtons**, qui représente ce qui, en elle, s'oppose violemment à cette perte de volonté, à cette fuite en avant, à cette précipitation.

5 **Le chien**, enfin, qui symbolise son bon instinct capable de retrouver ou de déceler, grâce à son flair, ce qu'elle voudrait se dissimuler.

Les significations de ces cinq symboles suffisent à nous donner l'interprétation probable de son rêve. Toujours en proie à son agitation mentale qui engendre une sorte d'état permanent d'impatience (le labyrinthe), elle a la volonté d'agir vite pour s'en sortir (ou se sortir du labyrinthe). Autrement dit, elle est devenue consciente de son impatience. Cependant, pour ne plus en être victime, elle agit encore avec impatience. En effet, ce sont ses émotions et ses impulsions (le moteur de la moto) qui la poussent à sortir du labyrinthe. Elle s'arrête donc en chemin, mais quelque chose de plus fort qu'elle (le voleur) s'empare de sa moto, et finalement se fait lyncher par ce groupe de jeunes armés de bâtons. Il ne reste plus rien ni du voleur ni de la moto. Tout laisse croire qu'elle a réussi à se débarrasser de son impatience. Cependant et ce faisant, elle a aussi sacrifié ou perdu ses émotions et motivations qui ne sont pas mauvaises en soi. Croyant bien faire, elle est allée trop loin. Mais grâce à son chien, ou à son bon instinct fidèle et protecteur, elle peut retrouver ce qu'elle a perdu par mégarde. Tel est sans doute le message contenu dans son rêve. Autrement dit, lorsque nous lavons un bébé dans une baignoire, une fois le petit enfant propre, il faut évidemment vider l'eau du bain. Mais nous devons prendre garde de ne pas jeter le bébé avec l'eau du bain ! Ici, notre rêveuse est pleine de bonnes intentions en ayant la volonté de se débarrasser de son impatience. Mais ce faisant, elle doit prendre garde de ne pas perdre les bonnes motivations qui sont à l'origine de son impatience. Si elle se fie à son flair ou à son bon instinct, elle y parviendra.

LES CONCOURS ET LES EXAMENS

L'enfant que vous avez été est toujours là, à l'arrière-plan de votre conscience. Et il arrive que dans vos rêves il se retrouve sur les bancs de l'école. Selon le cas, ce rêve peut s'apparenter à un cauchemar ou à un rêve très agréable. Par exemple, nous devons passer un examen ou un concours et nous arrivons trop tard ; ou bien nous « séchons » et nous rendons une copie blanche ; ou encore nous ne réussissons pas l'examen ou nous n'obtenons pas notre diplôme. À l'inverse, il arrive que notre grand esprit des rêves nous couvre de lauriers.

L'école de la vie

Combien de fois avez-vous rêvé que vous « passiez » ou « repassiez » le baccalauréat, un examen d'entrée dans une faculté ou une université, ou d'obtention d'un diplôme ? Probablement assez souvent, du fait que, tout au long de notre existence, nous sommes toujours à « l'école de la vie ». C'est ainsi que même celles et ceux qui, parmi nous, ne possèdent aucun diplôme rêvent fréquemment de concours ou d'examens. Moi-même, n'étant pourtant détenteur que d'un modeste certificat d'études primaires, il m'est arrivé de rêver à plusieurs reprises que je devais non seulement passer un examen, mais surtout le réussir. Dans mon rêve, cela me semblait vital, voire une question de vie ou de mort. Et je suis bien certain que, sortant de votre rêve inquiet ou perturbé, vous avez déjà éprouvé ce genre de sentiment. Puis, vous raisonnant, vous vous êtes dit que ce n'était qu'un rêve. Le moins que l'on puisse dire, en effet, c'est que parfois notre grand esprit des rêves exagère.

Le droit de passage

Cependant, notre grand esprit des rêves est excessif à dessein, pour nous aider à prendre conscience que – pour une raison ou pour une autre (et pour chacun d'entre nous, il s'agit toujours d'une raison différente et singulière), étant à un tournant de notre existence ou devant franchir une étape importante – nous ne nous faisons pas confiance, ou bien que nous péchons par enthousiasme, par présomption, bref, si vous m'autorisez cette expression familière, que nous sommes « à côté de la plaque ». Dans l'absolu, notre grand esprit des rêves veut notre bien, ou plus exactement que nous soyons justes vis-à-vis de nous-mêmes et en harmonie avec tout ce qui nous entoure. Voilà pourquoi il nous inscrit à un concours ou à un examen onirique, nous mettant en quelque sorte en situation d'exploiter nos vraies facultés, connaissances et possibilités personnelles, pour obtenir un droit de passage. Quelle que soit l'étape que nous devons franchir dans notre existence, c'est en faisant appel à nos seules ressources personnelles, à ce que nous sommes en réalité, que nous pouvons nous donner à nous-mêmes ce droit de passage. Telle est la signification profonde d'un rêve de concours ou d'examen. D'une certaine manière, nous nous examinons nous-mêmes.

• Si vous rêvez que vous passez un concours ou un examen...

D'emblée, demandez-vous quelle étape vous devez franchir, quel choix, quelle décision ou quelle prise de conscience s'impose à vous dans votre vie consciente. Dans tous les cas, il s'agit probablement d'un projet, d'un souhait, d'un désir, d'une volonté ou d'un enjeu qui requiert toute votre attention au moment où vous faites ce rêve et qui n'appartient qu'à vous ou, si vous préférez, que vous êtes seul à pouvoir réaliser. Après vous être demandé de quoi il s'agit en réalité, interrogez-vous sur votre état d'esprit dans cette situation : Êtes-vous oui ou non disposé à passer ce cap ? Exploitez-vous toutes vos forces, toutes vos ressources personnelles pour y parvenir ? Quel en est l'enjeu ?

• Concours ou examen ?

Ensuite, sachez distinguer le concours de l'examen.

Le concours

Le concours évoque une compétition. Il fait aussi allusion à tout ce qui « concourt » à votre réussite, autrement dit, à des éléments extérieurs ou des paramètres que, dans votre vie consciente, vous négligez peut-être de prendre en considération ou au sérieux. Quel est pour vous l'intérêt de ce concours ? Que pourriez-vous y gagner ou y perdre, selon que vous allez ou non le réussir ? Que voulez-vous vous prouver à vous-même ? En effet, si le concours de votre rêve ne fait aucune référence à une quelconque compétition entre plusieurs candidats, dont vous faites partie bien sûr, il n'en évoque pas moins le fait que vous vous mettez en compétition avec vous-même.

EXEMPLE D'INTERPRÉTATION

Des rêves d'examens

Voici quelques exemples de rêves d'examen qui pourront vous aider à interpréter les vôtres.

1 **Rêver que vous passez ou repassez n'importe quel examen pour obtenir un diplôme** vous questionne sur vos mérites, compétences et qualités. Si en réalité vous êtes titulaire de ce diplôme, vous pouvez croire que vous êtes à un moment de votre vie où vous devez de nouveau vous prouver quelque chose d'important à vous-même pour être en droit d'en disposer. Il arrive parfois que nous fassions ce genre de rêve lorsque nous doutons de nous-mêmes ou que, pour une raison ou pour une autre, nous sommes enclins à sous-estimer nos compétences et qualités.

2 **Rêver que vous passez un examen pour accéder à une classe supérieure ou entrer à l'Université** coïncide fréquemment avec une période de votre vie où vous devez « grandir », faire preuve d'une plus grande maturité.

3 **Rêver que vous passez un examen pour parler et écrire une langue étrangère** vous prévient qu'il existe des zones pour le moment inconnues ou « étrangères » de votre personnalité avec lesquelles vous êtes déjà en relation sans le savoir. Mais pour entrer en relation avec elles, en prendre conscience et les intégrer, vous devez parler une autre langue que la vôtre ou, si vous préférez, vous hisser à un plan de conscience totalement étranger à celui que vous connaissez. Vous devez par exemple faire appel à vos intuitions si habituellement vous faites plutôt confiance à votre esprit logique, ou inversement.

4 **Rêver que vous échouez à un examen** vous révèle que vous avez des difficultés à résoudre un problème ou que vous ne l'abordez probablement pas sous le bon angle. Vous serez alors contraint de « repasser l'examen ».

5 **Rêver que vous devez passer un examen, mais que, pour des raisons indépendantes de votre volonté, vous ne réussissez pas à vous rendre à l'heure au lieu où cette épreuve doit se tenir** vous révèle que des obstacles ou des difficultés se dressent entre vous et l'objectif que vous voulez atteindre, ou bien que vous n'obtiendrez pas l'autorisation ou la bénédiction que vous espérez pour agir. À ce sujet, il se peut d'ailleurs que vous dressiez vous-même des obstacles devant vous, vous interdisant ainsi d'agir. Cette interprétation est encore plus vraie si, dans votre rêve, vous n'arrivez pas à temps au lieu en question par pure négligence de votre part ; auquel cas en effet, vous pouvez croire que vous êtes enclin à vous dérober à vos obligations ou bien que vous voulez agir en dépit des règles, sans autorisation ni permission.

L'EXAMEN

L'examen vous remet tout simplement sur les bancs de l'école de la vie. Où en êtes-vous ? De quoi êtes-vous capable ? Êtes-vous à la hauteur de vos aspirations, de vos ambitions, de vos désirs ? Quel diplôme, ou plus précisément quel droit de passage souhaitez-vous obtenir pour poursuivre votre route ou franchir un cap ? Et pour être autorisé à aller où ou à faire quoi ? Dans l'absolu, en effet, en rêvant que vous passez un examen, vous vous examinez vous-même pour savoir où vous en êtes, et si vous êtes en droit d'agir. Et en finalité, vous vous décernez ou non le diplôme à vous-même.

L'HUÎTRE ET LA PERLE

À l'huître en laquelle nous voyons communément une représentation du sexe féminin en raison des analogies que l'aspect de la première présente avec celui-ci, la tradition attache les qualités de sottise et de mollesse, tandis qu'elle voit dans la perle les qualités de rareté et de pureté, ce qui peut sembler paradoxal, car si l'on en croit sa formation, on ne peut pas dire que la perle soit un produit pur. À l'aube du Paléolithique supérieur, d'après ce que nous en savons aujourd'hui, les hommes et les femmes ont manifesté un besoin ou un goût prononcé pour les parures constituées de coquillages, de dents animales, d'os, d'ivoire, de graines, de plumes, etc. À cette période de notre histoire, « les perles [étaient] de petits objets, plus ou moins sphériques, découpés en série à partir de baguettes d'os, de bois de renne, de pierre ou d'ivoire. Elles [étaient] perforées avec soin à partir de deux faces opposées[13] ».

La perle

Par son aspect, sa forme et sa blancheur nacrée, la perle présente des analogies avec la Lune. Du fait qu'elle se dissimule dans une huître ou un coquillage au fond des mers, se rattachent aussi à elle des principes liés aux mystères et aux origines de la vie, qualités purement féminines. En Inde, mais aussi en Europe, au Moyen Âge, on préparait à partir de la poudre de perle un aphrodisiaque puissant. Nous pouvons en déduire qu'au plan symbolique et psychologique la

13. Leroi-Gourhan, André, *Dictionnaire de la préhistoire*, PUF, 1988.

perle est en rapport avec la libido. Dans un rêve, la présence d'une perle attire l'attention du rêveur sur un principe essentiel, enfoui en lui, qu'il néglige ou méconnaît, capable pourtant de le régénérer ou de le revigorer, dès lors qu'il ira le pêcher ou repêcher dans les profondeurs de sa psyché.

Le trésor caché

Dans de nombreux contes de fées, la quête du héros consiste à trouver un trésor enfoui dans un endroit inaccessible ou très dangereux. La perle que contient l'huître est l'un des symboles de ce trésor. Lorsque le héros, imitant le pêcheur polynésien, plonge en piqué au fond de l'océan pour cueillir le précieux parasite d'une huître perlière, parfois au prix de sa vie ou d'un combat mortel avec un dragon ou un monstre marin, il se comporte tel le rêveur en proie à un cauchemar pouvant toutefois se révéler être un songe initiatique.

L'enveloppe de la psyché

Du fait que l'huître est un mollusque, animal invertébré dont on a retrouvé des fossiles datant du Cambrien (période allant de 542 à 488 millions d'années avant notre ère environ), sa présence dans un rêve nous met en relation avec les couches les plus profondes, les plus anciennes, les plus insoupçonnées de notre psyché. Or c'est précisément à l'intérieur de cet aspect primitif et archaïque de notre psyché inconsciente, aspect que nous croyons relégué à des temps à tout jamais révolus, qu'est enfoui le plus grand trésor que recèle notre âme. L'huître des rêves symbolise ainsi l'enveloppe subtile et hermétique de la psyché humaine, dont la mémoire inconsciente garde intacte le souvenir et dont nous pouvons croire qu'elle est encore vivante.

Le retour aux sources

Cette enveloppe psychique détient le bien le plus précieux de notre être, figuré par la perle. Il s'agit en quelque sorte d'un retour aux sources et de cette curieuse alchimie qui s'opère dans l'âme humaine : à partir de ce qu'il y a de plus archaïque en nous, surgit le plus pur, le plus rare, le plus exceptionnel produit de l'âme humaine. Ainsi, dans l'absolu, l'apparition d'une perle dans un rêve figure le noyau pur de votre personnalité et vous conseille un retour à la simplicité, à la spontanéité, à l'innocence, à la pureté.

EXEMPLE D'INTERPRÉTATION

Expression & métaphore

Se fermer comme une huître : cette expression s'emploie fréquemment à propos d'une personne en proie au mutisme, ou se refusant à exprimer ses sentiments ou ce qu'elle éprouve ou ressent, et qui se referme ou se replie sur elle-même. Une huître dans un rêve fait parfois allusion à cela. Il va de soi que nous ne faisons pas ce genre de rêve par hasard. Si tel est le cas, nous devons nous efforcer de réfléchir à notre situation et nous remémorer à quel moment, pour quelles raisons, en quelles circonstances nous nous sommes « fermés » comme une huître, nous avons adopté une attitude de repli sur soi, nous refusant à tout dialogue ou toute explication. Il est vrai que se taire est parfois salutaire, ou qu'il est préférable de ne rien dire plutôt que de se laisser emporter par des paroles dépassant la pensée ou dans une discussion stérile. Cependant, en raison de son aspect archaïque, l'huître évoque plus exactement un réflexe comportemental enclin au mutisme et profondément ancré à l'intérieur du rêveur ou de la rêveuse, lui interdisant de s'exprimer spontanément, de parler à cœur ouvert.

Vos rêves d'huître et de perle

✔ Vous avez rêvé d'une huître :

INTERPRÉTATIONS DIVINATOIRES

1 Une personne ne partage pas les sentiments que vous éprouvez pour elle.

2 Un secret sera bien gardé. Si vous tentez d'ouvrir cette huître à l'aide d'un couteau, vous devez comprendre que ce n'est pas en brusquant les événements que vous réussirez à découvrir ce secret.

3 Rêver que vous mangez des huîtres figure parfois un regain d'énergie ou de vitalité, ou vous avertit que vous allez connaître une vie amoureuse et sexuelle mouvementée et dissolue.

INTERPRÉTATIONS PSYCHOLOGIQUES

1. Vous gardez enfoui au plus profond de vous un trésor inestimable. Si dans votre rêve vous ouvrez une ou plusieurs huîtres à l'aide d'un couteau, vous ne cherchez pas ce « trésor » de la bonne manière.
2. Une huître peut tout aussi bien se révéler être une coquille vide. Si vous rêvez d'une telle huître, c'est-à-dire de sa coquille uniquement, sans rien à l'intérieur, il y a là probablement une allusion symbolique au fait que vous accordez trop d'importance à l'apparence ou à la forme, au détriment du fond.
3. Consommer des huîtres peut constituer un rêve de compensation : soit vous éprouvez des frustrations ou insatisfactions sexuelles, soit vous vous trouvez dans un état d'excitation tel que vous ne réussissez pas à cultiver une vraie relation amoureuse.

✔ Vous avez rêvé d'une perle :

INTERPRÉTATIONS DIVINATOIRES

1. Vous recevrez le témoignage d'une affection sincère et pure.
2. Vous recevrez une demande en mariage, ou bien l'union pure et rare à laquelle vous aspirez de tout votre être se réalisera tôt ou tard.
3. Si vous avez rêvé de plusieurs perles ou d'un collier de perles, vous allez probablement éprouver de très fortes émotions, des sentiments de joie ou de tristesse, selon le cas, qui vous feront pleurer à chaudes larmes.

INTERPRÉTATIONS PSYCHOLOGIQUES

1. Rêver d'une perle attire votre attention sur ce que vous pourriez percevoir à l'état conscient comme un parasite ou une gêne, alors qu'il s'agit en réalité d'un bien précieux, d'un atout ou d'un avantage. En d'autres termes, si vous vous efforcez de transformer ce parasite – voire un problème ou une difficulté dont vous ne réussissez pas à vous débarrasser –, vous découvrirez que ce poids que vous portez ou supportez depuis (trop) longtemps deviendra très léger, pur, rare comme une perle que vous gardiez enfouie en vous sans le savoir.
2. Si, dans votre rêve, vous allez vous-même pêcher et cueillir une perle dans une huître posée au fond de la mer, éventuellement enfouie dans le sable, cet acte onirique vous indique que vous pouvez pêcher ou repêcher en vous-même un principe essentiel de votre personnalité que vous méconnaissez ou négligez, alors qu'il serait pourtant susceptible de vous régénérer. Mais pour ce faire, vous devez « plonger en vous ». D'autre part, il se peut aussi que, dans votre rêve, pour atteindre cette perle, vous affrontiez des obstacles ou des dangers.

EXEMPLE D'INTERPRÉTATION

Expressions & métaphores

Bâiller comme une huître : cette métaphore illustre le fait d'ouvrir très largement la bouche. Elle est souvent synonyme de « bâiller d'ennui ». Une huître béante dans un rêve peut donc aussi évoquer l'ennui. Là encore, demandez-vous ce qui vous ennuie. Que s'est-il passé récemment qui vous a ennuyé ou bien quelle est la situation monotone dans laquelle vous vous trouvez au moment où vous rêvez d'une huître ? Il est possible que pris dans l'engrenage de vieilles habitudes, vous éprouviez une grande lassitude dont vous n'avez peut-être pas encore pris réellement conscience afin d'en tirer des conclusions et de vous décider à réagir. Cependant, bâiller n'est pas exclusivement un signe d'ennui ou de lassitude. Il s'agit aussi d'une action irrépressible et involontaire manifestant le relâchement des tensions et de la fatigue, la détente, l'abandon. Dans un rêve, une huître bâillant peut ainsi très bien figurer symboliquement un désir de détente et d'abandon ou être un conseil de votre grand esprit des rêves de vous laisser aller. Enfin, l'huître qui bâille peut encore faire allusion à l'expression familière « bâiller sa vie », qui n'est plus en usage de nos jours, mais qui n'en est pas moins toujours d'actualité. Elle signifie « soupirer après quelqu'un ou quelque chose », c'est-à-dire « désirer quelqu'un ou quelque chose », si vous préférez. En effet, en plus d'être un signe d'ennui ou de détente, le bâillement est aussi une des manifestations de la faim et du désir.

La perle rare : nous disons d'une personne que nous apprécions ou dont nous aimons vanter les qualités qu'elle est « une perle rare ». Pur produit d'une réaction de rejet d'une huître vis-à-vis de la présence d'un grain de sable, d'un parasite ou d'un morceau de nacre s'étant introduit dans sa double coquille, la perle est rare, en effet. Quelques années plus tard, l'intrus est recouvert de plusieurs couches concentriques d'une sécrétion produite par l'huître. Ainsi naît la perle, dont la rareté et la pureté sont deux qualités très prisées des pêcheurs de perles et des femmes amatrices de parures. Il arrive ainsi qu'une perle présente dans un rêve évoque une personne chère qui nous accompagne, ou qui est auprès de nous. Dans le rêve d'un homme, cette perle peut figurer son *anima* ou la composante féminine de sa psyché ; dans celui d'une femme, elle représente fréquemment l'aspect le plus authentique de sa féminité, mais aussi parfois le noyau de ses pulsions créatrices. D'où l'importance, dans le rêve d'un homme ou d'une femme, des circonstances dans lesquelles une perle fait son apparition.

3 Si vous rêvez que vous trouvez une perle par hasard, vous serez probablement confronté au « noyau pur » de votre personnalité dans des circonstances inattendues.

4 En dehors du fait que plonger pour aller cueillir une ou plusieurs perles au fond de l'eau peut se révéler un véritable exploit sportif ou une dangereuse épreuve, il arrive fréquemment qu'une femme enceinte, sur le point de l'être, qui l'est depuis quelques jours sans le savoir, ou qui aspire à l'être bien qu'elle s'en défende, rêve qu'elle trouve une perle ou qu'on lui en fait cadeau. Il s'agit d'un rêve prémonitoire en cela que la psyché inconsciente, « sachant » que la rêveuse est enceinte, qu'elle veut ou va l'être, l'en prévient.

EXEMPLE D'INTERPRÉTATION

Expression & métaphore

Enfiler des perles : si vous rêvez que vous « enfilez des perles », vous pouvez croire que vous perdez votre temps en vous consacrant à des activités dénuées d'intérêt ou que, malgré votre bonne volonté, ce que vous dites ou faites ne servira à rien. Mais comme souvent, il existe une autre interprétation, dont la connotation est nettement plus positive, voire spirituelle. En effet, « enfiler des perles » fait aussi allusion au collier et au chapelet. Le collier de perles réalisé par la rêveuse ou le rêveur, ou par une tierce personne présente dans son rêve, symbolise un lien affectif profond, la richesse des sentiments amoureux, l'honnêteté et la loyauté. En confectionnant un collier de perles, le rêveur ou la rêveuse met en avant ces qualités, qui lui sont chères ou auxquelles il ou elle aspire sincèrement. Bien sûr, une tierce personne de sexe féminin présente dans le rêve d'un homme, ou de sexe masculin dans celui d'une femme, met l'un et l'autre en relation avec son *anima* ou son *animus*, cette femme ou cet homme incarnant symboliquement sa psyché inconsciente (opposée et complémentaire) et aspirant clairement à l'union profonde et sacrée qui ne peut se produire qu'à l'intérieur de chacun d'entre nous, et sans laquelle il ne peut y avoir d'accomplissement de soi ni de plénitude. Enfin le chapelet étant un support à la prière et à la méditation, sa présence dans un rêve invite probablement la rêveuse ou le rêveur au recueillement.

LA MORT

Si nous devions mourir chaque fois que nous rêvons de notre propre mort, et s'il en allait de même des personnes qui nous sont proches ou étrangères, dont nous rêvons aussi parfois que telle ou telle d'entre elles meure, ces dernières et nous-mêmes disposerions de plusieurs vies. Certes, il est plus que probable que, lorsque notre heure sera venue, nous rêverons de notre propre mort ou, plus exactement, du fait que nous sommes sur le point de faire le grand saut. Mais lorsqu'un tel rêve prémonitoire se manifeste, c'est toujours sous une forme symbolique et dans des circonstances bien particulières justifiant que nous fassions un tel rêve. Marie-Louise von Franz note : « En analysant les rêves de mourants, j'ai constaté que soixante ou soixante-dix pour cent d'entre eux communiquaient le message suivant : faites confiance à l'animal. Au commencement de la vie, nous devons faire confiance à l'animal, à nos instincts, pour nous guider dans la vie, et ceci est tout aussi vrai au moment de la mort. Nous devons faire confiance à nos instincts pour nous guider hors de la vie. Nos instincts peuvent nous apprendre comment mourir de façon juste. Ce sont des instincts animaux ; c'est pourquoi, si nous faisons confiance à l'animal en nous, si nous faisons confiance à notre corps, alors nous sommes conduits hors de la vie de manière aussi harmonieuse que nous y avons été introduits[14]. »

La mort symbolique

Le plus souvent, lorsque nous rêvons de la mort, que ce soit de la nôtre ou de celle d'autrui, c'est que nous devons « mourir à nous-mêmes » ou que quelque chose doit mourir en nous ou disparaître de notre existence, de nos préoccupations ou de nos pensées : un sentiment périmé, un souvenir morbide, des préjugés ou des idées reçues, de mauvais réflexes comportementaux, bref, tout ce qui nous tire en arrière, nous empêche d'évoluer, nous frustre d'être nous-mêmes. Un tel rêve constitue donc une mort symbolique. Pour comprendre sa signification, vous devez l'analyser méthodiquement.

---

14. Franz, Marie-Louise (von), *Les modèles archétypiques dans les contes de fées*, La Fontaine de Pierre, Paris, 1999.

Vos rêves de mort

INTERPRÉTATIONS PSYCHOLOGIQUES

✔ Si vous rêvez de votre propre mort :

Fixez votre attention sur les circonstances et le contexte dans lesquels se déroule votre rêve. Ce sont eux qui vous éclaireront sur sa signification, sachant qu'au plan symbolique et psychologique ce rêve correspond probablement à un changement, un bouleversement, un tournant dans votre vie. Il peut s'agir d'un changement d'attitude, de comportement ou d'opinion ; d'un bouleversement dans votre existence, parfois d'une rupture, de la fin d'une période, d'une époque révolue ; d'une page qui se tourne, de la fin d'un cycle de votre vie annonçant cependant la naissance d'un nouveau cycle dont vous prendrez réellement conscience et dans lequel vous serez apte à entrer dès que vous aurez accepté, admis, intégré le fait que sans la mort, il ne peut se produire de renouveau. Il s'agit ici de mourir à soi-même, autrement dit, d'une fonction psychologique à laquelle nous sommes toujours attachés ou dont nous éprouvons des difficultés à nous défaire et qui n'est plus d'actualité ou n'a plus de raison d'être.

EXEMPLE D'INTERPRÉTATION

Expressions & métaphores

Être mort de peur : lorsque vous rêvez de mort, c'est parfois que vous avez peur de quelque chose ou de quelqu'un, ou qu'un fait, un événement, une circonstance vous pétrifie. Les traits sous lesquels la mort apparaît dans votre rêve vous aideront à comprendre de quoi ou de qui vous avez peur.

En vouloir à mort : de même si, sans vraiment vous l'avouer, vous nourrissez de la rancune, voire un sentiment de haine à l'égard d'une tierce personne, vous pouvez très bien la voir morte dans l'un de vos rêves, elle ou une personne lui ressemblant. Un tel rêve signifie fréquemment que, sans vous en rendre compte probablement, vous lui en voulez à mort. En effet, il arrive parfois que nos rêves cristallisent nos pensées en réalités concrètes, afin de nous aider à prendre conscience du fait que nous allons trop loin, ou que nous dépassons les bornes.

✔ Si vous rêvez de la mort d'une tierce personne :

Réfléchissez à ce que cette personne représente pour vous. S'il s'agit d'un proche parent, de votre mère ou de votre père notamment, il est probablement salutaire que votre complexe maternel ou paternel disparaisse. Vous n'en avez plus besoin. Vous le connaissez bien, mais c'est encore lui qui contrôle certains de vos actes, certaines de vos réactions. Autrement dit, ce n'est pas vous qui agissez ou réagissez en certaines

EXEMPLE D'INTERPRÉTATION

Expression & métaphore

Faire son deuil : nous sommes parfois très lents à faire notre deuil. Autrement dit, entre le moment où se produit une perte dans notre vie ou un changement fondamental dans notre comportement et le moment où nous reconnaissons ce fait comme réel, qu'il ne nous cause plus aucune gêne, aucun manque, aucune frustration, entre ces deux moments donc, il se produit toujours un certain laps de temps durant lequel nous nous préparons psychologiquement à l'intégrer. Un rêve de mort peut dès lors nous prévenir que les temps sont mûrs, que nous sommes prêts à accepter ce changement ou, à l'inverse, qu'en refusant obstinément de voir cette réalité en face, nous engendrons un désordre et des tensions en nous-mêmes. Il arrive que la perte d'un être cher nous affecte à ce point que nous sommes victimes d'une dissociation psychique plus ou moins forte. Tant que nous n'avons pas surmonté notre chagrin et fait notre deuil, nous sommes comme en proie à des sentiments extrêmes et contradictoires qui résultent de l'intensité de l'affection que nous éprouvions pour notre cher disparu et dont nous ne savons plus que faire maintenant qu'il n'est plus physiquement présent auprès de nous. Jadis, dans les sociétés primitives, mais aussi dans les civilisations antiques, les rituels parfois longs et compliqués qui accompagnaient le défunt jusqu'à sa dernière demeure servaient en quelque sorte d'exutoire à de tels désordres psychologiques et psychiques incontrôlables. Les proches d'un être cher avaient le temps et les moyens de faire leur deuil. Ce n'est hélas plus le cas de nos jours.

circonstances, c'est votre complexe maternel ou paternel. Cette interprétation se vérifie souvent lorsque, dans la réalité, votre mère ou votre père n'est plus de ce monde. Auquel cas ce qu'elle ou il représente à vos yeux, que ce soit au plan affectif, moral ou psychologique bien sûr, tout ce que vous avez reçu et reproduit de ce parent, n'est apparemment pas encore mort en vous. Cependant, votre rêve vous annonce que cela est sur le point de mourir, va ou doit mourir pour qu'un changement libérateur se produise en vous. Et le fait que, selon que ce parent est encore vivant ou décédé, vous êtes ou étiez encore « attaché » d'un point de vue affectif à cette figure parentale n'exclut pas qu'un tel changement, ou une telle mort symbolique, puisse ou doive se produire.

✔ Si vous rêvez de votre propre enterrement :

Vous nourrissez probablement une forte angoisse existentielle qui vous fait craindre que tout le monde vous oublie ou vous rejette, ou bien vous êtes enclin à vouloir tout oublier, à faire le vide en vous et/ou autour de vous. À moins qu'il s'agisse là encore du terme d'une période ou d'un cycle de votre vie, représenté symboliquement par votre propre enterrement. Par exemple, à la veille d'un mariage, nous évoquons fréquemment l'enterrement de notre vie de jeune fille ou de garçon. Il va de soi que, dans notre existence, cette fin augure d'un commencement. Mais ce n'est pas la seule circonstance où nous nous trouvons confrontés à un tel changement radical de mode de vie. Un changement de profession, un brusque changement d'opinion, de milieu social, un divorce, l'abandon du nid parental, voire parfois un simple déménagement, tous ces événements bouleversants de notre vie et d'autres encore peuvent coïncider avec des rêves d'enterrement qui, symboliquement, révèlent que nous enterrons une période de notre vie désormais révolue.

INTERPRÉTATIONS DIVINATOIRES

1 Lorsque nous rêvons de notre propre mort, nous sommes sur le point d'être libérés d'un poids, d'une difficulté, d'une contrainte ou d'une situation qui ne nous laissait aucune marge de manœuvre.

2 Rêver de la mort d'un proche constitue un présage de libération ou de soulagement pour cette personne, voire une bonne fortune qui devrait bientôt lui échoir et qui rejaillira sur la rêveuse ou le rêveur.

EXEMPLE D'INTERPRÉTATION

Un rêve de la mort annoncée d'un ami

« J'ai fait un rêve bizarre, me confiait récemment une jeune de femme de 30 ans. J'avais rendez-vous pour un dîner organisé à l'occasion de l'anniversaire de mon ami R. Mais mon père me prévint que mon ami allait très bientôt mourir, ce qui me semblait aussi incroyable qu'impossible, mon ami ayant à peine 40 ans et étant en très bonne santé. Lorsque j'arrivai au lieu dit, je me rendis compte que plusieurs personnes étaient au courant de la mort prochaine de notre ami commun et s'y étaient déjà préparées. Je me suis effondrée en larmes dans mon rêve, et brusquement réveillée en pleurant. »

Découvrez l'interprétation de ce rêve à la page suivante…

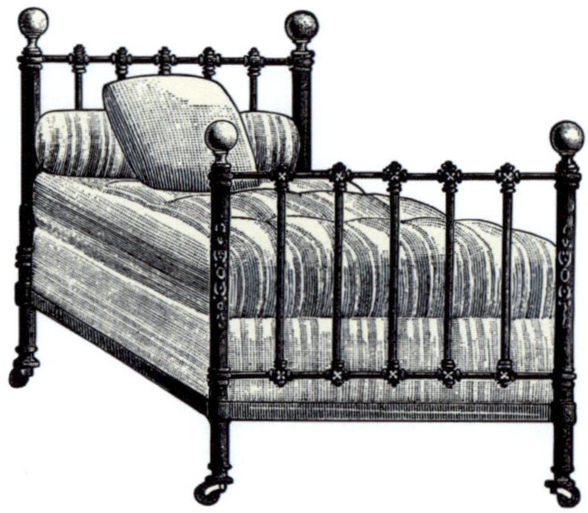

EXEMPLE D'INTERPRÉTATION

L'interprétation de ce rêve

Ce rêve saisissant et angoissant n'annonçait pas la mort physique de l'ami de notre rêveuse ; il se porte très bien en effet. En revanche, je lui ai conseillé de fixer toute son attention sur ce que son ami représente pour elle, sachant que sa personne et les relations qu'elle entretient avec lui coïncident probablement avec une composante de sa personnalité promise à disparaître quand, par ailleurs, elle se montre plutôt encline à vouloir fêter son anniversaire, autrement dit, à renouveler et prolonger son existence. En d'autres termes, en soi, ce comportement ou ce trait de son caractère doit disparaître, mais elle y est encore très attachée, d'où son chagrin irrépressible lorsqu'elle s'aperçoit que son ami va mourir en effet (dans son rêve), puisque bien d'autres personnes présentes pour fêter son anniversaire semblent déjà au courant de ce fait et s'y sont déjà préparées.

Le message contenu dans ce rêve : pour la mettre sur la piste du message contenu dans son rêve, il a fallu que notre rêveuse comprenne par elle-même que ladite composante de sa personnalité était probablement amicale à son égard, c'est-à-dire qu'elle pouvait compter sur son appui, qu'elle pouvait la solliciter lorsqu'elle en avait besoin et, bien sûr, qu'une grande partie d'elle-même (symbolisée dans son rêve par les autres invités qui connaissaient la mort annoncée de son ami) la considérait également comme telle. Et bien que cette grande partie d'elle-même soit déjà prête à faire son deuil de ce qui doit mourir en elle, si l'on en croit son rêve, il semble bien que notre rêveuse quant à elle n'a pas encore totalement intégré ce fait à sa conscience. « Tu dois te préparer à perdre une partie de toi-même. Son heure est venue. » Tel est le message implicite de son rêve. En ce qui la concerne, cette composante de sa personnalité qui va disparaître est probablement en rapport avec son complexe paternel, puisque, dans son rêve, c'est son père qui le premier la prévient de la mort de son ami. Tout laisse supposer qu'il existe des analogies caractérielles et comportementales entre son père et son ami qu'elle a déjà perçues inconsciemment, mais dont elle n'a pas encore pris conscience. Comme il arrive souvent dans la vie, cette mort symbolique d'un ami dans un rêve en corollaire avec la perte, ou plus précisément le sacrifice, d'une partie de soi est fréquemment à l'origine d'un renouveau, d'une renaissance, d'un nouveau cycle de vie qui, d'une manière ou d'une autre, se matérialisera par un changement réel et concret. Mais seules une prise de conscience et une nouvelle attitude de la part de notre rêveuse rendront ce changement possible, d'où son rêve et le sentiment d'angoisse qu'il a suscité en elle, afin qu'il puisse être à l'origine d'une réelle prise de conscience.

60
5
10
15
20
25
30
35
40
45
50
55

CES RÊVES QUI NOUS RÉVEILLENT

Les cauchemars ou les rêves terrifiants ou angoissants ne sont pas les seuls à nous arracher à notre sommeil. Il arrive que nous soyons aussi brusquement réveillés par des rêves merveilleux ou dénués de toute situation stressante, ou de tout événement inquiétant ou désagréable. Un rêve qui nous réveille en pleine nuit est quasiment toujours porteur d'un message important.

Coupez !

Bien que notre grand esprit des rêves exploite de nombreux ingrédients connus de nous, faisant partie de notre existence, ou dont nous avons été en présence dans notre vie consciente, pour produire nos rêves, il n'en est précisément que le producteur. Par son intermédiaire, c'est vous seul qui réalisez, interprétez et visionnez les films de vos rêves. En effet, lorsque vous êtes « physiquement » présent dans l'un de vos rêves, au même moment, vous vous voyez agir ou vivre la situation dans laquelle votre songe vous plonge. En d'autres termes, lorsque vous rêvez, vous êtes simultanément le réalisateur, l'acteur principal et le spectateur du film de votre rêve. Toutefois, pour une raison qui dans la réalité pourrait se révéler très frustrante lorsque vous visionnez un film, brusquement, tout se passe comme si le metteur en scène ordonnait : « Coupez ! » Comme si vous n'assistiez plus au film monté et réalisé, mais à son tournage.

Soulagé ou frustré ?

Lorsqu'il s'agit d'un mauvais rêve (film), vous éprouvez évidemment un soulagement de ne pas être contraint de voir et vivre telle ou telle situation (scène) critique, pénible ou dangereuse. Mais lorsque vous faites un beau rêve, par exemple lorsque vous vivez une belle histoire d'amour avec une personne connue ou inconnue, quoi qu'il en soit éveillant en vous de belles, fortes et profondes émotions, vous ne pouvez que vous réveiller avec un sentiment de frustration.

Le principal objectif de notre grand esprit des rêves est de nous « réveiller »

Cauchemar, prémonition ou rêve idyllique, c'est la fonction même du rêve, son utilité intrinsèque, de nous réveiller le moment venu, pour nous sortir de notre torpeur et simultanément réveiller et secouer notre conscience. J'entends par « conscience » l'emprise et l'influence que chacun exerce, malgré lui le plus souvent, sur la réalité de ce monde, ou ce qu'il convient de définir comme étant le monde réel – c'est ce que les neurobiologistes appellent « l'état de vigilance ». Si la conscience qu'il a du monde réel permet à l'être humain d'y exercer sa volonté, rien ne nous prouve que cette réalité sur laquelle il fixe sa conscience, justement, contienne effectivement toute la réalité visible et invisible. Tout laisse supposer en effet que les trois dimensions du monde réel dont nous avons conscience n'englobent pas toutes les dimensions de l'univers. Qui plus est, les instruments scientifiques dont nous nous sommes pourvus n'opérant que dans les limites du monde connu de nous, rien ne nous interdit de croire que nous ne voyons pas, ou que nous ne sommes pas en relation avec d'autres mondes invisibles à l'œil nu, échappant à notre conscience et à nos instruments de mesure.

C'est toujours pour notre bien qu'un rêve nous réveille

Nos rêves quant à eux semblent se dérouler dans un univers multidimensionnel au sein duquel, entre autres, les morts sont vivants et les frontières de l'espace et du temps abolies. Ainsi, nos rêves ou plus exactement les messages qu'ils contiennent peuvent nous aider à nous faire sortir de notre torpeur. Le cauchemar en particulier, comme je viens de vous l'exposer, mais aussi certains rêves merveilleux. La peur, la frayeur et l'angoisse, la souffrance, la répulsion, la tristesse, mais aussi la passion, la joie, le plaisir, la jouissance, voire l'extase, voilà entre autres quelques exemples des sentiments, des émotions et des sensations que tout être humain éprouve depuis toujours. Ils ont suffisamment impressionné notre conscience depuis des dizaines de millénaires pour que, recourant à notre mémoire inconsciente, notre grand esprit des rêves les utilise pour nous réveiller lorsque cela est très important ou que c'est devenu vital pour nous.

L'univers multidimensionnel de nos rêves

L'univers dans lequel nous évoluons dans tel ou tel rêve est parfois très réaliste, voire hyperréaliste, au point qu'il peut nous sembler obscène ou insoutenable. En effet, dans notre vie consciente, nous n'envisagerions pas d'assister ou de vivre des scènes aussi crues ni d'être plongés dans des situations si outrancières. Mais simultanément, nos rêves nous transportent aussi dans une réalité très différente de celle que nous connaissons, une réalité éclatée, en quelque sorte, dans laquelle tout est possible, tout peut arriver, où le passé, le présent et l'avenir s'inversent, se confondent ou fusionnent étrangement. Il n'est pas faux de dire que notre grand esprit des rêves fait preuve d'une imagination tantôt réaliste, tantôt délirante, qui dépasse de loin tout ce que dans la vie dite réelle nous sommes capables d'imaginer.

Des rêves plus vrais que nature

Il arrive que nos rêves s'accordent si bien à la réalité qu'ils nous donnent l'impression d'être plus vrais que nature. Durant un court instant, en nous réveillant d'un tel rêve encore très présent à notre esprit au moment où nous ouvrons les yeux, nous sommes convaincus d'avoir réellement vécu cette expérience. Mais très rapidement, nous nous apercevons de notre erreur et nous éprouvons un soulagement ou une déception, selon le contenu dramatique ou heureux du rêve en question. Ce genre de rêve possède en effet une intensité dramatique et psychique telle qu'il investit notre corps, notre âme et notre esprit, nous plongeant dès lors dans une illusion elle aussi plus vraie que nature.

L'univers fantasmagorique du rêve

Toutefois, le plus souvent, nos rêves nous plongent dans un univers fantasmagorique repoussant toujours plus loin les frontières du possible. Nous y rencontrons des situations incroyables, totalement invraisemblables ou irréelles, des êtres fabuleux ou chimériques. Ou bien le monde réel y est transposé tant et si bien que nous ne savons plus discerner le vrai du faux. D'ailleurs, lorsque nous rêvons, il est bien rare que nous soyons choqués ou perturbés par toute cette fantasmagorie ou que cette dernière nous paraisse non conforme à la réalité. Nous y évoluons avec aisance ou bonheur, quelles que soient les situations dans lesquelles nous sommes plongés, les expériences que nous vivons et les personnes connues ou inconnues que nous rencontrons. L'univers multidimensionnel du rêve nous semble normal lorsque nous rêvons, mais totalement insensé lorsque nous l'évoquons ou que nous nous remémorons nos rêves.

Les multiples dimensions de l'univers onirique

Selon les bases de la géométrie intuitive, le monde réel et visible est composé de trois dimensions : la longueur, première dimension définie par une ligne droite ou courbe partant d'un point à un autre ; la largeur, deuxième dimension définie par la surface ; et la hauteur, troisième dimension définie par l'espace. À ces trois dimensions s'ajoute celle du temps, une quatrième dimension dont s'inspirent abondamment les romanciers de la littérature fantastique et de science-fiction, mais qui est difficilement concevable dans la réalité concrète et matérielle du monde dans lequel nous vivons. Les films de nos rêves sont projetés non pas en « 3 D », mais en « 4 D », et même en « Multi D » ! En effet, si les notions de passé, de présent et d'avenir ne constituent certes pas des frontières infranchissables lorsque nous rêvons, la quatrième dimension du temps n'est pas non plus la dernière de l'univers onirique.

Le rêve, une machine naturelle à voyager dans le temps

En plus de nous transporter dans le passé ou dans l'avenir, du présent au passé ou du présent à l'avenir, quasiment sans transition, ou d'intégrer dans le présent ou dans l'avenir des êtres ou des choses du passé ou, à l'inverse, dans l'avenir, des êtres ou des choses du présent ou du passé, l'univers du rêve ne dissocie pas le passé, le présent et l'avenir. En son sein, le temps n'a plus rien à voir avec le temps réel ou que nous concevons comme tel : hier, aujourd'hui, demain ou avant, pendant, après. Véritable machine à voyager dans le temps, le rêve nous invite à revisiter notre passé, à revivre des événements antérieurs ou des expériences de notre enfance, de notre jeunesse ; il nous invite parfois même à vivre dans des temps historiques plus ou moins lointains. Ou bien il nous projette dans le futur, quand il ne prévoit pas l'avenir. D'autres fois encore, le temps semble se dilater ou se contracter selon le cas, et nous passons, d'un instant à l'autre, d'une époque à une autre de notre vie ou de l'histoire humaine, ou bien nous vivons en rêve une situation hors du temps.

UN PEU D'HISTOIRE

Rêvons-nous en couleur ou en noir et blanc ?

L'invention du cinématographe puis celle de la télévision étant quasiment contemporaines de l'émergence de la psychanalyse et de l'analyse des rêves mises en lumière par Sigmund Freud, ainsi que de leur intégration progressive dans nos mœurs, cette question est apparue tout naturellement dans l'esprit de nombreuses personnes au XXe siècle. Les premières projections cinématographiques et les premières émissions télévisuelles ayant adopté d'emblée, pour des raisons techniques, le noir et blanc, les premiers spectateurs et téléspectateurs firent probablement des rêves en noir et blanc. En effet, la psyché inconsciente et notre grand esprit des rêves puisent la plupart de leurs ingrédients dans la réalité ou dans notre vie consciente pour composer nos rêves. Désormais cependant, la couleur ayant envahi tous nos écrans, cette question de rêver en couleur ou en noir et blanc ne se pose plus de la même façon. La plupart du temps en effet, nous rêvons en couleur. S'il vous arrive de rêver en noir et blanc, c'est probablement que ce monde en noir et blanc, gris en réalité, qui surgit dans tel ou tel de vos rêves a son importance, que vous ne devez pas négliger en essayant de trouver son interprétation. Par ailleurs, le blanc et le noir présentant des analogies symboliques ancestrales avec la mort, c'est parfois cette dernière qu'un rêve en noir et blanc évoque.

Un monde de folie

Il va de soi que si, dans notre vie diurne et consciente, les limites des trois dimensions telles que les physiciens les définissent n'existaient pas, nous serions projetés dans un monde totalement incohérent, un monde de folie, pour tout dire. Toutefois, lorsque nous rêvons, ce monde de folie a non seulement une raison d'exister, mais en aucun cas il n'est dénué de sens ou de cohérence. De fait, ce que nous avons beaucoup de mal à concevoir à l'état conscient, c'est que le monde ou l'univers dans lequel nous vivons forme un tout. De nos jours, cette conception nous échappe d'autant plus que nous regardons notre univers d'un œil scientifique qui fragmente, analyse et fouille chaque élément constitutif de la vie ou de la réalité du monde physique séparément, sans plus voir d'une manière synthétique les liens parfois subtils et les analogies existant entre tous ces éléments qui, dans l'absolu, forment un tout. Seuls quelques mathématiciens et physiciens perçoivent ce tout, renouant ainsi avec une tradition ancestrale que nous avons perdue ou, plus exactement, dont nous nous sommes détournés, pour fixer notre attention sur les détails.

Les films de nos rêves

Un rêve apparaît comme une sorte de projection inconsciente, de spectacle intérieur. Juste avant de s'endormir, chacun de nous semble invité à ce spectacle dont, après tout, le cinématographe n'est qu'un produit réalisé dans le monde dit réel. Un film n'est-il pas une interprétation de la réalité, qu'il soit traité sous une forme hyperréaliste ou imaginaire ? Quant aux films de nos rêves, nous avons le choix de les occulter, ou de renforcer l'intensité de notre conscience du monde dit réel de sorte que notre mémoire consciente en efface tout souvenir. C'est ce qui se produit lorsque nous affirmons « je ne rêve jamais » ou bien « je ne me souviens jamais de mes rêves ». Mais nous pouvons également rester reliés à notre mémoire inconsciente ou, plus exactement, baisser l'intensité de notre emprise sur le monde dit réel, matériel, concret, de sorte que des souvenirs vagues ou précis de nos rêves remontent jusqu'à notre conscience.

VOLER COMME UN OISEAU

Il semble bien que depuis des temps immémoriaux l'homme a toujours rêvé de voler comme un oiseau. Il y est parvenu, d'une certaine façon. Mais pas exactement comme un oiseau, plutôt comme un homme, en imitant le vol des oiseaux et des insectes. En les observant attentivement, il a reproduit dans des systèmes et mécanismes complexes la technique innée et prodigieuse des oiseaux et des insectes, pour finalement réussir à se déplacer dans les airs.

Du rêve à la réalité

En revanche, dans nos rêves, nous volons vraiment, sans battre des ailes ou des bras, sans l'aide d'aucune propulsion inventée par l'homme. Ainsi, tout laisse supposer qu'ayant éprouvé cette sensation rare de puissance et de légèreté à la fois, en volant dans ses rêves durant des millénaires, il a fini par se dire qu'il pourrait peut-être passer du rêve à la réalité. Mais à ce jour, dans la réalité ou dans notre vie consciente, aucun d'entre nous n'a jamais volé comme nous volons effectivement dans nos rêves.

Une sensation d'ivresse et de liberté

Avez-vous déjà observé les oiseaux voler ? Si tel n'est pas le cas, je vous y invite. Ce spectacle de la nature est riche d'enseignements. Il constitue un sujet de méditation éternel et permanent. Lorsque vous y assistez, vous pouvez vous sentir relié à toutes celles et tous ceux qui, depuis que le monde est monde et que nous nous déplaçons sur cette planète, ont vu, contemplé, admiré le vol des oiseaux. Il s'agit d'une danse effrénée qui inspire ou respire l'ivresse et la liberté. Car les oiseaux ne volent pas seulement par nécessité, pour se déplacer d'un lieu à un autre dans un but bien précis. Ils volent aussi pour le plaisir, la joie, l'ivresse de voler. C'est d'ailleurs souvent cette sensation d'ivresse et de liberté que nous éprouvons au sortir d'un rêve où nous volions.

L'ivresse libératrice

Nous ne pouvons ni approuver ni défendre les méfaits de l'alcool et des drogues, y compris biochimiques, engendrant de désastreuses dépendances et des dégâts psychologiques et physiologiques, dont certains sont parfois irréparables, quand ils ne sont pas mortels. Néanmoins, il conviendrait de mieux comprendre les raisons poussant certaines personnes à sombrer dans de tels abus. L'ivresse est, sinon un besoin, du moins une aspiration psychologique vitale. En effet, elle libère la personnalité des carcans de l'ego ou, si vous préférez, de cette composante partielle, certes très utile de notre personnalité, mais exerçant une emprise excessive sur cette dernière.

MYTHES & SYMBOLES

Méthé, la divinité de l'Ivresse

L'ivresse, incarnée par Méthé dans la Grèce antique, possédait des vertus thérapeutiques. Elle ne représentait pas l'état d'ébriété obtenu par l'ingestion d'alcool en plus ou moins grande quantité, mais l'ivresse intérieure qu'il faut rapprocher de l'extase mystique. Elle jouait un rôle de guérisseuse, notamment à Épidaure, dans le temple d'Esculape (*Asclépios* en grec, divinité de la Médecine, dont le symbole, le caducée [deux serpents s'enroulant autour d'un bâton], est encore utilisé par la médecine de nos jours, figurant notamment à l'enseigne de la plupart des pharmacies). Éros, le dieu de l'Amour, était toujours à ses côtés. Pour les prêtres et médecins grecs de l'Antiquité, en effet, l'ivresse (Méthé) et l'amour (Éros) constituaient deux principes qu'ils utilisaient à des fins thérapeutiques. Leurs pratiques reposaient sur la croyance en l'existence de l'âme humaine et sur le fait que l'ivresse la libérait non du corps, mais du joug de l'esprit. Ce faisant, elle pouvait agir librement pour soigner ou guérir le corps. C'est pourquoi déjà les prêtes et médecins grecs analysaient les rêves de leurs patients pour affiner leur diagnostic et leur prescrire des remèdes et des régimes.

Peu importe le prix, pourvu qu'on ait l'ivresse

C'est ainsi que non seulement l'être humain a toujours recherché l'ivresse, mais jadis, et de tout temps et sous toutes les latitudes, nos ancêtres virent en elle un atout essentiel au développement de la personnalité. Méthé, la divinité de l'Ivresse de la mythologie grecque, en est un exemple. Nous serions bien avisés de comprendre que parmi celles et ceux qui cèdent aux tentations de l'alcool et des drogues, très nombreux sont les êtres qui aspirent inconsciemment à l'ivresse libératrice de toutes les contingences et vicissitudes d'une vie matérielle devenue trop contraignante et laissant de moins en moins le champ libre à l'amour, à l'imagination, à l'inspiration, à l'intuition, à la douceur de vivre, au rêve !

✔ Lorsque vous rêvez que vous volez :

1 Le plus souvent, il s'agit d'un rêve de compensation, vous plongeant dans une sorte d'état second proche de l'ivresse intérieure. Un tel rêve signifie que, précisément, vous subissez bien trop de contraintes dans votre vie consciente et que vous aspirez, inconsciemment, à vous en évader.

2 Ou bien, en vous faisant éprouver toutes les sensations d'ivresse, de légèreté et de liberté qu'engendre le fait de voler, votre grand esprit des rêves vous met en garde contre votre penchant à privilégier votre esprit logique et rationnel au détriment de vos intuitions, de vos émotions, de votre imagination, voire d'aspirations plus profondes.

3 Cependant, à l'inverse, il arrive assez souvent que ce rêve vous confronte à votre absence de réalisme ou à votre refus d'affronter la réalité et d'assumer vos responsabilités. En d'autres termes, vous survolez les événements et les situations, vous passez au-dessus d'eux, ou vous vous croyez « très au-dessus de tout ça », suivant une expression populaire, et vous ne vous impliquez pas consciemment dans ces faits de votre existence. Il s'agit donc d'un rêve vous avertissant que vous fuyez vos problèmes matériels, la réalité extérieure ou ce qui se passe en vous, ce qui bien sûr n'est pas une bonne chose en soi.

EXEMPLE D'INTERPRÉTATION

Le pays imaginaire de Peter Pan

Pour se rendre au pays imaginaire, ou pays des rêves, il faut savoir voler. S'il est des enfants ou des adolescents qui ne savent pas voler, qu'à cela ne tienne, la fée Clochette, une jolie figure de l'*anima* ou de la composante féminine inconsciente du personnage de Peter Pan, leur jette un peu de poudre-aux-fées, et ils gagnent leurs ailes en un clin d'œil. Toutefois, le pays imaginaire, pour enchanteur qu'il soit, n'est pas de tout repos. À y séjourner, les héros de cette histoire onirique ont failli y perdre leurs ailes. Quant à Peter Pan, il semble condamné à vivre pour l'éternité entre son royaume et celui de la belle pour qui son cœur soupire. Dès lors, ce qu'il est intéressant d'observer ici, c'est le mouvement perpétuellement ascendant et descendant de Peter Pan, l'homme volant, à l'instar de la libido : celle-ci peut nous donner des ailes, en effet, en nous poussant à des pulsions instinctives et projectives, à des élans créateurs et spontanés, voire à l'illumination et à l'extase au plan spirituel, qui sont autant de façons pour l'être humain de voler. Mais à l'inverse, elle peut aussi nous plonger dans les affres de la souffrance, de la frustration ou de la perversion et, si nous n'employons pas sa force à bon escient, nous consumer à l'intérieur ou nous prendre au piège d'un cycle infernal, d'un cercle vicieux d'autodestruction plus ou moins consciente.

LES RÊVES ÉROTIQUES

La vie sexuelle engendrant naturellement une exacerbation des sens et constituant un facteur vital d'épanouissement et d'équilibre de la personnalité, elle peuple fréquemment les rêves. Un rêve au cours duquel nous accomplissons un acte sexuel n'a rien d'extraordinaire ni d'anormal, y compris si nous nous accouplons avec une ou un partenaire autre que notre compagne ou épouse, compagnon ou époux. Nous devons juste estimer dans quelles circonstances de notre vie un tel rêve intervient, c'est-à-dire consulter notre actualité au moment où nous faisons ce rêve. Il peut en effet exprimer une soif inassouvie d'union ou de fusion pas exclusivement charnelle, ou un besoin vital de nous libérer de tensions extrêmes et susceptibles de mettre en péril notre équilibre psychologique et/ou physiologique.

Érotisme et pornographie

Les forces inconscientes appellent un chat un chat. En effet, si notre grand esprit des rêves emploie le langage des symboles et l'univers des mythes pour nous transmettre des messages dans nos songes, il ne s'encombre pas des mêmes fioritures pour nous confronter à la réalité, notamment et surtout lorsque, dans notre vie diurne et intime, nous en perdons le sens. Bien que nous soyons enclins à voir dans nos songes un monde étrange, paranormal, fantastique ou fantaisiste, voire éthéré ou irréel, en apprenant à observer et comprendre vraiment ce qui se passe dans nos rêves, nous nous apercevons que ceux-ci sont aussi hyperréalistes, nous confrontant parfois à une réalité si crue qu'au réel, justement, nous n'oserions même pas l'envisager sous cet angle. C'est ainsi que nous rangeons un peu trop hâtivement des rêves érotiques ou sensuels, dont les scènes nous ont émus, secoués ou perturbés en profondeur durant notre sommeil, dans la catégorie des fantasmes pornographiques.

La magie de l'amour

Ne négligez jamais de prendre au sérieux un rêve érotique ou sensuel. En effet, de nos jours encore, le sexe étant trop souvent réduit à des fonctions physiologiques favorisant la procréation, ou à l'assouvissement d'un besoin naturel ou d'une pulsion irrépressible, nos rêves nous rappellent fréquemment qu'il est

aussi et d'abord une expression de l'âme et de l'esprit et qu'il fait appel à des forces instinctives innées et à des énergies salvatrices ou destructrices, selon l'usage que nous en faisons. En réalité, l'acte sexuel est un acte d'amour. La preuve en est qu'il est tout à fait remarquable que la plupart des rêves érotiques et sensuels que nous faisons font allusion à nos désirs d'aimer et d'être aimés. Lorsque nous sommes amoureux, nous éprouvons ce désir, et vous savez qu'alors nous avons l'impression de vivre hors du temps, d'être décalés, de ne plus nous appartenir. En revanche, si nous « faisons l'amour » mécaniquement, cédant à la force de l'habitude, et sans être animés par ce charme et cet envoûtement du désir de l'amour, nous n'éprouvons plus cette magie qui nourrit et libère notre âme et notre esprit. Il s'agit bien en effet d'un charme, d'un enchantement, d'un envoûtement, d'une magie, tous ces termes s'apparentant à l'âme et à l'esprit. Et dans ce cas, nos rêves nous invitent à renouer avec la magie sexuelle.

CITATION

Le sexe intérieur

« L'unique critère qualificatif pour chacun est celui du degré de plus ou moins parfaite réalisation de sa nature. Il n'y a pas de doute qu'une femme qui est parfaitement femme soit supérieure à l'homme qui est imparfaitement homme, de même qu'un paysan fidèle à la terre, qui remplit parfaitement sa fonction, est supérieur à un roi incapable de remplir la sienne. Dans l'ordre d'idées où nous parlons, on doit donc tenir pour certain que la masculinité et la féminité sont avant tout des faits d'ordre interne, au point que le sexe intérieur peut ne pas correspondre au sexe physique. Il est bien connu qu'on peut être homme dans le corps, sans pour autant l'être dans l'âme et *vice versa*, la même chose étant naturellement valable pour la femme aussi. »

Julius Evola, *La métaphysique du sexe*,
Payot, Paris, 1976.

Vos rêves d'amour sexuel

Par exemple, si vous rêvez que vous accomplissez un acte sexuel en présence ou sous le regard de personnes étrangères et que, ce faisant, vous ressentez une gêne ou un sentiment de honte, demandez-vous si des préjugés, des idées reçues, des principes qui vous ont été inculqués ou auxquels vous vous êtes identifiés, ou encore des conventions morales et sociales n'encombrent pas votre conscience, exerçant sur vous-même et à votre insu une censure qui vous frustre. Ou alors, si vous êtes pourvu du sexe opposé dans un rêve (un homme ayant alors un sexe féminin, une femme un sexe masculin), vous pouvez croire que vous intégrez plus naturellement et harmonieusement la composante féminine pour un homme, virile pour une femme, de votre personnalité, ou alors que vous y aspirez de toutes vos forces et qu'il est temps pour vous d'en prendre conscience.

L'éternel féminin et l'éternel masculin

Dans un monde où trop de femmes, pour affirmer leur personnalité, exister en tant qu'individus à part entière, sacrifiant ou bafouant leurs qualités féminines, adoptent des attitudes et comportements masculins outranciers et caricaturaux, il n'est pas étonnant que leur grand esprit des rêves, soucieux de remettre leur pendule caractérielle et leur horloge biologique à l'heure, les plonge dans un univers onirique où l'éternel féminin reprend ses droits. Simultanément, dans un monde où les valeurs masculines règnent et dominent sans partage, au point que les cultes de la raison, de la logique et du pouvoir ont fini par évincer, étouffer ou occulter toutes les formes d'aspirations spirituelles, ainsi que l'inspiration, l'émotion et l'imagination, il n'est pas surprenant que leur grand esprit des rêves, soucieux de rappeler aux hommes qu'ils ne seront jamais des individus à part entière tant qu'ils n'auront pas épousé et intégré en eux-mêmes leurs qualités féminines, les plonge dans un univers onirique où l'éternel masculin reprend ses droits.

La parité n'est pas l'unité

En effet, nous devons bien nous rendre compte que la plupart des femmes ne se « libèrent » pas du joug de l'homme pour devenir des femmes, mais pour être les égales des hommes dans un monde d'hommes, ce qu'évidemment elles réussissent plus ou moins bien, selon toutes sortes de facteurs psychologiques, sociaux et culturels qu'il serait trop long d'énumérer ici. Ce faisant, les hommes étant désormais plus enclins à être satisfaits de voir que les femmes deviennent comme eux, ils ne changent pas quant à eux. Ils n'ont en effet aucune raison de changer d'attitude, bien que nombre d'entre eux puissent prendre ombrage ou éprouver un certain malaise de voir de plus en plus de femmes se comporter comme eux. Ayant affaire à des femmes de plus en plus masculines, ils perdent leurs repères, ils sont désorientés, et ce sont toutes les relations hommes-femmes qui en pâtissent et en souffrent dans nos sociétés modernes. Ainsi, bien que la parité soit un vœu pieux de la vie sociale, elle ne favorise pas l'union des sexes opposés. Dans l'absolu, en effet, les opposés ne peuvent jamais être mis sur un pied d'égalité, sinon ils risquent de se dénaturer. S'attirant l'un l'autre, ils doivent fusionner, chacun demeurant ce qu'il est par nature et se transformant au contact de l'autre. Dans la nature et dans la vie, tous les opposés sont virtuellement complémentaires, mais ils ne le deviennent réellement que si chacune des deux forces en présence est authentiquement elle-même et si, ensemble, elles trouvent un trait d'union.

La sexualité

Sous le couvert d'une apparente libéralité, nos sociétés modernes prônent une certaine moralité et un conformisme qui conviennent et ressemblent bien peu à la vie sexuelle. Ainsi de l'hétérosexualité que nous percevons comme un modèle. Le terme scientifique « hétérosexualité » s'est répandu dans le langage courant pour contrebalancer celui d'« homosexualité ». Mais qu'il s'agisse d'« hétérosexualité » ou d'« homosexualité », ces deux noms dérivent de « sexualité », terme qui fut employé pour la première fois par les biologistes au début du XIXe siècle.

L'acte d'amour

Pour traiter du thème de la sexualité dans les rêves, je préfère évoquer la vie et les relations sexuelles humanisant l'acte d'amour. Ce dernier, présent dans nos rêves, ne se résume jamais à des fonctions organiques et biologiques, et ce, quelle que soit la forme ou la tournure qu'il prend. Il fait appel ou référence à la soif d'émotions et aux instincts primordiaux qui poussent l'être humain à la fusion et à l'abandon, plus qu'à la reproduction. Et n'en déplaisent aux moralistes de toute obédience, notre grand esprit des rêves ne fait aucune différence entre le permis et l'interdit, l'érotisme et la pornographie. Il arrive même que, dans certains rêves, en commettant l'acte d'amour sans aucune retenue, nous éprouvions un plaisir d'une telle intensité qu'il se rapproche moins de l'orgasme que de ce que les mystiques désignent du nom d'« extase ».

Les pulsions sexuelles

Bon gré mal gré, depuis des générations, nous avons tous été forgés dans le moule des conventions sociales. Dans ce moule, nous avons appris, ou nous avons été contraints, selon le cas et l'éducation que nous avons reçue, à maîtriser, contenir ou refouler nos pulsions sexuelles. Mais quel que soit l'ascendant conscient ou inconscient que nous exerçons sur elles, nous ne pouvons pas nous empêcher d'être en proie à des pulsions sexuelles.

L'énergie psychique

En elles, en effet, s'exprime et se manifeste en nous et à travers nous une pure énergie constituant un élan vital, que nous détournons probablement de sa fonction ou réalité originelle. Il s'agit de l'énergie psychique, communément nommée « libido » par les psychanalystes. Cependant, comme nous l'avons vu, la libido ne se résume pas aux pulsions sexuelles. Sans elle ou, plus exactement, sans ce que nous désignons comme telle, nous ne serions pas imaginatifs, inventifs, créatifs, intelligents, des êtres humains, pour tout dire ; nous ne nous différencierions pas du règne animal.

Vos rêves d'union sexuelle

✔ Vous avez rêvé d'union sexuelle avec votre partenaire habituel :

INTERPRÉTATION DIVINATOIRE

Vous vous fiez à votre bon instinct, vous vous faites confiance, vous abandonnant spontanément aux sollicitations de votre milieu social et relationnel. Dès lors, il y a tout lieu de croire que ce rêve est un excellent présage résultant de vos bonnes dispositions morales et affectives.

INTERPRÉTATIONS PSYCHOLOGIQUES

1 Bien sûr, il peut s'agir d'un simple rêve de compensation, résultant du fait que vous êtes « en manque d'amour », de relations privilégiées, sensuelles, érotiques ou fusionnelles avec la personne que vous aimez. Surtout et notamment si, dans votre rêve, vos relations sexuelles étaient douces et voluptueuses ou très passionnées.

2 Mais par ailleurs, il est aussi probable que vous contenez, canalisez trop, ou même inhibez ou refoulez votre force psychique et vos énergies créatrices, engendrant ainsi des tensions dont vous n'êtes pas conscient, qui aspirent évidemment à se libérer. Or, du fait que, dans votre rêve, vous êtes en relation avec votre partenaire habituel, rien ne semble s'opposer véritablement à ce que vous lâchiez prise, de sorte que votre force psychique et vos pulsions créatrices puissent circuler en vous et s'exprimer à travers vous en toute liberté.

✔ Vous avez rêvé d'union sexuelle avec une personne inconnue :

INTERPRÉTATIONS DIVINATOIRES

1 Ce rêve annonce un fait ou un élément nouveau, inconnu de vous au moment où vous le faites, bien sûr, qui va surgir bientôt dans votre existence et qui sera à l'origine d'un succès personnel ou de la réussite d'une entreprise.

2 Si vous vivez en couple, ce rêve augure d'un renouveau dans vos relations avec votre compagne ou compagnon.

INTERPRÉTATION PSYCHOLOGIQUE

Vous aspirez probablement à vous réconcilier avec une composante de votre personnalité (plutôt de nature féminine si vous êtes un homme, de nature masculine si vous êtes une femme) ou à fusionner avec elle. Mais du fait qu'à l'état conscient vous ne voulez pas connaître cette composante et que vous ne réussissez pas à l'épouser, elle apparaît dans votre rêve sous les traits d'une personne inconnue, avec qui vous réalisez une union intime.

UN PEU D'HISTOIRE

La force du serpent

Dans un premier temps, probablement en raison des mœurs rigides et frustrantes en usage dans l'Europe du XIXe siècle qui, par compensation, engendrèrent un net penchant à idéaliser le sentiment amoureux, notamment dans le romantisme, la libido, mise en lumière par Freud et son école, fut réduite aux pulsions sexuelles. Jung, quant à lui, vit en elle une énergie plus fondamentale ou, plus exactement, une source d'énergies psychiques, certes à l'origine des pulsions sexuelles, mais aussi de l'élan créateur propre à chaque individu. D'où l'on est en droit de déduire que la libido relève autant de l'instinct que du psychisme, du sexe que de l'esprit, de la pulsion sexuelle que de la pulsion créatrice. Il existe probablement une analogie entre la libido et la *kundalinî*, nom sanskrit signifiant « serpent », ou « force du serpent » et désignant, selon les croyances hindouistes, la force vitale, sexuelle et spirituelle sommeillant dans le *mûlâdhâra chakra*, situé à la base de la colonne vertébrale, à l'origine de tout élan vital, de toute pulsion sexuelle, de toute vision spirituelle et de toute extase spirituelle.

✔ Vous avez rêvé d'union sexuelle avec un amant ou une maîtresse :

INTERPRÉTATION DIVINATOIRE

Qu'il s'agisse d'un amant – ou d'une maîtresse – réel ou imaginaire, ce rêve coïncide fréquemment avec des déceptions, un « chagrin d'amour », voire une trahison.

INTERPRÉTATIONS PSYCHOLOGIQUES

1. La nostalgie que vous suggère un tel rêve n'est pas à négliger. Notamment si la personne en question fait partie de votre passé, sa présence dans votre rêve figure alors des regrets ou des réminiscences d'une période que vous avez vécue et qui, pour certaines raisons inhérentes à vos préoccupations du moment, vous revient en mémoire.

2. Si la maîtresse ou l'amant de votre rêve n'est autre que votre compagne ou compagnon au réel, votre étreinte onirique évoque probablement une volonté inconsciente de votre part de braver les interdits et, plus particulièrement, de ne plus vivre sous l'emprise de la force de l'habitude, laquelle a plus ou moins (à vous d'estimer à quel point) détérioré vos relations de couple. Pour durer, en effet, ces dernières doivent se renouveler en permanence. Car s'il est vrai qu'au fond, un individu étant ce qu'il est une fois pour toutes, dans le fond, il ne change pas, en revanche, dès lors qu'il mûrit, prenant de plus en plus conscience, le temps aidant, de ce qu'il est, et donc de ce qu'il n'est pas, ses critères, ses choix, ses désirs, ses besoins, ses attentes peuvent sinon changer, du moins se révéler à lui et s'exprimer à travers lui sous de nouvelles formes. Vu de l'extérieur et d'un point de vue formel, il peut donner l'impression d'avoir changé. Et ce qui est vrai pour un individu l'est encore davantage pour deux individus ayant noué et cultivant une relation intime.

Le jeu des projections mutuelles

Dans le jeu des projections réciproques, chacun des deux partenaires concernés peut tout à coup découvrir qu'il ne trouve ni ne voit plus chez l'autre ce qu'il trouvait ou voyait antérieurement. De telles projections contrariées peuvent engendrer des crises de couple, de plus en plus nombreuses et communes de nos jours, qui aboutissent bien trop souvent à des drames et à l'éclatement de la cellule familiale. En effet, toute famille recomposée, selon l'expression admise, implique qu'elle s'est décomposée. Dès lors, il n'est pas anodin de voir, en l'amant ou la maîtresse de son rêve, son compagnon ou sa compagne.

3 Nous nous donnons trop souvent l'illusion de croire que notre époque est bien meilleure à tous points de vue que toutes celles qui l'ont précédée. Nous affirmons volontiers que nos mœurs étant devenues plus libres, nous sommes plus heureux, plus épanouis désormais. Mais en chemin, nous oublions que, tant que nous n'avons pas arraché à l'intérieur de nous-mêmes les racines des interdits religieux ou moraux que nous dénonçons ou bravons effrontément, convaincus, ce faisant, d'évoluer et de nous affranchir de nos dépendances, lesdits interdits nous collent à la peau. En ce qui concerne notre attitude psychologique face aux interdits ou aux tabous, tout se passe comme dans le gag éculé de la voiture automobile dont une autre porte s'ouvre chaque fois que nous en fermons une. Nous avons beau nous efforcer d'arracher les mauvaises herbes des interdits et des tabous, celles-ci sont si profondément enracinées en nous qu'elles repoussent sans cesse, parfois sous d'autres formes. Certaines dépendances semblent bien disparaître, mais ce sont maintenant les addictions en tout genre qui les remplacent.

Une double vie

Pour toutes ces raisons, un rêve d'union sexuelle avec un amant ou une maîtresse fait allusion aux notions d'adultère et de double vie. Si vous faites un tel rêve, vous pouvez vous demander si, inconsciemment, vous ne menez pas une double vie, s'il n'existe pas une part de vous-même dont vous n'avez pas encore pris conscience qui aspire à éprouver d'autres sensations, sentiments et émotions que ceux que vous connaissez. Le fait que vous vous sentiez ou non coupable en commettant cet adultère onirique sera à prendre sérieusement en considération.

Si vous culpabilisez, en effet, il est probable que les tabous et interdits en vous interfèrent considérablement dans votre volonté inconsciente d'union et de fusion. Dans le cas contraire, plus rien ne semble vous retenir et vous êtes sur le point de prendre conscience que vous menez une double vie, l'une extérieure, l'autre intérieure. En d'autres termes, vous prenez conscience qu'il existe un décalage entre votre vécu réel et vos aspirations spirituelles ou tout simplement amoureuses.

LES RÊVES PRÉMONITOIRES

Bien que la plupart de nos rêves contiennent des éléments ou des ingrédients qui ne nous sont pas étrangers, en cela qu'ils figurent autant de composantes de notre personnalité, qu'il nous faut interpréter à l'aide du langage des symboles, il arrive parfois que les événements se déroulant dans un rêve soient tout simplement ce qu'ils sont. En effet, certains rêves contiennent des messages clairs qu'il suffit de lire et comprendre au pied de la lettre. C'est le cas des rêves dits prémonitoires.

Qu'est-ce qu'un rêve prémonitoire ?

Tout rêve est prémonitoire en cela qu'il prévient. Mais certains rêves constituent de véritables prémonitions d'événements réels. Un rêve est dit prémonitoire lorsque la situation dans laquelle il nous plonge ou l'événement qu'il nous montre ou fait vivre durant notre sommeil se produit ensuite dans la vie réelle. Tout se passe comme si nous avions la prémonition inconsciente d'un tel événement ou d'une situation dont, à notre grande surprise, nous sommes ensuite témoins ou acteurs, selon le cas, dans la vie réelle.

Comment cela est-il possible ?

Le mot « prémonition », d'origine latine, signifie littéralement « avertissement préalable ». C'est une fonction essentielle de la psyché inconsciente de nous avertir à l'avance ou de nous prévenir de ce qui se produit en nous, à notre insu le plus souvent, et des conséquences bonnes ou mauvaises que cela peut avoir pour nous ou dans notre existence. Si nous étions plus attentifs à nos rêves et à leur contenu, nous saurions que notre grand esprit des rêves nous transmet chaque nuit des messages de cette nature, qu'il nous prévient, nous avertit, nous met en garde ou nous conseille. Suivre les conseils contenus dans vos rêves peut ainsi considérablement améliorer votre existence, en cela que vous apprendrez à mieux distinguer ce qui, dans la vie réelle, sociale, matérielle, etc., est important pour vous, de ce qui est secondaire, anecdotique ou dérisoire.

Pourquoi faisons-nous des rêves prémonitoires ?

En étant attentif à vos rêves, vous apprendrez également à distinguer les rêves dits prémonitoires, vous prévenant d'un événement ou d'un fait qui se produira dans la vie réelle, des rêves qui vous concernent intimement, et qui ne concernent que vous. Ce qui caractérise un rêve dit prémonitoire, en effet, c'est son contenu impliquant directement une personne de votre entourage ou vous prévenant d'un événement à venir qui se produira probablement dans votre environnement social, relationnel ou autre, suffisamment impressionnant ou déconcertant pour que vous en rêviez. Car si vous faites un tel rêve, c'est toujours qu'il vous concerne peu ou prou, y compris si votre songe prémonitoire met en scène une personne qui vous est totalement étrangère ou s'il vous révèle un événement à venir dont, *a priori*, dans les faits, ou dans la vie réelle, vous ne serez ni témoin ni victime.

Les rêves prémonitoires des passagers du *Titanic*

Si nous étions plus attentifs à nos rêves, nous saurions prendre au sérieux les vrais rêves prémonitoires, et nous nous épargnerions probablement bien des drames ou des catastrophes. Ainsi, par exemple, nous sommes fréquemment très nombreux à faire des rêves prémonitoires lorsque des événements importants ou dramatiques affectant les communautés humaines sont sur le point de se produire. Il existe des témoignages à ce sujet, tels ceux des passagers du *Titanic* qui, dans les jours qui précédèrent son départ du port de Southampton, le 10 avril 1912, renoncèrent à monter à bord et à faire la traversée jusqu'à New York, suite aux rêves très angoissants qu'ils avaient faits, rêves qui s'avérèrent effectivement prémonitoires.

« Je savais que cela devait arriver ! »

Bien qu'il ne faille pas systématiquement dramatiser le sens d'un rêve angoissant ni voir nécessairement en lui un songe prémonitoire, il convient néanmoins que vous soyez prudent et vigilant, notamment si vous voyez en rêve un événement dont vous pourriez croire qu'il pourrait bien se produire dans la vie réelle.

Par exemple, rêver de votre propre mort ou de la disparition d'un proche n'est que tout à fait exceptionnellement un rêve prémonitoire. Dans presque tous les cas, vous devrez l'interpréter au plan symbolique. Notre grand esprit des rêves n'a pas pour vocation de nous traumatiser, mais de nous prévenir ou de nous guérir. En revanche, rêver à plusieurs reprises d'un accident se produisant dans un lieu bien précis et dans des circonstances non moins précises s'avère parfois un pur « avertissement préalable » que vous donne votre grand esprit des rêves. Ne pas en tenir compte relèverait d'une dangereuse insouciance. Bien sûr, il en va de même d'un événement heureux susceptible de se produire dans votre vie très prochainement, à propos duquel vous vous dites, une fois qu'il s'est effectivement produit au réel : « Je savais que cela devait arriver ! »

Déjà-vu, déjà-vécu

Si vous voulez bien admettre que dans l'univers des rêves et de la psyché inconsciente le passé, le présent et l'avenir ne sont pas dissociés, mais qu'ils forment un tout, qu'ils s'entremêlent pour nous plonger dans un présent au sens le plus large qui soit, un présent sans frontière ni limite d'aucune sorte, que l'on définit le plus souvent par « ici et maintenant », si en effet vous voulez bien admettre ce fait, alors vous comprendrez aisément pourquoi vous êtes parfois en proie à ces impressions de déjà-vu ou de déjà-vécu.

Des exemples de prémonitions

Par exemple, vous assistez à une scène de la vie courante et vous éprouvez un vague sentiment inexplicable de déjà-vu, comme si vous pouviez décrire cette scène et son déroulement dans tous ses détails avant même qu'elle ne se soit produite sous vos yeux ou que vous ne l'ayez vécue. Ce genre de phénomène peut se produire aussi lorsque vous rencontrez pour la première fois une personne que vous n'avez jamais vue et que, pourtant, vous avez l'impression de connaître, parfois même depuis toujours. Ou encore en vous trouvant à un endroit où vous ne vous êtes jamais rendu, mais où vous vous dirigez quasiment « au radar », comme si quelque chose vous orientait vers ce lieu.

L'instant magique

C'est ainsi que, dans les faits, se manifestent nos prémonitions, qui sont aussi des réminiscences, en cela que nous savons sans le savoir que telle ou telle expérience relative à la fois au passé et à l'avenir va s'actualiser dans le présent de notre vie. Il arrive en effet, et cela plus souvent qu'on ne le croit, que notre psyché inconsciente fasse irruption dans la réalité tandis que nous sommes parfaitement bien réveillés, s'emparant de la sorte de notre conscience pour nous inviter très brièvement à élargir le champ de cette dernière et à vivre un instant magique.

LES JEUX DE HASARD

Les joueurs invétérés, convaincus qu'ils ont une chance de remporter le gros lot et de voir leur vie transformée par cette bonne fortune, se moquent de savoir que les probabilités de gagner au loto ou à la loterie sont plus que minces. Si l'espoir fait vivre, selon l'adage bien connu, il ne faut jamais négliger les sentiments de déception et de frustration éprouvés systématiquement et régulièrement par une personne joueuse, mais perdante. À la longue, de tels sentiments peuvent devenir, en arrière-plan, des composantes de la personnalité, et même éveiller, stimuler ou nourrir, selon le cas, un complexe d'échec. Et la personne en question ne devrait ignorer ni le mal-être, inconscient le plus souvent, que de tels sentiments et un tel complexe peuvent engendrer en elle et malgré elle ni les conséquences de ce mal-être sur son équilibre psychologique, et parfois sur sa santé.

Faut-il renoncer à jouer ?

Non ! Mais à la condition que vous ne jouiez pas en misant toute votre vie, tout votre avenir, tout le devenir de votre être chaque fois que vous « tentez votre chance ». En effet, c'est vous qui tentez la chance. Vous faites ainsi de la chance une entité à part entière, à laquelle vous remettez votre destin et votre libre arbitre. Autrement dit, lorsque vous jouez en proie à un tel état d'esprit, vous perdez toute volonté consciente d'agir en être libre. En revanche, si vous jouez en vous disant « après tout, pourquoi pas ? » sans pour autant croire dur comme fer que seul le fait de gagner le gros lot pourra changer votre existence, vous demeurez maître de votre conscience et de votre vie. On peut croire à la bonne fortune sans remettre son sort entre ses mains. Il est vrai que si l'on pouvait connaître à l'avance les chiffres gagnants du prochain tirage du loto, ce serait une aubaine. Cela s'est déjà produit. Certaines personnes ont fait de tels rêves prémonitoires. Mais ce genre de rêve et l'événement chanceux qui s'ensuit ne sont jamais fortuits ni gratuits.

CITATION

« L'attente de la pure faveur du destin »

« … À la loterie, ce sont les plus petits lots qui forment la plus grosse part du total redistribué (40 %). En général, 50 000 personnes en bénéficient à chaque tirage, ce qui contribue à entretenir l'attente de la pure faveur du destin. La magie est efficace : 12 à 15 millions de Français achètent 1 ou 2 dixièmes par an ; 4 millions en achètent chaque semaine (54 % d'hommes). L'espérance subjective du joueur qui espère gagner le gros lot est immense alors que son espérance mathématique est inférieure au prix du billet qu'il a acheté. »

Jean-Michel Varenne et Zeno Bianu, *L'esprit des jeux*, Albin Michel, 1990.

12
49
26
18
13

EXEMPLE D'INTERPRÉTATION

Un rêve prémonitoire du tiercé gagnant

« Le 22 mars 1972, dans la banlieue de Lyon, tandis que madame Élise Schwertzler rêve d'amis interprétant une espèce d'opéra, des chiffres s'imposent à son attention dans ce même rêve : 14, 15 et 18. S'en souvenant précisément au réveil, et bien qu'elle ne soit pas une parieuse de courses de chevaux, elle prend le risque d'aller jouer cette combinaison de chiffres, dont elle se dit qu'elle n'en a pas rêvé par hasard. Ayant parié vingt fois sur ces chiffres, elle encaissera plus de 2 millions de francs (environ 305 000 euros). »

D'après un rêve rapporté par Jacques THOMAS, *Marie-France*, janvier 1984, et cité par Pierre FLUCHAIRE, *La révolution du rêve*, Dangles, Saint-Jean-de-Braye, 1987.

Un autre angle d'interprétation du rêve : Madame Élise fut sans doute bien avisée de faire confiance à son rêve. Toutefois et simultanément, elle aurait peut-être dû l'interpréter aussi sous un angle symbolique et psychologique. En effet, le récit du coup de chance de Madame Élise ne nous apprend pas ce qu'il est advenu d'elle. En quoi cette importante somme d'argent qu'elle a gagnée a-t-elle changé son mode de vie et éventuellement modifié son comportement ? Nous ne le savons pas. Toutefois, si l'on s'inspire de la symbolique des nombres pour comprendre son rêve, nous pouvons succinctement et par exemple voir dans la combinaison qui lui est apparue les nombres de trois arcanes majeurs du Tarot divinatoire : 14, la Tempérance ; 15, le Diable ; et 18, la Lune. Ces trois arcanes réunis peuvent s'interpréter comme l'annonce d'une transaction financière occasionnée par la chance ou le destin, à l'origine d'un renouveau (14), suivie d'une volonté de satisfaire à tout prix ses désirs, d'exercer une certaine emprise sur le monde réel et concret, pouvant pousser à des excès à ce sujet (15). Si cette interprétation s'était avérée juste sans pour autant remettre en question sa prémonition du tiercé gagnant, Madame Élise aurait couru le risque, après avoir perçu le montant de son gain au jeu, d'éprouver de grandes déceptions, de voir ses relations familiales notamment se dégrader et, sa vie affective et relationnelle se détériorant, de tomber malade (18). Nous ne savons pas si c'est ce qui lui est effectivement arrivé dans la réalité. Mais la prévenir de l'autre contenu de son rêve lui aurait probablement été utile, voire salutaire.

Vos rêves de jeux de hasard

✔ Vous avez rêvé que vous décrochiez le gros lot :

INTERPRÉTATIONS DIVINATOIRES

1 Vous allez bénéficier d'un vrai « coup de chance » et celui-ci prendra peut-être l'aspect d'un gain au jeu, d'une prime inattendue ou d'un dédommagement que vous percevrez.

2 Un événement heureux et totalement imprévu, ou se produisant dans des circonstances tout à fait surprenantes, se produira prochainement. Ce dernier pourrait bien concerner votre vie amoureuse, notamment si vous êtes seul ou célibataire. Sinon, ce rêve vous annoncera un succès, une réussite ou une victoire résultant d'un heureux concours de circonstances plus que de vos efforts ou mérites.

INTERPRÉTATIONS PSYCHOLOGIQUES

1 « Qui perd gagne ! » Rêver d'obtenir un gain à un jeu, fruit du hasard ou de la chance, vous informe que, dans la vie, dans la nature et *a fortiori* dans la psyché inconsciente, rien n'est jamais gratuit. Ce rêve vous invite à réfléchir à ce que vous croyez ou pensez « gagner » au moment où vous le faites, sachant qu'en contrepartie vous perdrez probablement autre chose ou qu'il faudra vous résoudre à faire un sacrifice.

2 Il arrive que ce rêve fasse allusion au « lot de consolation », notamment si vous venez d'éprouver un chagrin ou une grosse déception. Autrement dit, dans votre rêve, lorsque vous « décrochez le gros lot », vous obtenez une importante consolation ou compensation au drame que vous venez de vivre ou à la frustration que vous éprouvez.

✔ Vous avez rêvé des chiffres du billet gagnant :

INTERPRÉTATIONS DIVINATOIRES

1. De nombreux traités d'oniromancie s'accordent pour dire qu'il ne faut jamais négliger le fait de se souvenir très clairement d'une combinaison de chiffres perçue dans un rêve. Si vous faites un tel rêve, vous devriez peut-être « tenter votre chance », tout particulièrement s'il n'est pas dans vos habitudes de parier. Qui sait ?

2. Vous éprouverez une grande joie, vous rencontrerez l'âme sœur ou vous exaucerez l'un de vos vœux, autrement dit, vous « tirerez le bon numéro ».

INTERPRÉTATIONS PSYCHOLOGIQUES

1. Bien que l'interprétation psychologique d'un tel rêve n'exclue pas qu'une combinaison de chiffres perçue en rêve puisse être gagnante dans la vie réelle, elle n'en évoque pas moins les notions de déterminisme et de libre arbitre. En conséquence, en imaginant que, grâce à votre rêve, vous pouvez gagner une somme d'argent importante, ne manquez pas de vous interroger sur les causes cachées ou inconscientes d'un tel « coup de chance » et sur les effets qu'il aura, ou aurait, sur votre comportement, à court ou à long terme.

2. Et s'il s'agit d'un rêve purement symbolique, sans gain réel, voyez dans ces chiffres un code secret, une combinaison magique pouvant probablement ouvrir une porte en vous-même, pour vous faire accéder à une partie mystérieuse de votre être dont la vision vous enrichira. Pour tenter de le décoder, consultez éventuellement des textes consacrés à la symbolique des nombres. Mais vous pouvez tout aussi bien réfléchir à ce que de tels chiffres évoquent pour vous, à ce qu'ils vous rappellent, ou à ce que vous imaginez en spéculant à partir d'une telle combinaison de chiffres.

UN RÊVE EN PLUSIEURS ÉPISODES

Au cours d'une même nuit ou, plus rarement, de plusieurs nuits de sommeil, il arrive que notre grand esprit des rêves nous plonge dans un même songe en deux, trois ou quatre parties se suivant plus ou moins bien. Un rêve en plusieurs épisodes que nous faisons au cours d'une même nuit, agitée le plus souvent, entrecoupée de nombreux réveils, est presque toujours un rêve important. Il s'agit en effet d'un rêve recélant un message dont nous devons prendre conscience. Or, tout se passe comme si nous faisions preuve, inconsciemment bien sûr, d'une espèce de résistance psychique contrariant le bon déroulement de ce rêve. Cette résistance psychique peut résulter d'une grande fatigue physique, d'un épuisement nerveux ou d'une période mouvementée ou éprouvante que nous traversons et qui, nous empêchant de nous détendre, rend notre sommeil agité.

À suivre…

Cependant, et malgré les interruptions qu'il subit, si nous replongeons deux, trois fois, ou plus, dans le même rêve, nous retrouvant à chaque fois au point où nous avions laissé son récit, un peu comme dans une série ou un feuilleton à suivre, il ne fait aucun doute que notre grand esprit des rêves témoigne d'une insistance telle qu'il est probablement très important pour nous d'aller jusqu'au bout de ce rêve. Si nous voulons bien admettre que tout rêve, que nous nous souvenions ou non de son contenu au réveil, possède des vertus thérapeutiques en cela qu'il panse ou compense, selon le cas, des blessures psychologiques dont nous sommes victimes et plus ou moins conscients, alors nous pouvons comprendre pourquoi et comment notre grand esprit des rêves nous pousse malgré nous à aller jusqu'au bout d'un rêve. Imaginez par exemple un médecin qui ne vous prescrirait qu'une partie du traitement de telle ou telle maladie, ou que vous-même, pour on ne sait quelle raison, vous négligiez de vous soumettre à votre traitement jusqu'à sa fin. Dans l'un ou l'autre cas, vous risqueriez non seulement de ne pas guérir de votre maladie, mais, qui plus est, de voir cette dernière s'aggraver.

L'esprit de suite

Bien que l'esprit logique et rationnel ne soit pas une des grandes qualités de notre grand esprit des rêves (encore qu'il en est aussi capable ; mais ordinairement – ou extraordinairement, devrais-je dire – il préfère nous transporter dans un univers en proie à une distorsion temporelle semblant parfois relever de la pure folie), si tout à coup il montre un esprit de suite quasi obsessionnel, c'est qu'il a ses raisons, qui sont les nôtres, évidemment. En effet, n'oubliez jamais que c'est vous qui rêvez, et que les messages contenus dans vos rêves, c'est à vous que vous les délivrez. Et plus le contenu d'un message vous semble difficile à déchiffrer, ou parfois impossible à comprendre, plus vous pouvez croire qu'il existe vraiment des composantes de votre personnalité auxquelles vous êtes étranger. C'est pourquoi votre grand esprit des rêves, qui ne vous prend pas pour un imbécile et qui attend, connaît et veut le meilleur de vous-même, vous pousse parfois à entrer en relation avec des zones de votre être que vous ignorez, mais dont, tôt ou tard, il faudra bien que vous preniez conscience.

La persévérance

Ainsi, au réveil, il peut être frustrant de vous apercevoir que non seulement vous avez passé une mauvaise nuit, mais que, au final, après étude, analyse et tentative d'interprétation, ce rêve en plusieurs épisodes qui vous a perturbé ne vous apporte aucun message clair. C'est un peu comme si, par exemple, vous étiez dans une file d'attente pour obtenir un précieux renseignement et que, malgré votre patience, au moment où vous pourriez enfin l'obtenir, la personne devant vous délivrer le renseignement en question ferme son guichet ou s'absente pour ne plus revenir. Si vous vous trouvez dans une situation de ce genre, ne vous découragez pas. Dans un premier temps, gardez votre rêve incompréhensible au chaud, si j'ose dire. Si votre grand esprit des rêves a montré autant d'insistance, c'est bien parce que ce rêve et son contenu sont importants pour vous. Soyez persévérant. Tôt ou tard, un autre rêve viendra qui éclairera ce songe en plusieurs épisodes, et vous comprendrez dès lors sa signification.

« L'attente attitude »

Tout vient à temps à qui sait attendre, si l'on en croit le proverbe. C'est vrai, à condition toutefois de ne pas confondre attente et attentisme. L'attente n'est pas une attitude passive ou paresseuse, reposant sur une conviction plus ou moins avouée au fatalisme. Elle est plus exactement un état de réceptivité contrastant avec ce penchant que nous avons à nous précipiter pour obtenir satisfaction ou résoudre un problème ou, à l'inverse, à nous laisser prendre en charge ou à nous en remettre aux circonstances. Dans le premier cas, nous nous empêchons de recevoir ce qui nous revient de droit et nous appartient vraiment; dans le second, nous finissons par ne plus savoir ce que nous voulons, ou par ne plus rien attendre ou espérer. Dans l'un et l'autre cas, vous pouvez être sûr que notre grand esprit des rêves nous bouscule tôt ou tard, car nous faisons fausse route. Et si nous ne tenons pas compte de ses avertissements, ce sont des circonstances ou des événements extérieurs qui nous contraignent à prendre conscience de nos attitudes erronées. En revanche, si nous savons attendre patiemment, en faisant ce que nous avons à faire, en accomplissant nos tâches et nos devoirs, avec la conviction profonde que, tandis que nous attendons, nous trouverons tôt ou tard ce que nous attendons – à moins que cela ne nous trouve –, alors nous finissons toujours par atteindre notre but ou par voir se produire l'événement que nous espérions. Nous pourrions même ajouter que moins nous pensons à ce que nous attendons pourtant ardemment, plus nous sommes en état ou en mesure de le trouver. « L'attente n'est pas un espoir vide. Elle est la certitude intérieure d'atteindre son but. Seule cette certitude intérieure donne la lumière qui conduit à la réussite. Celle-ci mène à la persévérance qui apporte la fortune[15]. »

---

15. Extrait du paragraphe du « Jugement » de l'hexagramme 5 du *Yi King, le Livre des transformations: Su/L'attente*, Librairie de Médicis, Paris, 1973.

TOUJOURS LE MÊME RÊVE

Le plus souvent, nous faisons des rêves bizarres autant qu'étranges, selon la formule consacrée, mais toujours différents. Mais il arrive aussi que nos rêves se suivent et se ressemblent. Certains d'entre eux se ressemblent tant et si bien que nous pouvons croire qu'il s'agit toujours du même rêve qui nous revient épisodiquement. Comment se peut-il que notre grand esprit des rêves se comporte parfois tel un disque rayé ? Que signifie ce genre de rêve ? Comment devons-nous l'interpréter ? Que devons-nous comprendre pour qu'un tel rêve ne nous obsède plus, pour qu'il se transforme ou qu'il laisse la place à d'autres rêves ? Nous allons tenter de répondre à ces questions.

Les rêves récurrents

Tout d'abord, il faut souligner le fait qu'être plongé dans un rêve au récit semblable durant plusieurs nuits d'affilée ou à intervalles espacés est évidemment remarquable, mais en aucun cas inquiétant. Par ailleurs, il ne faut pas confondre ce genre de rêve avec les rêves dits récurrents, ces derniers étant des songes que nous sommes très nombreux à faire tôt ou tard, mais qui, s'ils se prêtent à des interprétations basiques et universelles, n'en détiennent pas moins pour chacun d'entre nous des significations singulières. Tomber dans le vide ou se retrouver nu dans un lieu public sont par exemple des rêves récurrents. Ils se prêtent à des interprétations générales, valables pour tous, mais ensuite, nous devons déceler ce qu'ils signifient pour nous et pour nous seuls. Tel est l'objectif que vous devez poursuivre si vous voulez devenir l'interprète de vos rêves.

L'entêtement et l'aveuglement

Notre grand esprit des rêves peut parfois se montrer aussi obstiné que nous sommes entêtés. En toute objectivité, admettez qu'il vous est déjà arrivé de ne pas vouloir entendre, voir, comprendre, admettre un fait de votre existence, ou un état psychologique, moral, affectif ou émotionnel dans lequel vous vous trouviez pourtant complètement, bien qu'à votre insu. On avait beau vous le dire, jusqu'à vous mettre en garde, ou même vous aider à y voir clair, rien n'y faisait. À un moment ou à un autre, chacun de nous a été plus ou moins victime de tels aveuglements. La nature humaine étant ce qu'elle est, de tels entêtements

EXEMPLE D'INTERPRÉTATION

Essai d'interprétation du rêve d'une femme de 58 ans, toujours le même, rêve qu'elle a fait à plusieurs reprises durant deux années consécutives

« Je vois un robinet d'eau couler sans pouvoir l'atteindre. Il coule encore et encore. L'eau remplit un premier bassin qui déborde dans un deuxième bassin où je me trouve. Ne pouvant toujours pas atteindre le robinet, je sors du bassin, adjurant les gens alentour de le fermer d'urgence. Mais l'eau enfle dans les bassins. Elle est si impressionnante que, ne sachant pas nager, je me décide finalement à fuir. »

Ce rêve mériterait que l'on amplifie et développe son contenu plus en détail, mais nous nous contenterons de révéler l'essentiel du message qui a permis à notre rêveuse de ne plus faire toujours ce même songe à caractère obsessionnel.

Le message contenu dans ce rêve toujours semblable : cette personne laisse croire qu'elle contient ses émotions et qu'elle se retient tant et si bien de s'y abandonner et de les exprimer naturellement et spontanément qu'il finit par y avoir un trop-plein d'émotions en elle. Et bien sûr, si jamais elle ouvre le robinet, elle craint que le trop-plein de ses émotions ne déborde, d'être submergée par ses émotions, et finalement de s'y noyer. Elle a beau prendre des précautions (le bassin intermédiaire), cela ne suffit pas à contenir tous ces flots d'émotions qu'elle retient depuis trop longtemps. Et cela l'angoisse, car elle se rend compte qu'elle ne sait pas nager, autrement dit, qu'elle ne sait plus évoluer naturellement dans l'eau de ses émotions. Il serait souhaitable qu'elle apprenne à être « comme un poisson dans l'eau » dans le bain de ses émotions. Ce rêve, toujours le même, qu'elle a fait à plusieurs reprises, lui signifiait ainsi qu'elle devait se laisser aller, s'abandonner à ses émotions. Certes, dans un premier temps, ayant été contenues par elle depuis trop longtemps, elles s'écouleraient tant et si bien qu'elle pourrait croire qu'elle ne réussirait pas à les arrêter, ou craindre de s'y noyer. Mais une fois qu'elle aurait évacué le trop-plein, elle se sentirait soulagée et plus sereine. Son rêve, toujours le même, l'invitait ainsi à une prise de conscience. En effet, des émotions refoulées peuvent avoir des conséquences néfastes, dont certaines maladies ou troubles fonctionnels ne sont pas les moindres.

dans l'erreur ne sont pas graves, pourvu que nous ne nous y fixions pas. Le danger que nous courons en effet dans ce genre de situation, c'est celui de nous figer dans un tel état que celui-ci en devienne pathologique, qu'il nous ronge de l'intérieur tandis que nous fermons toutes les portes et les fenêtres par lesquelles pourrait pourtant entrer la lumière dont nous avons grand besoin.

Un rêve toujours semblable

Avant d'en arriver là, ou plus exactement pour nous épargner d'en arriver là, notre grand esprit des rêves se met soudain à se répéter, à nous raconter toujours la même histoire jusqu'à ce que nous nous enfoncions bien tel ou tel récit onirique dans la tête, et plus particulièrement ce qu'il signifie pour nous, bien sûr. Inutile de vous dire que comprendre le message contenu dans un tel rêve en apparence toujours semblable peut se révéler on ne peut plus salutaire. Ainsi, lorsque vous faites le même rêve deux, trois fois ou plus, y compris durant un laps de temps assez long, ne négligez pas d'y prêter une grande attention et d'essayer de l'interpréter, celui-ci plus que tout autre. Si ce rêve vous revient plusieurs fois, ou souvent, c'est obligatoirement qu'il contient un message primordial que vous devez décrypter et dont vous tirerez profit pour évoluer. Une fois que vous aurez compris ce message, vous ne ferez probablement plus ce rêve.

La forme et le fond

Cependant, d'un songe à l'autre, dans la forme, autrement dit, dans les ingrédients que choisit notre grand esprit des rêves pour nous plonger dans un récit onirique répétitif, notre rêve peut changer. Il ne s'agit que d'un changement apparent, puisqu'au fond c'est toujours le même rêve que nous faisons, sous un angle ou un aspect quelque peu différent. Par exemple, si, dans notre rêve, nous nous faisons écraser ou renverser par un véhicule, il se peut que, d'un songe à l'autre, le véhicule en question diffère : dans l'un il s'agit d'un autobus, dans un autre d'un train, dans un autre encore d'un car de tourisme, etc. Ou alors, dans l'un, nous marchons au milieu d'une route, dans un autre dans le désert, dans un autre encore nous nous promenons sur un chemin de forêt, etc. Mais dans tous les cas, si nous nous faisons toujours renverser ou écraser, ou si nous sommes sur le point de l'être, nous pouvons être sûrs qu'il s'agit toujours du même rêve.

CEUX QUI NE SE SOUVIENNENT JAMAIS DE LEURS RÊVES

En dehors du fait que nous sommes loin de pouvoir garder en mémoire tous les récits des rêves que nous faisons, il en est beaucoup parmi nous qui affirment ne jamais se souvenir de leurs rêves. Pourtant, tout le monde rêve. Les plus sceptiques d'entre nous ne peuvent que se résoudre à en convenir, le processus biologique et vital du rêve ayant été observé et démontré scientifiquement depuis longtemps. Quant à nous souvenir de nos rêves une fois sortis du sommeil, c'est un fait récurrent pour certains d'entre nous, mais pour d'autres, c'est un fait rare, sinon inexistant.

Il n'est pas naturel de se souvenir de ses rêves

Pourquoi certaines personnes gardent un souvenir parfois d'une grande précision des récits, des personnages, des animaux, des objets, bref, de tous les symboles employés par leur grand esprit des rêves, tandis que d'autres sortent de leur sommeil comme d'un coma plus ou moins profond, comme amnésiques, ne se rappelant absolument pas avoir rêvé ? Et pourtant, ils ont rêvé ! À cela il convient de souligner d'emblée que s'il est naturel de rêver, il n'est pas naturel de se souvenir de ses rêves. En effet, si pour quelques-uns cela relève d'une disposition leur semblant naturelle, en réalité, se souvenir de ses rêves implique d'exercer une certaine attention tournée vers soi, de réfléchir non plus subjectivement comme nous le faisons habituellement, mais objectivement. Autrement dit, être attentif à ses rêves implique d'être également attentif à soi et de se détourner du monde extérieur, non pour rejeter ce dernier, mais pour découvrir qu'il est aussi, voire surtout, à l'intérieur, en soi ou, si vous préférez, pour découvrir qu'étant l'écran ou le produit de toutes nos projections conscientes et inconscientes, ledit monde extérieur renvoie systématiquement à soi.

Les rêves importants

Par ailleurs, si l'on veut bien admettre que nous rêvons au moins quatre ou cinq fois chaque nuit en moyenne, il va de soi que très rares sont ceux qui gardent en mémoire les contenus détaillés de tous les rêves qu'ils ont faits au cours de la nuit précédente. Mais est-il vraiment utile de nous rappeler la totalité de nos rêves ? Probablement pas, d'autant que certains d'entre eux ne sont que des rêves issus de nos fonctions organiques et physiologiques et que nous perdrions un temps précieux à vouloir en comprendre le sens. Ainsi, plus nous sommes attentifs à nos rêves, et plus nous devons apprendre à distinguer les rêves importants des rêves dénués d'intérêt.

La mémoire consciente et la mémoire inconsciente

D'où l'on peut déduire que si chacun d'entre nous rêve beaucoup, il est heureux que la mémoire consciente soit sélective et qu'elle ne puise pas systématiquement dans la mémoire inconsciente tous les rêves qu'elle produit. Si tel était le cas, en effet, nous serions noyés dans une confusion d'impressions contradictoires, que nous serions, pour certaines d'entre elles, bien incapables de distinguer des messages importants que nous transmet notre grand esprit des rêves. Ainsi, tout se passe comme si nous possédions une sorte de filtre psychique sélectionnant naturellement pour nous le bon grain des rêves importants de l'ivraie des songes dénués d'intérêt.

Le voile de la conscience

Cependant, chez certaines personnes, il semble bien que ce filtre psychique ne laisse passer aucun rêve, si bien qu'au réveil elles ne se souviennent même pas d'avoir rêvé. Le plus souvent, de telles personnes se caractérisent par une conscience aiguë du monde rationnel. Leur conscience est si bien ancrée dans la réalité concrète et matérielle, ou alors elles sont si convaincues de tout pouvoir comprendre et maîtriser en raisonnant, agissant et réagissant continuellement que tout se passe pour elles comme si, dès qu'elles sortent du sommeil, une espèce de voile obscur s'immisçait immédiatement entre leur mémoire consciente et leur mémoire inconsciente, leur interdisant quasi instantanément tout souvenir de leurs rêves. De telles personnes très conscientes de la réalité et des moyens dont elles disposent pour exercer leur emprise sur le monde réel n'en sont pas moins inconscientes d'elles-mêmes. Et d'une certaine manière, elles se refusent inconsciemment à se souvenir de leurs rêves, dont les contenus seraient susceptibles non seulement de les contraindre à se remettre en question, mais encore d'ébranler leurs convictions et certitudes.

Un rêve révélateur

Il ne faut pas chercher à convaincre de telles personnes de s'efforcer à se souvenir de leurs rêves. Une telle démarche doit toujours être le fruit d'une volonté intime, résultant de remous inconscients. Et du fait qu'elles ne se souviennent jamais de leurs rêves, lorsque tout à coup l'un d'entre eux leur revient en mémoire, il s'agit très probablement d'un rêve très important qui a réussi à transpercer leur filtre psychique pour remonter à leur conscience. Si elles sont prêtes à le recevoir, un tel rêve constituera dès lors le signe avant-coureur d'un changement non moins important qui va se produire en elles ou dans leur existence.

La contagion des rêves

De plus, j'ai pu constater que parler du phénomène des rêves ou y faire allusion peut avoir un caractère contagieux. Il m'est ainsi arrivé assez fréquemment d'aborder ce sujet avec des personnes on ne peut plus sceptiques ou réticentes, qui n'en témoignaient pas moins une pure curiosité à propos de la fonction onirique. Et parfois, certaines d'entre elles, que je croisais quelque temps plus tard ou qui me donnaient incidemment de leurs nouvelles, me confièrent que pour la première fois de leur vie elles s'étaient souvenues d'un ou plusieurs rêves. Mais bien sûr, toujours aussi sceptiques, la plupart concluaient rapidement que cela ne leur était d'aucune utilité. Néanmoins, bien que n'étant pas encore conscientes de ce fait, en se souvenant d'un ou plusieurs rêves, elles avaient renoué le dialogue avec elles-mêmes.

Par ailleurs, il arrive aussi que des personnes proches d'un être réticent à se souvenir de ses rêves ou à en comprendre le sens aient des rêves qui concernent directement leur proche. C'est d'autant plus vrai des personnes vivant et dormant sous le même toit. Par exemple, un enfant peut très bien faire un rêve qui ne le concerne en rien, mais qu'aurait pu ou dû faire sa mère ou son père. Il en va de même dans la vie de couple, une femme pouvant faire un rêve à la place de son mari ou *vice versa*. Quelles que soient nos réticences à nous souvenir de nos rêves, nous ne pouvons cependant pas échapper à la fonction onirique qui semble bien un phénomène contagieux.

La conscience du rêve

Pour pouvoir nous souvenir de nos rêves, encore faut-il avoir la conscience du rêve. Or, le rêve n'étant rien d'autre qu'un produit de la pensée inconsciente, et cette dernière étant en mesure de faire remonter à la mémoire inconsciente, donc, tous nos souvenirs (y compris ceux que nous croyons avoir oubliés et que nous sommes en effet incapables de nous remémorer à l'état conscient), comment devons-nous nous y prendre pour capter et intégrer dans notre mémoire consciente ces images et ces situations auxquelles nous assistons et participons dans nos rêves et qui, le plus souvent, nous échappent ? Il n'existe pas de méthode ou de technique pour ce faire. En revanche, plus vous devenez attentif à vous-même, à ce que vous êtes, à ce que vous pensez, et bien sûr aux autres, aux situations et aux événements de votre vie, plus vous vous mettez dans de bonnes dispositions pour créer un lien intérieur entre votre mémoire inconsciente et votre mémoire consciente. Tout se passe alors comme si les forces inconscientes qui se manifestent dans vos rêves « savaient » que vous cherchez à comprendre et comme si elles vous invitaient à vous souvenir de vos rêves. Tant il est vrai que la conscience du rêve n'est rien d'autre que la conscience de soi.

LES ABSENCES ET LES ÉTATS SECONDS

Nous rêvons tout le temps. En effet, en arrière-plan de nos actes conscients, et tandis que nous nous croyons éveillés, notre grand esprit des rêves persiste à nous transmettre des messages de notre psyché inconsciente. Lorsque nous faisons allusion à nos rêves ou que nous nous efforçons de comprendre ce qu'ils signifient, nous nous intéressons exclusivement à notre vie onirique durant notre sommeil, dont nous sommes convaincus qu'elle commence au moment où nous nous endormons et se termine dès que nous nous réveillons. En réalité, nous rêvons quasiment à tout instant, mais nous l'ignorons.

Les sollicitations du monde extérieur

Bien sûr, durant la journée, tandis que nous sommes éveillés et conscients, que nous exerçons notre volonté et notre libre arbitre, notre vie onirique diffère de celle dans laquelle nous sommes plongés durant notre sommeil. Elle est moins flagrante, presque toujours perturbée ou évincée, non pas vraiment par notre conscience, mais par toutes les sollicitations que nous recevons du monde extérieur, à commencer par nos perceptions sensorielles, qui jouent un rôle prépondérant dans la conscience que nous avons de nous-mêmes et de la réalité.

L'acuité de nos sens

Lorsque nous sommes éveillés, en effet, nos sens sont en alerte. Cependant, nous ne pouvons pas dire que nous soyons totalement conscients de tout ce que nous voyons, entendons, sentons, goûtons et touchons. Le plus souvent, nos sensations sont inhibées ou frustrées par des automatismes ou des réflexes nous empêchant de les éprouver vraiment. Pour recouvrer toutes nos sensations, il nous faudrait disposer de plus de temps que nous n'en prenons ou n'en pouvons prendre, et faire des efforts d'attention tels que nous serions probablement beaucoup moins actifs. Néanmoins, si nous étions plus vigilants, donc plus conscients de nos sensations, il est des formes dénuées de toute harmonie que nous voyons chaque jour, des bruits et des sons agressifs que nous entendons, des atmosphères malsaines que nous respirons, des saveurs artificielles que nous goûtons machinalement, et des matières et matériaux que nous utilisons et touchons, que nous proscririons à tout jamais de notre environnement.

Vous rêvez ?

L'un des pièges de notre conscience en effet, c'est de céder à la force de l'habitude, laquelle finit par nous rendre dupes de nos vraies sensations et, paradoxalement, inconscients. Mais, si l'on en croit les observations des psychologues à ce sujet, notre psyché inconsciente, qui recèle des trésors de ressources et d'imagination dont nous n'avons pas idée, nous rappelle à l'ordre de diverses manières. L'une d'elles consiste à nous plonger malgré nous dans des espèces d'états seconds où nous avons l'impression d'être absents à nous-mêmes ainsi qu'aux autres. Tout se passe comme si, un court instant, nous flottions entre deux mondes, n'exerçant plus aucune volonté, en proie à des rêveries ou des pensées que nous ne contrôlons pas et dont nous avons peine à suivre le fil. C'est lorsque nous sommes dans de tels états seconds que nous sommes parfois interpellés par une tierce personne : « Vous rêvez ? » Oui, lorsque nous sommes dans ces états seconds, nous rêvons.

La tête ailleurs

Mais dans un monde où il faut sans cesse faire acte de présence, être opérationnel et compétitif, nous ne sommes que rarement livrés à nous-mêmes, et nous ne portons que peu d'intérêt à ces instants de la journée où nous avons « la tête ailleurs », « dans les nuages » ou « dans la lune ». Et pourtant, c'est dans de tels états seconds que nous trouvons l'inspiration, que nos pensées s'expriment en toute liberté, que nous sommes intuitifs et imaginatifs.

Captez et transcrivez votre pensée

Si vous le pouvez, soyez attentif à ces impressions de flottement que vous avez parfois ; et si dans de tels états il vous vient une pensée, aussi étrange ou saugrenue puisse-t-elle vous paraître, fixez-la dans votre mémoire ou, mieux encore, écrivez-la. Sur le moment, elle ne présentera peut-être aucun intérêt. Mais plus tard, quand vous relirez votre texte, et en vous remémorant les événements qui se sont produits ce jour-là (votre actualité du jour, en quelque sorte), cette pensée fugace prendra tout son sens.

La diminution du mental

Que se passe-t-il lorsque nous sommes dans de tels états ? Notre mental, qui est l'instrument de notre conscience de la réalité et de nous-mêmes, est comme détourné du monde extérieur par nos forces psychiques inconscientes, et orienté vers elles. Ce sont elles qui agissent lorsque nous dormons et que nous rêvons. C'est pourquoi ces absences ou ces états seconds équivalent à des bribes de rêves que nous faisons le jour, en étant éveillés. Dans ces moments-là, nous entrons en relation avec un message au contenu probablement très important et sur le point d'accéder à notre conscience, pouvant se manifester sous la forme d'une intuition, d'une inspiration ou d'une pensée. Tout se passe comme si cette information provenant directement de notre psyché inconsciente, dont nous sommes prêts à prendre conscience sans le savoir, venait précisément frapper à la porte de notre conscience. C'est la raison pour laquelle elle choisit un moment où nous sommes éveillés pour se manifester et que, ce faisant, elle absorbe une partie de notre énergie à notre insu, réduisant provisoirement notre activité mentale et nous plongeant dans une espèce d'état second.

EXERCICE

Dans l'intensité de la pensée

Les Grecs nommaient *ennoia* ces pensées vagues, furtives, dont le sens nous échappe, mais qui nous absorbent à ce point que, bien qu'éveillés, nous sommes absents à nous-mêmes. De nos jours, nous voulons tant et si bien formuler tout ce que nous pensons d'une manière intelligible, et nous sommes tant et si bien happés par la vie et le monde extérieurs, que nous ne sommes plus ou très peu attentifs aux mécanismes de notre pensée. Or, si vous voulez bien vous prêter à un petit exercice d'observation de ce qui se passe en vous juste avant que vous prononciez un mot ou une phrase pour exprimer une idée ou une pensée, vous vous apercevrez qu'en prémices à celle-ci, un phénomène s'est produit en vous qui relève d'un pressentiment ou d'une suggestion vous induisant à prononcer tel mot ou à formuler telle phrase. En grec, *ennoia*, que l'on pourrait traduire par « dans la pensée », désigne ce phénomène qui se produit juste avant qu'une idée, une pensée, un concept, un mot ou une phrase ne soient traduits clairement. Mais il faut préciser que le *en* (« dans ») de *ennoia* est aussi envisagé sous l'angle d'une certaine intensité. Dès lors, pour être fidèle à l'esprit des Grecs, et à ce qu'ils désignaient par ce terme, il serait plus juste de le traduire par « dans l'intensité de la pensée ».
Si, à n'importe quel moment de la journée, nous avons la tête ailleurs, nous pouvons dire que nous sommes littéralement plongés dans l'intensité psychique d'une pensée ou d'une idée qui n'a pas encore pris forme, mais qui frappe à la porte de notre conscience.
Voilà pourquoi, à l'instar d'un rêve, nous devons y être attentifs.

DEVONS-NOUS CONFIER NOS RÊVES À AUTRUI ?

À l'ère des réseaux sociaux et de l'exhibition de notre tout petit moi sur les pages de l'Internet, nous croyons que cet étalage de notre vie privée est sans conséquence. Ce comportement est d'autant plus paradoxal que tous ceux qui s'exhibent ainsi en quête d'admiration, d'approbation, de simple attention, parfois d'amour, sont les premiers à s'offusquer des pertes de liberté individuelle dont nous sommes pourtant de plus en plus victimes. Tel l'enfant qui fait son intéressant pour capter l'attention des adultes, nous sommes de plus en plus nombreux à être enclins à croire que nous pouvons tout dire, tout dévoiler de nous-mêmes, nos rêves y compris. Toutefois, avant de confier vos rêves à autrui, réfléchissez-y à deux fois. Voici pourquoi.

La nostalgie du passé

Pour toutes sortes de raisons inhérentes à l'évolution des mœurs et des mentalités, nous ne sommes plus très enclins à estimer, respecter ou honorer le caractère sacré de l'être humain et de la vie. Bien sûr, il ne s'agit pas d'être passéiste ou d'aller de l'avant à reculons, le regard fixé sur le passé, en se convainquant que jadis ou naguère tout était bien mieux et meilleur qu'aujourd'hui. Se complaire dans la nostalgie du passé nous pétrifie. En nous comportant de la sorte, telle la femme de Loth fuyant la destruction de Sodome et Gomorrhe, nous sommes alors transformés en statue de sel, le sel étant au plan symbolique le principe même de la sagesse de la vie se perpétuant et se transformant à tout instant dans un flux continu.

De l'avant, toujours de l'avant

À l'inverse, aller systématiquement de l'avant ou se projeter dans le futur sans tenir compte des expériences vécues par nos proches et lointains ancêtres ni comprendre comment et en quoi elles pourraient nous être utiles aujourd'hui est une attitude également erronée face à la vie. Si nous nous coupons de nos origines et de nos racines, nous perdons tout sens des valeurs qui nous ont forgés tels que nous sommes au fil du temps et, tôt ou tard, nous subissons les conséquences de notre ignorance et de notre inconscience. Sans racines, aucun arbre ne peut s'épanouir, rester debout ou survivre, encore moins donner des fruits.

Comment renouer avec le sens du sacré ?

Entrer en relation avec soi par l'intermédiaire de nos rêves, en nous efforçant de les interpréter et de comprendre les messages qu'ils nous prodiguent peut nous aider à recouvrer le caractère sacré de la vie. Autrement dit, peu à peu, nous pouvons distinguer ce qui est important, vital, essentiel pour nous de comprendre et de vivre, de ce qui, au final, se révélera futile, éphémère, sans consistance. Cette distinction, qui se produit quasiment à notre insu tandis que nous renouons un vrai dialogue avec nous-mêmes, émerge et prend corps dans la réalité et notre vie quotidienne. C'est ainsi que nous devenons plus conscients de nous-mêmes, bien sûr, mais aussi des personnes composant le noyau de notre proche entourage.

Notre vraie famille

Au-delà de nos attirances, de nos préférences, de nos choix de nouer puis de cultiver telles ou telles relations avec des personnes, au-delà de ce que nous voyons en elles, de ce que nous attendons d'elles, de ce que nous espérons d'elles en termes d'agréments, de joies et de confort moral apportés par ces relations, nous devons bien convenir qu'il existe aussi des « familles d'âmes ». Ainsi, suivant des schémas socioculturels, ou en proie à une angoisse de la solitude, nous nous rassemblons les uns les autres. Il est vrai que, étant de plus en plus nombreux à vivre sur Terre au même moment et au même endroit, nous éprouvons de plus en plus de difficultés à nous percevoir comme des individus uniques et libres. Quoi qu'il en soit, recouvrer le sens de ce qui est sacré pour nous-mêmes peut aussi nous aider à constituer notre vraie famille, à savoir un noyau de quelques personnes avec lesquelles nous pourrons vivre dans l'intimité de notre cœur.

MYTHES & SYMBOLES

Les deux songes de Joseph

L'histoire biblique de Joseph, fils de Jacob, et de ses onze frères, illustre les précautions que nous devons prendre avant de confier nos rêves, y compris à des personnes proches. Selon ce récit (Genèse, XXXVII, 5-36), Joseph confia deux songes qu'il avait faits à ses frères et à son père. Dans le premier, il s'était vu lier des gerbes au milieu des champs avec ses frères, mais la gerbe qu'il tenait se leva vers le ciel, et les gerbes qu'avaient composées ses frères entourèrent la gerbe de Joseph, se prosternant devant elle. Dans le suivant, il vit le Soleil, la Lune et onze étoiles se prosterner devant lui. En un temps où l'on croyait que les songes étaient des messages envoyés par les dieux et, en l'occurrence, en ce qui concerne Joseph, par le Dieu d'Israël, Jacob et ses onze autres fils, ces derniers surtout, virent dans les rêves de Joseph les signes de son élection. À leurs yeux, il ne faisait aucun doute qu'il était l'héritier choisi par Dieu pour succéder à Jacob. En proie à des sentiments de jalousie, ils se concertèrent et fomentèrent un complot contre leur frère pour le détourner de sa destinée. C'est ainsi qu'après avoir été jeté dans une citerne vide puis vendu à des marchands par ses frères, il se retrouva exilé en Égypte. Si l'on en croit ce récit, Joseph aurait mieux fait de s'abstenir de confier ses deux rêves à son père, à ses frères surtout, auxquels il aurait pourtant dû pouvoir se fier. Ce récit démontre ainsi que les liens familiaux et filiaux ne suffisent pas à créer un vrai climat de confiance, de bienveillance et d'amour désintéressé entre les êtres.

Partageons nos rêves

Faites l'inventaire aussi objectif que possible (c'est-à-dire en vous efforçant de ne pas juger exclusivement selon vos propres critères les qualités de telle ou telle personne proche de vous) des êtres avec lesquels vous êtes en relation, et demandez-vous à qui vous pouvez accorder votre confiance, envers qui vous pouvez vous montrer sincère, spontané, tel que vous êtes, dans vos bons comme dans vos mauvais jours. S'il est une personne auprès de vous à laquelle vous pouvez vous confier sans crainte d'être jugé à votre tour, avec laquelle vous pressentez ou savez que vous pourrez partager en toute complicité des expériences mutuelles et ce qui se produit dans l'intimité de votre cœur – vos pensées, vos aspirations et vos rêves, bien sûr –, alors tournez-vous vers cette personne, et proposez-lui de partager vos rêves et les siens.

Tout rêve est sacré

En revanche, et contrairement à l'usage, ne vous avisez pas de raconter vos rêves au tout-venant, croyant probablement bien faire en prenant ainsi à témoin des personnes que vous connaissez peu, pas ou mal. Qu'elles soient bien ou mal intentionnées, ces personnes risquent en effet de vous détourner du message que l'un de vos rêves vous réservait. Il arrive même qu'ayant une résonance inconsciente sur la ou les personnes à qui vous confiez malencontreusement un rêve, celles-ci nourrissent de mauvais sentiments à votre égard qui, d'une manière ou d'une autre, ne pourront que vous nuire. Confiez plutôt votre songe au journal intime de vos rêves, et si vous ne pouvez pas le partager avec une personne digne de votre confiance, gardez-le pour vous. Si vous recouvrez le sens du sacré, vous comprendrez aisément qu'il ne faut pas livrer aux contradictions d'autrui un rêve dont le contenu vous touche et concerne intimement. En cela, tout rêve possède un caractère sacré.

LES RÊVES DE DÉLIVRANCE

La nature porte désormais le nom d'« environnement ». Nous ne vivons plus en contact étroit avec elle. Nous exerçons notre mainmise sur elle, considérant que tout ce qu'elle nous donne nous appartient, nous revient de droit. Nous employons toutes sortes d'artifices, d'outils sophistiqués, de produits toxiques, pour lui imposer nos règles, nous sommes totalement indifférents à ses lois et cycles multimillénaires. Lorsque parfois des effets pervers, naturels en vérité, résultant de notre interventionnisme systématique, se produisent, nous parlons d'« accident environnemental » ou de « drame écologique ». À aucun moment nous n'envisageons que la nature puisse reprendre ses droits. Ainsi, non contents d'exercer notre tyrannie sur nous-mêmes et nos égaux, nous adoptons le même comportement à l'égard de la nature devenue un environnement, autrement dit, un pur produit de notre volonté agressive et possessive.

Notre nature

À l'égard de notre propre nature, nous agissons exactement de la même façon. Curieux de nous identifier aux schémas psychologiques, nous voulons découvrir notre vraie nature. Cependant, beaucoup d'entre nous veulent savoir, mais bien peu semblent disposés à savoir. Assimilant volontiers le bien-être au bonheur, nous y aspirons de tout notre être, convaincus qu'il dépend d'un certain nombre de facteurs extérieurs et matériels que nous devons nous procurer. De nombreux messages publicitaires nous entretiennent dans cette illusion, vantant les mérites et qualités de toutes sortes de produits susceptibles de nous prodiguer ce bien-être que nous recherchons toujours.

Notre santé

Quant à notre santé, d'une part nous n'employons plus ce mot dans son sens originel, issu de *sanitatem*, accusatif du latin *sanitas*, « santé (du corps et de l'esprit) » et spécialement « raison, bon sens », d'autre part elle ne nous appartient plus, puisqu'un système très complexe devenu plus économique que de santé publique nous prend en charge dès que nous sommes malades. Ainsi, le ministère de la Santé fait-il office de ministère de la Maladie. Il encadre et gère la prise en charge des malades, mais n'agit pas ou très peu à titre préventif, sauf lorsque certaines maladies (cancer, Sida, entre autres) grèvent le budget de l'État. « Fumer tue », lit-on désormais sur des bandeaux accolés aux paquets de cigarettes. Vivre tue aussi, vivre mal surtout, et ne pas savoir prévenir le mal-être et la maladie plus encore. Or, le plus souvent, nous fumons pour compenser un mal-être dû en grande partie à un mode de vie contraignant, des tensions, des insatisfactions, des déceptions elles-mêmes engendrées par nos mauvais réflexes comportementaux et notre méconnaissance de soi.

Une transgression

En prenant le ciel et les dieux à témoin, selon leurs croyances et leur mentalité, nos ancêtres savaient que toute entorse à l'ordre existant résultait d'une négligence, d'une ignorance, d'un dysfonctionnement, engendrant immédiatement une rupture avec ce qu'ils ne concevaient pas comme un environnement, mais comme un milieu naturel avec lequel ils faisaient corps. D'une certaine manière, ils croyaient que leur corps et leur esprit d'une part, et le corps et l'esprit de l'univers d'autre part, constituaient une unité indissociable. Dès lors, ils s'efforçaient de comprendre où et comment ils avaient rompu ce pacte, transgressé les lois de la nature, ou d'agir à titre préventif pour ne pas perturber cette harmonie préexistante.

Le bien-être est en nous

Tout bien considéré et pour toutes sortes de raisons inhérentes à notre mentalité et à nos croyances actuelles, nous agissons selon le même modèle lorsque nous nous préoccupons de la sauvegarde de notre bien-être. Nous savons que la Terre est malade et que nous sommes en grande partie responsables de sa maladie. Toutefois, individuellement, nous nous sentons impuissants à agir pour guérir la Terre. En revanche, nous sommes de plus en plus nombreux à nous soucier de notre bien-être. Et là, chacun de nous peut agir dès qu'il en exprime plus que le désir ou le besoin, la volonté. Le bien-être est en nous. Il ne se trouve pas à l'extérieur, mais à l'intérieur de nous. Il nous suffit de trouver et de faire un bon usage d'éléments naturels, susceptibles de compenser ou d'annihiler nos faiblesses.

Nos mauvaises habitudes

Cependant, nous sommes trop nombreux à croire qu'être ou devenir malades tôt ou tard est tout à fait dans les normes. Les statistiques sont là pour nous le démontrer, au cas où nous en douterions. Il est vrai que, pris dans un engrenage infernal, nous rendons le monde dans lequel nous vivons malade et ce dernier nous rend malades à son tour, tant et si bien que nous ne savons plus où se trouve la cause de nos maladies : dans le monde extérieur ou en nous-mêmes ? En réalité, nous ne sommes jamais malades, mais, inconsciemment le plus souvent, et en raison de nos frustrations, de nos mensonges à nous-mêmes, de nos difficultés d'être heureux et épanouis tout simplement, nous engendrons des dysfonctionnements dans certaines de nos fonctions et certains de nos processus naturels. Ou si vous préférez, certaines choses sont malades en moi, mais globalement, je ne suis pas malade. *Male habitus*, la racine latine de « malade », nous apprend que toute maladie ou altération de la santé résulte d'une mauvaise habitude. Nous devons donc (nous) guérir de nos mauvaises habitudes, dont nous croyons à tort qu'elles ne prêtent pas à conséquence, mais qui n'en finissent pas moins par nous rendre malades.

Délivrez-nous du mal !

Le fameux « Délivrez-nous du mal » qui conclut le *Pater noster*, prière des catholiques, prend tout son sens de nos jours. Nous nous faisons beaucoup de mal à nous-mêmes en effet, et nous aspirons bien sûr à en être délivrés. Cette délivrance ne s'obtient pas par la grâce d'une main ou d'une puissance extérieure, mais par nous-mêmes. Il est des rêves qui nous montrent la voie de cette délivrance. Ce sont des rêves très importants en cela qu'en plus de nous soulager de blessures, de maux ou de souffrances indicibles à l'origine desquels se trouvent bien des maladies du corps, ils favorisent des prises de conscience essentielles et parfois des changements libérateurs dans les faits et dans notre existence tout entière. C'est l'un de ces rêves de délivrance que je vous invite à interpréter dans la bibliothèque des rêves.

La bibliothèque des rêves

UN RÊVE D'ÉCHELLE ET DE DÉLIVRANCE

Voici le rêve de Camille, une femme de 58 ans, dont le contenu d'une grande richesse symbolique met en scène une échelle reliant la Terre et le ciel. Mais avant de parcourir les sept étapes de mon modèle d'interprétation pour tenter de découvrir le message contenu dans le rêve de Camille, il convient de vous proposer quelques interprétations psychologiques et divinatoires du symbole de l'échelle qui, comme vous allez le découvrir, se trouve au centre du rêve de délivrance que nous allons étudier ensemble.

L'échelle

Le fait de monter à une échelle et celui d'en descendre n'ont pas la même signification dans un rêve. L'échelle constituant en effet une espèce de pont reliant le bas et le haut, la Terre et le ciel, sa présence dans un rêve souligne implicitement une ascension probable et/ou nécessaire ou le fait que quelque chose va ou doit descendre. Par exemple, lorsque nous faisons allusion à une échelle de valeurs, nous envisageons des degrés évolutifs dont les premiers sont évidemment au bas de l'échelle et les derniers au plus haut. Parfois, il est bon de se trouver au bas de l'échelle, mais si nous y montons, cela signifie que nous devons faire encore des efforts pour atteindre son sommet, ou prendre de la hauteur, dans tous les sens de cette expression. À l'inverse, si nous sommes en haut de l'échelle et que nous en descendons, cette fois nous devons nous efforcer de revenir à de plus justes réalités. Mais il arrive aussi, dans nos rêves, que nous accédions à un niveau encore plus élevé se trouvant au-dessus du dernier degré de n'importe quelle échelle de valeurs, niveau que nous pouvons éventuellement atteindre mais qui, dès lors, se situe pour nous dans l'inconnu, ou d'où peut surgir et descendre jusqu'à nous quelque chose d'inconnu, de merveilleux ou monstrueux, selon le cas. Quoi qu'il en soit, il s'agit là de rêves de délivrance.

EXEMPLE D'INTERPRÉTATION

Expressions & métaphores

Faire la courte échelle : si une petite échelle ou un escabeau apparaît dans l'un de vos rêves, vous aurez besoin d'aide ou de soutien, à moins qu'une personne de votre entourage vous demande de l'aide.

Monter à l'échelle : parfois, monter à l'échelle dans une situation onirique quelconque peut tout simplement signifier que vous pourriez bien céder à la colère (cette locution possède un sens identique à « monter sur ses grands chevaux ») ou que vous serez victime d'une plaisanterie d'un goût douteux.

Vos rêves d'échelle

✔ Vous avez rêvé d'une échelle :

INTERPRÉTATIONS PSYCHOLOGIQUES

1 Un rêve d'échelle contient une grande portée symbolique que le rêveur doit recevoir tel un avertissement. Ce dernier le prévient que ses énergies vitales et primordiales, montantes et descendantes, doivent toujours circuler librement en lui. En elles, se trouvent son pouvoir de régénération et toutes les perspectives d'évolution de sa conscience et d'élévation spirituelle.

2 S'il manque un ou des échelons, demandez-vous si vous ne seriez pas enclin à ne pas respecter la hiérarchie ou à brûler les étapes. Si c'est le dernier échelon qui manque, vous êtes probablement trop présomptueux ou, à l'inverse, vous ne vous faites pas confiance, ne vous croyant pas capable de vous élever au sommet de « l'échelle sociale ». Ou bien alors, vous voulez vous hisser à un niveau qui n'existe pas. Parfois en effet, nous interprétons le succès ou la réussite avec tant d'idéalisme que nous les rendons nous-mêmes inaccessibles. Bien que nous y aspirions de toutes nos forces, nous avons l'impression qu'ils se dérobent chaque fois que nous sommes sur le point de les atteindre. Ainsi, l'apparition dans un rêve d'une échelle si belle que vous n'osez l'approcher, encore moins y monter, ou trop haute au point que vous n'en voyez pas le sommet, ou à laquelle il manque des échelons, ou encore bancale, ou enfin dont vous vous rendez compte, dans votre rêve toujours, qu'elle n'offre aucune sécurité, vous met en présence de votre penchant à sublimer la réussite, issu d'un complexe d'échec.

3 Lorsque, dans l'un de vos rêves, une échelle apparaît tout simplement posée contre un mur, au plan symbolique, elle constitue en quelque sorte une invitation à franchir un obstacle, à braver une difficulté ou à vous soumettre à une épreuve de votre propre initiative. Ce faisant, vous réussirez à grandir, à mûrir, tirant de nombreux avantages de cette expérience. Cette interprétation se vérifie d'autant plus si l'échelle présente dans votre rêve vous donne accès au sommet du mur, vous permettant ainsi de le franchir ou de découvrir ce qui se cache derrière.

4 Si l'échelle est posée à terre, vous êtes probablement prisonnier d'un esprit réducteur vous interdisant toute possibilité ou perspective d'évolution, et d'ascension bien sûr. Ce rêve vous recommande de redresser l'échelle de vos valeurs. En tentant vainement de soulever l'échelle, si vous vous apercevez qu'elle est trop lourde ou trop haute pour que vous réussissiez à la redresser, demandez-vous si, à l'état de veille, vous n'êtes pas enclin à ne compter que sur vos seules forces et ressources pour rétablir une situation ou atteindre un objectif.

INTERPRÉTATIONS DIVINATOIRES ET PSYCHOLOGIQUES

1 Monter très facilement jusqu'en haut d'une échelle est généralement une promesse de progrès et un signe de succès. Mais si vous avez des difficultés à gravir les échelons et à vous hisser jusqu'au sommet, vous pouvez croire que votre réussite ne sera pas aisée. Et si vous montez à l'échelle toujours plus haut, mais sans jamais apercevoir ou atteindre le dernier échelon, il est probable que l'objectif que vous cherchez à atteindre vous est inaccessible, au-dessus de vos moyens ou de vos forces.

2 Passer délibérément sous une échelle, par défi ou par jeu, peut indiquer que vous semblez prêt à prendre tous les risques, à braver les interdits quels qu'ils soient, sans vous soucier des conséquences bonnes ou mauvaises de vos actes. Tandis que passer involontairement sous une échelle vous informe que vous devez assumer vos responsabilités et les conséquences de vos actes, ou bien que vous êtes sur le point de commettre une erreur par manque de vigilance ou de respect des règles, principes ou conventions.

3 Descendre d'une échelle vous encourage à reprendre contact avec la réalité. Mais si vous en tombez, vous tomberez de haut, selon l'expression consacrée, autrement dit, vous serez déçu ou brusquement interrompu, stoppé net dans votre progression. Par contre, si vous vous tenez au milieu de l'échelle, ou à n'importe quel niveau, et que vous tâtonnez pour poser le pied sur l'échelon inférieur, il s'agit probablement pour vous de « descendre d'un cran », de voir les choses ou d'aborder la réalité avec plus d'humilité.

UN PEU D'HISTOIRE

Passer sous une échelle

La superstition suivant laquelle passer sous une échelle porte malheur n'est pas très ancienne. Historiquement, elle remonterait à ces périodes tourmentées en Europe, au XVIIIe siècle notamment, où il était d'usage de faire passer les condamnés à la pendaison sous l'échelle donnant accès au gibet. Mais il est intéressant d'observer qu'une échelle positionnée de la sorte forme un triangle avec le mur sur lequel elle s'appuie et le sol où ses pieds reposent. Or au plan symbolique, passer dans un triangle formant un angle droit, c'est-à-dire un triangle rectangle, équivaut à une perte d'équilibre. Il est ainsi probable que cette résonance inconsciente du risque de perte d'équilibre et des effets néfastes qu'il peut engendrer a pesé lourd dans la croyance à cette superstition.

MYTHES & SYMBOLES

L'échelle de Jacob

S'endormant sur une pierre dont il fit son chevet, Jacob eut un songe : il vit une échelle reposant sur la terre ferme, dont le sommet atteignait le ciel, et des anges qui montaient et descendaient le long de cette échelle. Et au sommet de l'échelle, se tenait Dieu. Si l'on en croit le récit de la Bible (Genèse, XXVIII, 12-22), Jacob crut voir dans son rêve la « porte du ciel ». Il l'interpréta sous l'angle d'un serment de fidélité qu'il devait faire à son Dieu, à condition toutefois que ce dernier le protège infailliblement et en toutes circonstances. Et tel Jésus consacrant l'apôtre Pierre beaucoup plus tard, Jacob posa la première pierre de la maison de Dieu à l'endroit où il eut ce songe.

Essai d'interprétation du songe de Jacob

Le fait que le bas de l'échelle repose sur la terre, et que son sommet touche le ciel est une belle illustration de la nécessité pour chacun d'entre nous (ici, pour Jacob) de prendre conscience qu'il existe un lien entre la Terre et le ciel, la vie matérielle et la vie spirituelle, la raison et l'imagination, l'esprit logique et l'intuition, le visible et l'invisible et, dans l'absolu, entre la vie et la mort. Nous ne pouvons et ne devrions pas les dissocier.

• La libre circulation des énergies primordiales

Les anges montant et descendant le long de l'échelle figurent les courants énergétiques du corps circulant de bas en haut et de haut en bas. Nous savons par exemple que notre sang, qui se renouvelle sans cesse en passant par le cœur, circule en montant et descendant le long de nos artères et de nos veines. Il en va de même de tous les courants montants et descendants qui suivent les nerfs de notre colonne vertébrale. Là encore, le bas et le haut, notre terre et notre ciel physiologiques, en quelque sorte, ne peuvent pas être séparés. À l'instar de l'arbre, l'être humain doit laisser circuler la sève ou les courants de la vie librement en lui. Cette montée de sève est générée et activée par la libido, l'énergie primordiale, psychique et spirituelle, dont nous avons vu qu'elle ne se manifeste pas exclusivement à travers la sexualité, mais aussi dans toutes les formes de créations.

• La pierre

Nous aurions pu dire à Jacob que son grand esprit des rêves, sa psyché inconsciente, ou Dieu en ce qui le concerne, lui révèle que c'est en implantant solidement les pieds de l'échelle de son ambition ou de son aspiration profonde à s'élever sur la terre ferme de la réalité matérielle, et en s'efforçant de garder relié le haut et le bas, qu'il sera un homme à part entière, un être humain accompli. Il ne doit en aucun cas privilégier la matière au détriment de l'esprit, et inversement. Pour ne jamais l'oublier, il posa une pierre, l'un des plus anciens symboles sacrés de l'humanité, à l'endroit où il avait eu ce songe visionnaire.

Le rêve de Camille

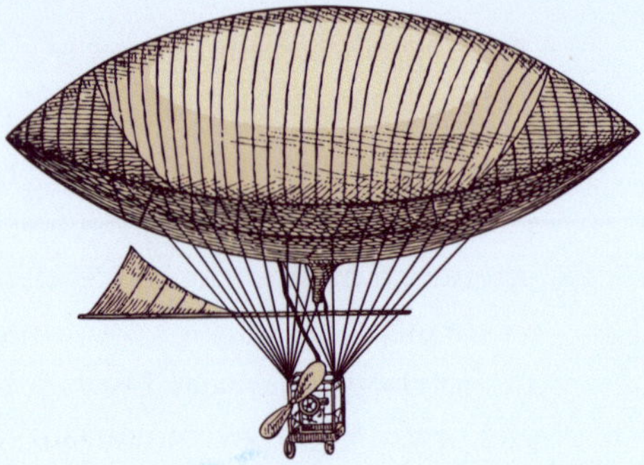

1. Le récit du rêve de Camille

« Il y a une espèce d'énorme dirigeable dans le ciel. En réalité, je m'aperçois qu'il a la forme d'un immense poisson sans queue, qu'il est en bois et qu'il semble flotter dans le ciel sans recourir à une énergie quelconque. On peut accéder à l'intérieur pour le visiter grâce à une très grande échelle posée sur le sol. Je monte à cette échelle dont le haut est posé contre une fenêtre. Il n'y a pas de porte en effet pour y pénétrer. La paroi est pourvue de nombreuses fenêtres, un peu comme les hublots d'un paquebot. D'ailleurs, une fois à l'intérieur, tout me rappelle un navire : les charpentes au sol notamment m'évoquent la coque d'un ancien voilier, mais aux proportions démesurées. Il y a beaucoup de monde à l'intérieur, tous des visiteurs. Je vois un enfant qui fait du toboggan le long de la paroi. À sa vue, j'ai une réaction de panique, craignant qu'il se fasse mal. Mais l'un des gardiens me rassure, m'expliquant qu'il n'y a pas de danger. Je poursuis ma visite, puis je m'avise de redescendre. Mais en repassant par la fenêtre pour emprunter l'échelle dans le sens inverse, je suis prise de vertige. Je comprends qu'il me sera impossible de redescendre par l'échelle. Des personnes interviennent et me rassurent là encore, m'expliquant qu'il existe un funiculaire pour redescendre sans risque. En effet, je trouve l'entrée du funiculaire située à l'avant du dirigeable. Je bavarde et bavarde tant et si bien que je ne me rends absolument pas compte d'être entrée dans la cabine du funiculaire, d'avoir effectué la descente et rejoint la terre ferme. »

En l'invitant à résumer le récit relativement long de son rêve (il en existe évidemment de beaucoup plus longs et compliqués), Camille a proposé une espèce de récapitulation des séquences lui ayant paru importantes.

2. Le résumé du rêve de Camille

- Un dirigeable en forme de poisson sans queue.
- Je monte à une échelle pour l'atteindre.
- Le haut de l'échelle est posé contre une fenêtre par laquelle je m'introduis dans le dirigeable.
- L'intérieur du dirigeable, ressemblant à celui d'un ancien voilier, est rempli de personnes qui, comme moi, sont en visite.
- J'ai l'impression qu'un enfant se met en danger en faisant du toboggan, mais un gardien me rassure à ce sujet.
- Une fois ma visite terminée, je tente vainement de redescendre par l'échelle, étant prise de vertige.
- Finalement, j'emprunte un funiculaire pour descendre, et je reviens sur la terre ferme sans même m'en rendre compte.

Selon Camille, le récit de son rêve se divise donc en sept séquences importantes. Relevons maintenant les symboles présents dans son rêve.

3. Les symboles présents dans le rêve de Camille

1 Le dirigeable

2 Le poisson sans queue (en effet, dans l'esprit de Camille, le dirigeable en question lui apparaît sous l'aspect d'un poisson sans queue)

3 L'échelle

4 La fenêtre

5 Le navire ou voilier (l'intérieur du dirigeable)

6 Les visiteurs

7 L'enfant qui fait du toboggan

8 Le gardien

9 Le vertige

10 Le funiculaire

11 Le bavardage

POINT IMPORTANT

Un bouquet de symboles

Bien que la bibliothèque des rêves vous propose des interprétations de rêves dont chacun se déroule à partir d'un élément symbolique exemplaire (ici l'échelle), il va de soi que, le plus souvent, nos rêves sont composés de plusieurs symboles, dont parfois quelques-uns présentent une égale importance. Cependant, pour entreprendre l'analyse d'un rêve, il nous faut bien choisir un point de départ. Vous vous rendrez compte que ce dernier s'impose à votre attention, non seulement lorsque vous mémorisez votre rêve, mais aussi lorsque vous le rédigez. Dans le rêve de notre exemple, l'action commence sur une échelle, puis souligne la difficulté qu'éprouve notre rêveuse, prise de vertige à l'emprunter pour redescendre. Tout laisse donc supposer que l'échelle en question joue un rôle central et capital, et que ses significations symboliques vont nous aider à analyser, puis interpréter le rêve de Camille. Mais bien sûr, notre interprétation ne se résumera pas aux seules significations du symbole de l'échelle ; nous prendrons aussi en compte celles des autres symboles présents dans le rêve de Camille, que nous analyserons dans un premier temps, puis dont nous tenterons de réaliser une synthèse.

4. L'interprétation des onze symboles présents dans le rêve de Camille

Bien qu'en relatant son rêve Camille fasse allusion à plusieurs symboles différents relatifs au dirigeable, nous pouvons envisager de les rassembler et d'en faire une synthèse pour comprendre sa signification. En ayant recours à notre imagination, nous allons découvrir ainsi que, en finalité, les trois symboles s'attachant au dirigeable dans le rêve de Camille évoquent un œuf.

Symbole 1 ☛ le dirigeable

En réalité, il s'agit d'un aérostat propulsé par un ou plusieurs moteurs qui font tourner une ou plusieurs hélices. Nous disons couramment « un ballon dirigeable ». Il s'agit bien d'un ballon en effet, dont la carène est maintenue par la pression intérieure de l'hélium, un gaz ininflammable. Et dans la réalité toujours, le moteur et les hélices se trouvent dans une cabine située sous le ventre du dirigeable. Dans le rêve de Camille, cependant, le dirigeable ne semble pourvu d'aucune cabine ventrale ou, du moins, elle n'y fait aucune allusion.

Symbole 2 ☛ le poisson

Le dirigeable présente une forme de poisson sans queue, ce qui est le cas dans la réalité, puisque cet engin est fréquemment pourvu d'ailerons suggérant des nageoires dorsales et ventrales entre autres, mais jamais caudales. De ce fait, son aspect présente de fortes analogies avec la forme d'un poisson, et il est naturel que Camille ait fait le lien entre les deux, qu'elle ait vu dans le dirigeable de son rêve un immense poisson flottant dans le ciel.

Symbole 5 ☛ le navire ou le voilier

Une fois à l'intérieur, Camille a l'impression de se trouver dans un navire, ou plus exactement un voilier. C'est la partie inférieure du dirigeable, constituée d'une charpente élaborée qui l'incite à établir un rapport avec l'intérieur de la coque d'un voilier. Et là encore, force est de constater que le navire et l'aérostat ont en commun la carène, la cabine, l'hélice, l'empennage, le gouvernail et la structure intérieure de la coque, entre autres.

• Le grand poisson volant

En résumé, et au plan symbolique bien sûr, selon Camille, le dirigeable de son rêve est aussi un poisson et un navire. Dans tous les cas, il s'agit d'un engin ou d'un animal utilisant les courants d'air ou d'eau pour se déplacer. Mais ce qui semble vouloir retenir l'attention de Camille pour qu'elle puisse comprendre le sens de son rêve, c'est que le dirigeable, le poisson et le navire (la coque surtout) ont tous trois en commun d'avoir une forme ovoïde. Ainsi voit-elle dans son rêve une espèce d'immense vaisseau de forme ovoïde flottant dans le ciel, dans lequel elle peut s'introduire en montant à une échelle. Toujours en procédant par amplification et analogie, cette espèce de vaisseau de forme ovoïde présente également de nombreuses ressemblances avec une baleine qui fut probablement le « grand poisson » du récit biblique ayant avalé Jonas. C'est ainsi qu'au final le dirigeable, le poisson et la coque du navire nous conduisent au symbole du « grand poisson » ou de la baleine, l'une des grandes figures archétypiques maternelles de la psyché inconsciente collective. Mais ici, le grand poisson de son rêve a quitté les eaux maternelles et originelles. Il vole en effet. Ce qui signifie qu'il a été expulsé ou séparé des eaux maternelles, qu'il a quitté le stade fœtal pour naître à la réalité et être propulsé dans les airs.

• L'œuf primordial

Qu'il s'agisse d'un dirigeable ou d'un vaisseau de forme ovoïde, ou encore d'un grand poisson volant, la forme ovoïde que tous ces symboles ont en commun nous fait penser à un œuf. L'œuf se trouve en effet à l'origine de très nombreuses cosmogonies antiques qui sont autant de récits de la création du monde et de la vie, dont la genèse biblique n'est qu'une parmi tant d'autres. Bien avant la théorie du big bang, en effet, nos ancêtres avaient déjà émis l'hypothèse qu'il y avait eu un commencement du monde. Certaines de ces légendes cosmogoniques mettent en scène un monde originel se présentant sous l'aspect d'un œuf contenant en germe tous les éléments et principes constitutifs de l'univers qui pourra naître un jour. Mais à l'intérieur de l'œuf, tous ces éléments sont encore rassemblés d'une manière chaotique et indifférenciée. Ils sont en gestation. D'où l'on peut éventuellement déduire que le dirigeable ou le grand poisson volant du rêve de Camille, évoquant la forme ovoïde de l'œuf primordial, symbolise quelque chose qui, en elle, est en gestation et va ou doit naître.

Symbole 3 ☛ l'échelle

C'est ici qu'intervient l'échelle, le symbole central de ce rêve. À l'aide de cette échelle posée sur le sol, Camille peut grimper jusqu'au dirigeable, le haut de l'échelle se trouvant posée contre une fenêtre. Le bas de l'échelle étant quant à lui posé sur la terre ferme, nous pouvons croire que Camille se perçoit comme ayant « les pieds sur terre », autrement dit, telle une femme au caractère réaliste. C'est en s'appuyant sur cette qualité dont son caractère est pourvu qu'elle peut donc se hisser jusqu'au « grand poisson », figure archétypique maternelle de la psyché inconsciente collective surgissant dans son rêve, dont nous supposons désormais qu'il s'agit d'un œuf. Nous verrons plus avant que ce point est d'une importance capitale pour la compréhension de son rêve. Quoi qu'il en soit, la présence de l'échelle dans son rêve indique que Camille est bien reliée à ce qui est en germe en elle (l'œuf).

À ce stade de nos interprétations des symboles présents dans le rêve de Camille, nous pouvons l'inviter une nouvelle fois à étudier directement les neuvième et dixième symboles de sa liste qui, dans le récit de son rêve, sont en relation directe avec l'échelle, comme nous allons le découvrir.

Symbole 9 ☛ le vertige

Après une brève incursion dans le dirigeable, Camille s'apprête tout naturellement à faire le chemin inverse en empruntant la même échelle. Mais au moment où elle enjambe le haut de l'échelle, elle est prise d'une telle sensation de vertige, qu'il lui est impossible de redescendre par ses propres moyens. Ainsi, bien qu'elle soit tout à fait capable de se hisser jusqu'à cette figure archétypique maternelle, elle ne peut pas en redescendre par elle-même. Bien que nous soyons attirés par le vertige (ou la peur de tomber dans le vide), il apparaît fréquemment dans nos rêves lorsque nous craignons de plonger dans une situation nouvelle ou inconnue qui nous attire cependant, du fait que nous savons, inconsciemment bien sûr, qu'elle est porteuse d'une véritable renaissance ou d'une révélation.

Symbole 10 ☛ le funiculaire

Si l'on en croit le récit de Camille, elle s'est montrée bien présomptueuse en voulant redescendre au moyen de l'échelle. Des visiteurs lui conseillent d'emprunter le funiculaire situé à l'avant du dirigeable, puisque c'est apparemment ce que tout le monde fait. Le funiculaire présente des analogies avec le train et l'ascenseur, en cela que, tous trois propulsés par une énergie extérieure, ils nous mettent sur des rails, autrement dit, ils nous invitent à suivre un chemin tracé et emprunté par la communauté, déterminé à l'avance et limité dans le temps et l'espace. Il s'agit donc de moyens de transports qui, au plan symbolique et lorsqu'ils surgissent dans nos rêves, nous donnent l'occasion de réfléchir à tout ce que nous avons et partageons en commun.

Symbole 4 ☛ la fenêtre

Un dirigeable n'est pourvu d'aucune fenêtre. Ce serait techniquement et physiquement impossible. C'est pourtant par une fenêtre ouverte que Camille pénètre à l'intérieur du dirigeable. En plus de laisser entrer la lumière extérieure à l'intérieur d'une maison, une fenêtre est aussi utile pour observer ce qui se passe à l'extérieur, et cela se vérifie tout particulièrement dans les engins de transport et de navigation. La fenêtre présente donc des analogies avec l'œil, dont nous savons qu'il réfléchit et réfracte la lumière et qui, bien sûr, nous permet de voir. Ainsi, et bien qu'il se trouve anormalement sur le flanc du « grand poisson » volant, c'est par l'œil, symbole de la conscience, que Camille pénètre dans son ventre.

Symbole 6 ☛ les visiteurs

Apparemment, dans l'esprit du rêve de Camille, le dirigeable n'est autre qu'un lieu de passage, un peu comme un musée ou un parc d'attraction volant. Quoi qu'il en soit, et si l'on en croit le récit de notre rêveuse, les visiteurs présents à l'intérieur ne font qu'y passer et regarder. Ils sont là pour satisfaire leur curiosité, rien d'autre. Il est probable que ces visiteurs figurent, symboliquement toujours, « les éléments et principes constitutifs de l'univers intérieur » de Camille, dont on peut dès lors déduire qu'ils se comportent en touristes, sans vraiment s'impliquer dans ce qui se passe dans le dirigeable ou dans le monde intérieur de Camille.

Symboles 7 et 8 ☛ l'enfant qui fait du toboggan et le gardien

À l'intérieur du dirigeable, l'attention de Camille est d'abord retenue par les charpentes qui lui rappellent celles de l'intérieur de la coque d'un ancien voilier, puis par un enfant qui fait du toboggan et dont elle craint qu'il ne se fasse mal. Mais finalement, un gardien, figure de l'ordre, s'approche et lui explique que l'enfant en question joue et ne craint rien. Or, dans la réalité, que fait un enfant sur un toboggan ? Il monte à une échelle, puis se laisse glisser pour redescendre. D'où l'on peut déduire que Camille découvre que, malgré ses craintes à ce sujet, non seulement il n'y a aucun risque ni danger à se « laisser glisser », mais aussi que pour y parvenir, il faut d'abord gravir l'échelle et se hisser au sommet. Ensuite seulement, l'enfant peut jouir de l'ivresse de la glissade.

Symbole 11 ☛ le bavardage

Lors de sa descente dans le funiculaire, Camille bavarde tant et si bien avec les visiteurs qui l'accompagnent dans la cabine qu'elle ne voit pas le temps passer et qu'elle se retrouve sur la terre ferme, à son point de départ, sans même s'en rendre compte. À l'instar de l'enfant faisant du toboggan, elle s'est laissé porter et glisser. En plus d'être heureuse, la conclusion de son rêve est on ne peut plus réconfortante.

5. La situation de Camille

Son actualité au moment où elle a fait ce rêve se résumait à un conflit relationnel avec sa mère. En effet, ayant des difficultés, elle avait sollicité l'aide de ses parents, beaucoup plus âgés qu'elle, bien sûr, mais plutôt bien portant et vivant confortablement. Mais sa mère avait réagi d'une manière qui s'était révélée tout particulièrement blessante et décevante pour Camille. Elle en avait été si affectée que la petite dépression qui s'ensuivit fut une nouvelle preuve de son manque de lucidité, voire de maturité dans ses rapports avec sa mère (et ce malgré son âge : 58 ans, rappelons-le), manquement qu'elle ne pouvait plus ignorer désormais.

6. L'interprétation du rêve de Camille

Prendre conscience d'un problème psychologique ou d'une blessure affective et morale très ancienne, et qui ne s'est toujours pas refermée, puis l'intégrer en soi telle une réalité et une composante de sa personnalité à part entière, sont deux choses distinctes. Pour y parvenir, malgré son réalisme ou à cause de lui (l'échelle posée sur la terre ferme), Camille croit qu'elle a besoin de s'élever, de voir les choses avec plus de hauteur, et de (re)visiter cette espèce de matrice psychique collective (le dirigeable ou « grand poisson ») qui peut s'avérer tout à fait régénératrice à condition de ne pas se laisser absorber, avaler et digérer par elle. Camille ne doit plus se laisser « diriger » par ce problème relationnel non résolu avec sa mère, mais en acquérir le contrôle en visitant cette grande matrice psychique commune à tous les êtres ou, si vous préférez, une figure archétypique de notre mère à tous. Ici, il y a fort à parier que ladite figure archétypique représente le modèle à partir duquel le moi de Camille ou, si vous préférez, l'ensemble de sa personnalité, dont elle a plus ou moins conscience, s'est structuré.

Un retour sur soi

En d'autres termes, en montant à l'échelle pour se hisser jusqu'au dirigeable à l'intérieur duquel elle pénètre par une fenêtre (l'œil de sa conscience), elle prend le chemin qui la conduira à elle-même, à l'intérieur d'elle-même, dans le noyau de sa personnalité, où elle pourra réfléchir et se remettre en question. Ce faisant, son grand esprit des rêves lui dit clairement que c'est en effet en pénétrant à l'intérieur d'elle-même qu'elle trouvera la paix, d'une part pour résoudre son problème en rapport avec son complexe maternel, d'autre part pour s'en délivrer. Cependant, après ce retour et cette visite à l'intérieur d'elle-même (le dirigeable), lorsqu'elle s'apprête à redescendre par le même chemin qu'elle a emprunté pour entrer dans le dirigeable (l'échelle), elle s'aperçoit qu'elle a le vertige.

Atterrir

Ce qui laisse supposer que Camille a eu tendance à voir les choses de trop haut, à se placer « très au-dessus de tout ça », selon l'expression consacrée, ou à se percevoir elle-même tel un être supérieur n'ayant pas à s'abaisser à ce genre de problèmes (ses relations décevantes avec sa mère) ; mais aussi, simultanément, qu'elle fut encline à sublimer sa mère ou à la hisser sur un piédestal. D'une certaine manière, nous pourrions dire que Camille doit « atterrir », voir la réalité telle qu'elle est, ne plus planer ou se laisser diriger par les courants de la vie sans réagir, et ne plus idéaliser sa mère et tout ce qu'elle représente à ses yeux.

Se laisser glisser

Pour se délivrer de sa dépendance à son complexe maternel nimbé d'idéalisme et de l'idée trop haute qu'elle s'est forgée d'elle-même pour s'en protéger inconsciemment, elle doit avoir l'humilité de se mettre au même niveau et de suivre le même chemin que les visiteurs du dirigeable, qui ne sont autres que des représentations des multiples composantes de sa personnalité. Et pour ce faire, elle trouve en elle-même (à l'intérieur du dirigeable) un guide : l'enfant. Ainsi, l'enfant qui fait du toboggan, le gardien qui trouve cela normal, et le fait qu'elle retrouve la terre ferme en empruntant le funiculaire sans même s'en rendre compte constituent autant de signes de l'attitude que son grand esprit des rêves l'encourage à adopter : (se) laisser glisser !

7. Le message contenu dans le rêve de Camille

« Cesse de voir les choses avec autant de hauteur. Pénètre à l'intérieur de toi, non plus tel un visiteur, mais tel un observateur réceptif, attentif et intelligent. Ne tente pas de redescendre par le même chemin qui t'a hissé malgré toi à cette hauteur inaccessible. Ne te laisse plus entraîner dans les airs par ce mauvais complexe maternel. Mais à l'instar de l'enfant qui est en toi et qui te montre le chemin du retour, laisse-toi glisser sur la bonne pente ! » lui dit son rêve. Autrement dit : « Laisse-toi aller, abandonne-toi, aie confiance, ne cherche pas à tout diriger, contrôler. En toi, plus qu'au-dessus de toi, il existe une grande matrice psychique régénératrice, généreuse, porteuse de renouveau. Si tu comprends que les autres (les visiteurs) et toi êtes sur un pied d'égalité, si tu veux bien admettre que, avec cette simplicité et cette spontanéité dont savent faire preuve les enfants, il suffit de te laisser glisser (le toboggan et le funiculaire), alors tu retomberas sur tes pieds et tu seras en mesure de comprendre la véritable nature de ce problème relationnel maternel que tu portes en toi. »

Un mal contient son remède

Un tel rêve indique que le remède est presque toujours contenu dans le mal. C'est un rêve très important, encourageant, stimulant, pour Camille, puisqu'il lui signifie qu'elle est en mesure de se délivrer de ce problème ou de ce complexe maternel qui l'empêche d'évoluer. En cela, il s'agit d'un rêve de délivrance, un de ces rêves que nous ne devons pas manquer de comprendre, car non seulement il peut nous aider à changer d'attitude, mais encore et surtout il peut nous soulager d'un grand poids affectif et psychologique.

Les instincts dans les rêves

Bien que nous ayons quelque peu nuancé notre jugement à propos des instincts sauvages, nous ne les associons pas moins à la violence et à la barbarie. Il s'agit d'un fâcheux amalgame illustrant bien notre ignorance des instincts. Ce que nous attribuons à la sauvagerie chez l'animal, lorsque celui-ci se trouve livré à lui-même dans son milieu naturel, procède en réalité d'un pur instinct de nature. Par exemple, pour décrire le chat jouant avec la souris ou le lion sur lequel je vais m'attarder, égorgeant la gazelle ou le zèbre, nous employons les termes de « cruauté », de « férocité », et nous disons volontiers qu'ils incarnent la loi de la jungle ou du plus fort. Il est rare en effet que nous regardions les animaux tels qu'ils sont et se comportent par la force des choses, suivant leurs instincts, sans employer les filtres de nos jugements ou sans que nous projetions sur eux nos critères moraux, nos propres attitudes ou comportements.

L'animal et nous

Pour nous humains, il s'agit éventuellement de hisser les animaux à notre niveau de conscience, en aucun cas de nous abaisser à les comprendre. Ce faisant, niant l'animal en nous, nous sommes bien malhabiles à comprendre ce que sont nos instincts, à entrer en relation avec eux. Pis encore, niant leur existence et leur raison d'être en nous, nous les détournons de leur objet, les dénaturons, nous les reléguons dans notre ombre individuelle et collective, tant et si bien que, tôt ou tard, nous en subissons les conséquences lorsqu'ils nous reviennent sous les traits de la violence aveugle, du fanatisme, de la barbarie, de la tyrannie, du génocide, parfois aussi sous les aspects de diverses maladies psychosomatiques ou épidémiques. C'est ainsi que nombre de nos rêves sont peuplés d'animaux qui nous renvoient bien sûr à des symboles et des mythes immémoriaux, mais surtout à nos propres instincts qui prennent forme dans nos songes et avec lesquels il convient d'entrer en relation ou de nous réconcilier, selon le cas, avant qu'ils nous dévorent.

CITATION

Ruse humaine et instinct animal

« Jadis, Gongniu Ai (on ne connaît rien de ce personnage) fut affligé par la maladie des transmutations. Le septième jour (après sa mort), il se métamorphosa en tigre. Son frère aîné entrebâilla la porte, puis entra pour l'examiner. Sur ce, le tigre le saisit et le tua. Le corps de Gongniu Ai s'était mué en celui du tigre, ses dents et ses ongles en griffes et en crocs. Les changements qui se produisirent dans son cœur et son corps entraînèrent alors la transformation de sa volonté et de son esprit. Tigre, il ignorait qu'il avait été un homme ; homme, il ignorait qu'il deviendrait un tigre. Chacun remplaçait l'autre en l'excluant et trouvait sa joie dans sa forme propre. Entre ruse humaine et instinct animal, impossible de départager le vrai du faux. Qui saurait dire ou l'un et l'autre commence ? »

Charles LE BLANC et Rémi MATHIEU, *Philosophes taoïstes* (chapitre II : Du commencement du réel), Gallimard, Paris, 2003.

L'instinct à l'état pur

Lorsque l'instinct est contrarié ou ignoré, il risque de s'emparer de la personne, de voiler sa conscience, de la pousser à des actes d'autant plus regrettables qu'ils ne résultent pas d'un instinct à l'état pur, mais dénaturé. Tel ou tel instinct l'envoûte ou la possède tant et si bien qu'elle se comporte d'une manière caricaturale, tel un tigre, un lion, un loup, un serpent, etc. N'étant plus en relation directe avec les animaux, sauvages notamment, que nous massacrons ou encageons, allant même jusqu'à rayer de la planète certaines espèces, nous nous coupons aussi des forces vivifiantes qu'ils incarnent en nous, à notre insu désormais. Cependant, à bien y regarder, la jungle et les territoires sauvages existent toujours, et nous y sommes encore plongés. Ils se situent au cœur même de nos civilisations, dans la jungle des villes, ou bien dans notre psyché inconsciente où font irruption des animaux sauvages qui nous traquent, nous menacent, ou font tout simplement resurgir en nous des peurs ancestrales et des instincts à l'état pur.

Pour illustrer mon propos, voici une palette d'interprétations symboliques, psychologiques et divinatoires relatives au lion, archétype de l'instinct sauvage, qui surgit assez fréquemment dans nos rêves. Dans la nature, le lion préfère vivre en milieu ouvert.
Le mâle marque et défend son territoire avec la plus grande férocité, tandis que la femelle chasse en témoignant d'une ruse, d'une puissance et d'une agilité mortellement efficaces.

Le lion

L'ambition dévorante de celle ou de celui qui s'adjuge « la part du lion », la fierté, la noblesse, le courage, mais aussi la férocité et la cruauté, telles sont les qualités couramment attribuées au lion depuis des millénaires. Probablement à la fois effrayés et fascinés par sa force dominatrice, sa férocité implacable, son agilité hors du commun et son allure majestueuse, dont sa superbe crinière évoquant la coiffe royale n'est pas le moindre attrait, les peuples des civilisations antiques de la Mésopotamie et de l'Égypte lui ont consacré une constellation et un signe du zodiaque. En Égypte antique, il fut assimilé à Rê, le plus grand dieu du panthéon égyptien, figure du Soleil, tandis que les rédacteurs de la Bible firent très fréquemment allusion à lui dans leurs récits, notamment en comparant la tribu de Juda à la lionne et au lion : « Voici qu'un peuple se dresse comme une lionne, qu'il surgit comme un lion. Il ne se couche pas qu'il ait délivré sa proie et bu le sang de ceux qu'il a tués[16]. »

Qu'évoque un lion pour vous ?

Vous devez impérativement tenir compte de la situation dans laquelle se trouve le lion de votre rêve, son allure et son comportement pour en tirer une bonne interprétation. Interrogez-vous à ce sujet : D'où venait ce lion ? Vous était-il familier, ou bien son apparition fut-elle pour vous la cause d'une telle frayeur que vous vous êtes brusquement réveillé ? Étiez-vous transporté dans la savane ou dans la jungle africaine en sa présence ? À l'état de veille ou conscient, où et

16. Nombres, 23, 24.

comment avez-vous déjà vu un lion, et quels sentiments intimes éveillent-ils en vous : la peur, la répulsion, une attirance, comme par exemple l'envie de le caresser, une espèce de fascination inexplicable mêlée à de la crainte, etc. ? Bref, avant de reconnaître éventuellement dans les interprétations psychologiques et divinatoires celles qui vous conviennent, ou qui ressemblent au lion de votre rêve, prenez le temps de mettre noir sur blanc tout ce qu'évoque un lion pour vous.

L'instinct dominateur et dévorant

Si votre rêve vous transporte effectivement dans la savane ou dans la jungle pour vous mettre en présence d'un lion, vous vous retrouvez évidemment en milieu hostile, mais sur le territoire de ce fauve. Vous pouvez dès lors croire que vous êtes sous sa coupe, ou plus exactement sous le joug de l'instinct dominateur et dévorant que le lion figure symboliquement. En revanche, si le lion de votre rêve surgit dans un endroit ou un paysage qui vous est familier, ou pourquoi pas dans votre appartement, votre maison ou votre jardin, comme si cela était naturel ou normal (comme souvent dans les rêves), ce même instinct faisant irruption dans votre vie de tous les jours vous interpelle, vous invitant à ne pas l'exclure ni l'ignorer, et à l'intégrer plus volontiers dans votre comportement ordinaire ou « normal », ou vous rappelle à l'ordre, vous signalant qu'il est toujours présent en vous. Il va de soi que, dans tous ces cas de figure précédemment énoncés, selon que le lion de votre rêve se montre sous un jour menaçant, violent, indompté, ou pacifique et amical, vos interprétations différeront.

Vos rêves de lion

✔ Vous avez rêvé d'un lion :

INTERPRÉTATIONS PSYCHOLOGIQUES

1 La présence d'un lion dans un rêve vous met parfois en relation avec vos sentiments nobles et généreux, votre force intérieure ou votre force d'âme, autrement dit, votre courage, votre persévérance, ou d'autres belles qualités humaines dont vous savez faire preuve. Cependant, le fait que ce fauve joue un rôle important dans l'un de vos rêves vous confronte à la nature instinctive, sauvage, redoutable et ambivalente de telles qualités. En effet, vous ne devez jamais perdre de vue l'instinct à l'état pur qu'incarne le lion.

2 Ainsi, le plus souvent, ce sont des sentiments moins gratifiants auxquels le lion de votre rêve vous invite à prendre conscience : la soif de pouvoir et de domination, l'ambition aveugle, l'orgueil, le despotisme, le refus obstiné de vous soumettre ou d'accepter vos faiblesses, parfois même la lâcheté ou des instincts débridés pouvant se révéler violents ou destructeurs.

3 Un lion en cage, dans un zoo ou un cirque par exemple, vous invite à vous poser des questions : vous avez réussi ou vous réussirez, selon le cas, à vous protéger contre vous-même, à maîtriser vos instincts de puissance et votre volonté dominatrice, mais à quel prix, et pour combien de temps ? Pour comprendre la signification d'un tel rêve, soyez très attentif au contexte et au cadre dans lesquels ce lion en cage vous apparaît, et bien sûr à votre actualité au moment où vous faites ce rêve.

4 S'il s'agit d'une lionne, il convient que vous preniez en considération le fait que, dans la savane, c'est elle qui chasse pour nourrir le clan et ses lionceaux et qu'elle aussi est redoutable. Dans les rêves, elle est ainsi fréquemment une figure de l'instinct maternel, mais aussi de votre faculté (bonne ou mauvaise, selon son comportement dans votre rêve) de pourvoir à la sécurité, voire à la richesse de votre « clan », autrement dit, de votre famille.

INTERPRÉTATIONS DIVINATOIRES

1 Vous aurez affaire à une personne au caractère fier, fort et indomptable, mais non dénuée de courage, de volonté et d'une certaine noblesse de cœur.

2 Vous tirerez à votre seul profit tous les avantages possibles d'une affaire ou d'une situation, autrement dit, vous « vous taillerez la part du lion ».

3 Si le lion vous agresse ou si vous le combattez, vous aurez affaire à un ennemi puissant dont vous ne devrez pas sous-estimer la volonté de vaincre.

4 Vous serez victime d'une maladie virale, d'une forte fièvre ou d'un incendie.

5 Si le lion se montre pacifique, vous vous ferez un ami d'un personnage puissant et craint de ses pairs.

6 S'il s'agit d'une lionne, vous aurez affaire à une femme pourvue d'une belle force de caractère. Mais prenez garde qu'elle ne dissimule sous son aspect félin très séduisant de redoutables coups de griffes dont vous pourriez être victime.

7 Si la lionne vous apparaît sous un jour pacifique, une femme à la puissante personnalité vous protégera ou vous soutiendra.

8 En revanche, si elle vous agresse ou si vous la combattez, une femme cherchera probablement à vous nuire. Ou bien votre vie conjugale sera perturbée par des querelles ou vous divorcerez. Ou encore vous serez victime d'un petit accident dû à votre maladresse ou à votre impatience.

EXEMPLE D'INTERPRÉTATION

Le lion et la lionne

Une femme rêvant d'un lion peut très bien voir surgir sous cette forme animale la composante masculine et instinctive de sa personnalité, tandis qu'un homme rêvant d'une lionne chasseresse se trouve en présence de la composante féminine et instinctive de sa psyché. Femme ou homme, si le lion ou la lionne de votre rêve vous poursuit, vous attaque, vous griffe ou vous mord, ou si vous vous battez avec lui ou avec elle, le caractère indompté et dangereux de cette composante de votre personnalité dont, semble-t-il et dans ce cas, vous n'êtes pas conscient, ou que vous connaissez mal, vous apparaît. Dès lors, un tel rêve vous avertit que vous êtes ou pourriez bien être en proie à des sentiments impérieux, violents, destructeurs, voire autodestructeurs.

La chasse aux lions est ouverte

Parmi d'autres espèces, trop nombreuses, qui chaque année disparaissent à tout jamais de la surface du globe, le lion devient lui aussi une espèce en voie d'extinction. Après avoir été impunément chassés, dépecés, pour leurs crinières notamment, et exhibés tels des trophées par les colons et les accrocs aux safaris d'Afrique, les lions subissent désormais l'activité des braconniers à la solde de laboratoires du continent asiatique qui déciment les lions d'Afrique du Sud afin d'exploiter certaines substances aux propriétés toniques et aphrodisiaques décelées dans les os de ces félins, et censées agir sur la régénération des cellules et sur la longévité de l'homme. Au plan symbolique et psychologique, de tels faits hélas trop fréquents aujourd'hui soulignent le peu de cas que nous faisons de nos instincts, dont nous risquons de devenir d'autant plus victimes que nous cherchons à les détruire. Si vous rêvez que vous participez à un safari ou à une chasse au(x) lion(s), interrogez-vous à ce sujet. Il est aussi dangereux de traquer, de chasser ou de chercher à tuer ses instincts que de se couper de toute relation avec eux ou de nier leur existence.

Le lion et son harem

Lorsqu'un lion apparaît dans l'un de nos rêves, le fait que, dans la nature, ce superbe félin vive en clan fermé, généralement constitué d'un mâle et de plusieurs femelles, ne doit pas être ignoré. Il arrive en effet qu'il nous mette en présence de nos instincts primaires, plus complexes qu'on ne le croit ; ceux-ci nous ont inspiré ces sociétés patriarcales et/ou matriarcales qui se sont toujours côtoyées, parfois confondues, ou opposées farouchement depuis des millénaires. Bien que nous nous en défendions, ou que nous reléguions de tels « faits de société ou de civilisation » à un passé depuis longtemps révolu, ils demeurent des résidus de ces anciennes coutumes dans nos mœurs actuelles. Certes, nous les dénonçons ou réprouvons aujourd'hui, mais elles n'en subsistent et n'en resurgissent pas moins dans nos rêves notamment, mais aussi dans certains actes que nous commettons inconsciemment, ou encore dans des penchants auxquels nous inclinons sans même nous en rendre compte, et ce, quel que soit notre sexe.

Le territoire et le clan

De même, le lion de nos rêves insiste parfois sur l'importance que nous accordons à notre « territoire », qu'il s'agisse de notre région, de notre pays ou de notre patrie, et de toute la culture qui en découle ; sur l'importance que nous accordons aussi à notre propre « clan », à savoir notre famille, celle que nous avons constituée et celle dont nous sommes issus.

MYTHES & SYMBOLES

Sous le signe de la lionne

En Égypte antique, la lionne fut identifiée à Sekhmèt, dont le nom signifie « la Puissante », ayant en son sein toute la vigueur tantôt vivifiante, tantôt destructrice du Soleil, et surnommée comme telle la « Déesse Dangereuse ». Mais c'est surtout dans la Grèce antique que va apparaître celle que les Grecs vénéraient comme la mère de tous les dieux, la grande déesse mère, Cybèle, figurée sous les traits d'une lionne, ou ayant un corps de femme et une tête de lionne, chevauchant un lion, ou encore conduisant un char tiré par des lions, la tête auréolée de rayons solaires. À Cybèle, que l'on surnommait « Celle aux Cheveux » ou « Celle à la Hache », se rattachent le sang du sacrifice et le culte de l'extase. Bien avant que la *Qâbah* ne repose à La Mecque et ne devienne le lieu de pèlerinage de tous les musulmans, Cybèle était symbolisée et honorée par les Romains sous l'aspect d'une « pierre noire » que le Sénat de Rome fit installer dans un temple sur le Palatin en 204 avant Jésus-Christ. Cette dernière figurait le lieu où la vie naît et meurt pour renaître. Vie, mort, renaissance, tels furent les trois grands principes de Cybèle, la déesse lionne. Avant qu'au IVe siècle de notre ère ne soit instituée la fête de Noël, qui à l'origine coïncidait avec le jour du solstice d'hiver et la « renaissance » du Soleil, le 21 décembre, c'était encore Cybèle que l'on fêtait, lors des fameuses saturnales, ces fêtes orgiaques au cours desquelles les instincts et les sens des hommes et des femmes étaient en droit de se débrider.

La bibliothèque des rêves

Un rêve de lion

Ce rêve m'a été confié récemment par un homme âgé d'un peu plus de 45 ans, que je prénommerai Antoine, et qui se trouvait aux prises avec de graves difficultés dans la période où il a fait ce rêve, lequel lui a causé une forte impression. En effet, d'emblée, il convient de souligner qu'Antoine, ordinairement, n'est pas très attentif à ses rêves. Il prétend même volontiers qu'il rêve peu. En réalité, il rêve au moins cinq ou six fois durant son sommeil, comme chacun de nous; mais il est de ces êtres enclins à occulter les souvenirs de leurs rêves, en raison d'une focalisation excessive de leur conscience sur les réalités matérielles et concrètes de ce monde.

1. Le récit
du rêve d'Antoine

« Dans mon rêve, je vis à la campagne. Je me promène sur le terrain assez grand attenant à ma maison, située dans une région vallonnée, entourée de champs. Ce terrain, qui ressemble à un immense jardin composé de prairies, est en pente. Ma maison se trouve au sommet de ce qui ressemble à une colline. Je marche tranquillement tout en bas de ce terrain. Soudain, je m'aperçois que ce pré est envahi par des fauves dont je suppose qu'ils se sont échappés d'un zoo. Parmi eux, il y a un superbe lion qui semble être le chef. Craignant pour ma vie, je remonte vers ma maison sans me presser, pour ne pas me faire remarquer par les fauves ni affoler le lion surtout. Et au fur et à mesure que je remonte la pente, j'installe des barrières, créant ainsi une série d'obstacles pour contenir le lion et les autres fauves en contrebas de ma maison. Ces multiples barrières divisent mon terrain en plusieurs parcelles disposées en quinconce, constituant ensemble une espèce de grand jardin en espalier. Finalement, je franchis sain et sauf le seuil de la maison et, une fois à l'intérieur, je ramasse une belle bûche que je jette dans la cheminée où brûle un beau feu. »

2. Le résumé
du rêve d'Antoine

« Je vis à la campagne, dans une maison située au sommet d'un terrain en pente (une colline, peut-être). En bas du terrain, tandis que je me promène, je découvre des fauves en liberté, ayant un lion à leur tête, probablement échappés d'un zoo. Craignant pour ma vie, je remonte vers ma maison en prenant soin de dresser des barrières pour éviter que les fauves et le lion me rattrapent et m'agressent. Ce faisant, je crée un jardin en quinconce et en espalier. Puis je rentre chez moi, et je mets une bûche dans le feu de cheminée. »

3. Les symboles présents dans le rêve d'Antoine

1 La maison

2 Le terrain en pente

3 Les fauves, dont un lion (échappés d'un zoo)

4 Les barrières et le terrain ou jardin transformé

5 La bûche dans le feu de cheminée

4. L'interprétation des cinq symboles présents dans le rêve d'Antoine

Symbole 1 ☛ la maison

Bien qu'il ne s'agisse pas réellement de sa maison, celle qui apparaît dans son rêve est bien la maison d'Antoine. Cependant, il ne se trouve pas à l'intérieur, mais il se promène à l'extérieur de sa maison, dans la partie du terrain la plus éloignée d'elle. Cette indication nous révèle qu'il est sinon « hors de lui » (la maison symbolisant fréquemment la vie intérieure), du moins dans une phase où il s'extériorise plus qu'il ne s'intériorise. De même, ses préoccupations sont probablement plus d'ordre matériel que spirituel.

Symbole 2 ☛ le terrain en pente

Ce terrain en pente et le fait que dans son rêve Antoine se promène tout en bas dudit terrain sont des indications qui peuvent le conforter dans le fait qu'il s'est éloigné de lui-même. De plus, il peut aussi observer qu'il a probablement descendu ou dévalé la pente, voire qu'il a peut-être glissé « sur la mauvaise pente », selon l'expression populaire. Quoi qu'il en soit, si l'on en croit son rêve, désormais, il se trouve au niveau le plus bas. Mais apparemment, au lieu de songer à remonter et à revenir sur ses pas pour rejoindre sa maison, il se promène.

Symbole 3 ☛ les fauves et le lion

Les fauves, et le lion surgissant de nulle part semble-t-il, le surprennent et le terrifient. Nous pouvons dès lors l'inviter à observer que, tandis qu'il se promène, insouciant, au niveau le plus bas du terrain de sa maison (et par analogie, de sa conscience extériorisée ou tournée vers le monde extérieur), c'est bien l'apparition subite de ces fauves avec un lion à leur tête qui le contraint à prendre conscience qu'il est en danger, le poussant à « remonter la pente ». Qui plus est, du fait qu'il suppose que ces fauves se sont probablement échappés d'un zoo, cette situation le confronte à un danger auquel il ne s'attendait pas du tout. En effet, selon lui, et en toute logique, ces fauves devraient être en cage ou, mieux encore, dans la savane ou la jungle, mais sûrement pas en liberté en pleine campagne.

• Symbole 3bis : le lion

Dans l'interprétation de son rêve, que nous avons réalisée ensemble, Antoine et moi, si nous avons choisi le lion comme symbole central dudit rêve, c'est bien parce qu'aux plans psychologique et divinatoire il figure précisément l'irruption soudaine et dangereuse d'un lion et de son clan (Antoine fait allusion à des fauves guidés par un lion, sans préciser s'il s'agit de lionnes et de leurs petits ; cependant, il exprime clairement qu'il perçoit les fauves de son rêve, lions ou pas, comme très menaçants). Or, le lion ayant un sens aigu de son territoire, dont il s'empare ou qu'il défend bec et ongles, et de son clan, qu'il défend d'une manière tout aussi agressive, sa présence dans le rêve d'Antoine informe ce dernier, en effet, qu'une composante de sa personnalité présentant de telles caractéristiques est mal, voire pas du tout, intégrée en lui. Ceci est d'autant plus vrai que ce lion surgit loin de sa maison, tout en bas du fameux terrain en pente. C'est d'ailleurs aussi ce fait qui, comme vous allez le voir, nous a permis de déceler une interprétation divinatoire s'ajoutant à l'interprétation psychologique du rêve d'Antoine.

Symbole 4 ☛ les barrières et le terrain ou jardin transformé

Dans son rêve, malgré sa peur tout à fait justifiée (dans la réalité, s'il devait être agressé par un lion et plusieurs fauves l'accompagnant, il n'aurait aucune chance de survivre), Antoine fait preuve de beaucoup de sang-froid ; il se montre même astucieux. En effet, il ne se contente pas de fuir avec la plus grande discrétion, il prend le temps de dresser de multiples barrières entre les fauves en liberté, qui ont envahi son terrain, et lui. Et il y réussit. Ce qui, convenez-en, relève de l'exploit héroïque ! Mais notre attention fut aussi retenue par le fait que, ce faisant, il transforme l'aspect de son terrain ou jardin. Avant l'incursion des fauves, il n'était divisé par aucune barrière. Mais pour se protéger du lion et des fauves, dressant de multiples barrières à l'intérieur, il recompose son terrain, qu'il morcelle et qui présente désormais l'aspect d'un terrain en quinconce et en espalier. C'est du moins ainsi qu'il le décrit. Ici, les barrières sont donc protectrices. En les installant au fur et à mesure qu'il fuit le danger, ou qu'il fait retraite pour rejoindre sa maison, Antoine ne se contente pas de dresser de multiples obstacles entre les fauves et lui, il transforme aussi son environnement (son terrain ou jardin).

Symbole 5 ☛ la bûche et le feu de cheminée

Finalement, il rejoint sa maison, dont il franchit le seuil sans difficulté, et à peine à l'intérieur, il s'empare d'une bûche qu'il jette dans le feu de cheminée qui, apparemment, continuait de brûler en son absence. Et pour le coup, c'est bien avec son « feu intérieur » (symbolisé par le feu de cheminée) qu'il renoue, feu qu'il alimente en jetant la bûche.

5. La situation d'Antoine

Antoine est compositeur de musique. Comme tel, ses revenus connaissent fréquemment des hauts et des bas. Cependant, depuis plus de dix ans, il avait signé un contrat avec une grande compagnie qui lui assurait un revenu constant, en plus des royautés qu'il générait par ses compositions musicales. Au cours de ces années, il avait fait l'acquisition d'une maison avec un beau morceau de terrain, dans le Sud-Ouest de la France. Cependant, pour ce faire, il avait contracté un emprunt bancaire, et une hypothèque pesait sur son bien foncier. Mais il advint qu'il perdit son contrat avec cette grande compagnie phonographique du jour au lendemain, étant ainsi et simultanément lésé de son revenu constant. À cette perte, se sont ajoutées deux années de résultats très médiocres de ses productions. Du fait qu'il n'était plus en mesure d'honorer ses échéances bancaires, une procédure de mise en adjudication de son bien fut enclenchée par la banque. Pourtant, il convient de préciser que, malgré la gravité de sa situation (cette maison et son terrain constituaient ses seuls biens, et il ne bénéficiait d'aucune réserve financière par ailleurs), Antoine conservait un « bon moral ». Au point que ceux qui n'avaient pas été tenus informés de ses difficultés n'auraient jamais pu imaginer qu'il avait de tels problèmes.

6. L'interprétation du rêve d'Antoine

Nous disposons de tous les ingrédients pour comprendre la signification du rêve d'Antoine. En raison d'un certain nombre de facteurs indépendants de sa volonté et d'une certaine défaillance morale, Antoine s'est découragé et éloigné de ce qui constitue les fondements (sa maison) de son caractère : ses croyances, convictions et motivations, sa confiance en soi, tout ce feu (le feu de cheminée) qui brûle en lui habituellement et qu'il sait alimenter en étant créatif et inventif. Certes, vu de l'extérieur, il donne le change, ne semblant pas affecté par sa situation pourtant inconfortable et dangereuse. Il a ainsi glissé « sur la mauvaise pente » (le terrain en pente), sans même s'en rendre compte, négligeant de se protéger, et probablement inconscient du danger qu'il courait à se laisser aller ainsi. Seul un choc psychologique pourrait le sortir de sa torpeur. Celui-ci intervient dans son rêve sous la forme de l'irruption du lion et des fauves dans son terrain, symbolisant le champ de sa conscience. Dans son rêve, il prend conscience du danger que représentent ces animaux sauvages, échappés probablement d'un zoo. Il opte donc pour un repli stratégique, si l'on peut dire, symbolisé quant à lui par les barrières qu'il dresse en retournant sur ses pas. Ce faisant, il transforme son terrain, autrement dit, son champ de conscience et son jardin intérieur. Il réalise qu'il doit recouvrer ses croyances et ses motivations et qu'il peut même exploiter ce qui n'est peut-être et en finalité qu'une « embûche » dans son existence – ou, si vous préférez, ces problèmes de trésorerie et toutes les difficultés qu'ils ont engendrées et auxquelles il ne faisait plus face – pour revivifier son feu intérieur (la bûche dans le feu).

7. Le double message contenu dans le rêve d'Antoine

D'un point de vue psychologique, ce rêve l'invite à transformer son champ de conscience, à agir par étapes (les espaliers) en dressant des barrières morales protectrices qui changeront sa vision des choses et qui lui permettront d'exploiter isolément toutes ses qualités (le terrain qu'il a morcelé est désormais constitué de divers éléments), plutôt que d'affronter ces problèmes en faisant bloc. En effet, si, dans l'absolu, il n'est pas bon de dresser des barrières entre soi et le monde extérieur et les autres, en certaines circonstances, il arrive qu'il soit salutaire d'agir de la sorte. De même, s'il n'est pas bon de diviser, nous savons tous que, parfois, cela aide à mieux régner ; en l'occurrence, c'est ainsi qu'Antoine peut de nouveau régner sur lui-même, rentrer chez lui et poursuivre son œuvre créatrice (la bûche dans le feu de cheminée).

Sous l'angle d'une interprétation divinatoire, ce rêve indique à Antoine que, face à un lion suivi d'un groupe de fauves (figurant ici l'autorité, le pouvoir, la force du droit contre lesquels, seul, il ne pourrait pas faire grand-chose), il doit se comporter tel un lion, autrement dit, être courageux et héroïque, quitte à opter pour un repli stratégique : faire retraite, mais en dressant des barrières ou des « embûches » sur la route de ses poursuivants, c'est-à-dire de ses créanciers qui, lorsqu'ils ne sont plus cantonnés dans le « zoo » des conventions contractuelles, peuvent donner libre cours à leur « sauvagerie » (tout ceci illustrant les symboles et métaphores du rêve d'Antoine). Ce faisant, il pourra recouvrer ses marques, « reprendre du poil de la bête » (le lion qui est aussi en lui) et s'armer pour faire face le moment venu. Car il a encore du bois à brûler (la bûche dans le feu de cheminée), c'est-à-dire des ressources pour agir.

En résumé…

Pour résumer ce double message psychologique et divinatoire, nous pouvions presque « prédire » à Antoine que s'il voulait bien changer d'attitude psychologique et transformer son champ de conscience, alors il réussirait probablement à se sortir de cette situation difficile, notamment en morcelant ses possessions.

Quelques précisions supplémentaires concernant l'évolution de la situation d'Antoine après son rêve

Et c'est effectivement ce qui s'est produit : ce rêve fut pour lui un vrai choc psychologique, comme l'avait été antérieurement ces graves difficultés auxquelles il avait dû faire face du jour au lendemain, sans y être préparé.

Après avoir compris la signification de son rêve, il a changé d'attitude : plutôt que de s'en remettre à ses conseils sans prendre quelque initiative que ce soit de son côté, il a eu l'idée de « morceler » ses biens, c'est-à-dire, concrètement, de vendre une partie de son terrain et une vieille bâtisse qui s'y trouvait. Qui plus est, ayant entrepris une nouvelle création, il a généré de nouveaux revenus.

Il a pu ainsi freiner ses créanciers qui le poursuivaient, et il a finalement trouvé des compromis avec eux pour rétablir sa situation. Un changement d'attitude conseillé par un rêve engendre parfois des changements concrets surprenants. Ce fait n'est pas systématique, mais peut se produire, tant il est vrai que la réalité concrète et matérielle s'inscrit dans le prolongement et la continuité de notre univers psychique.

L'instinct de vengeance

Dans la nature, il existe un instinct de vengeance se manifestant exclusivement lorsqu'une transgression à l'ordre « naturel » a été commise ou s'est produite. Pour comprendre comment ce pur instinct de vengeance agit à notre insu, du fait que nous sommes enclins tantôt à le rabaisser, tantôt à le sublimer au niveau d'une justice immanente, faute de savoir l'accepter et l'intégrer dans nos codes de lois, parce qu'il est « plus fort que nous », nous devons essayer de faire abstraction des principes sur lesquels, de nos jours, reposent nos systèmes judiciaires.

Justice et médecine

En effet, ces systèmes judiciaires ne font que sanctionner et condamner en appliquant des lois, les mêmes pour tous, édictées selon des critères moraux, économiques et sécuritaires ne tenant jamais compte ni de l'individu, ni de son environnement immédiat, ni du contexte et des circonstances dans lesquels il a commis telle ou telle faute ou s'est mis « hors la loi ». À plus d'un titre, le fonctionnement de notre système judiciaire ressemble à notre conception de la santé et de la maladie, et à notre façon de pratiquer la médecine. Là aussi, nos médecins traitent le même symptôme, le même dysfonctionnement, la même maladie, non selon l'individu, mais selon des critères préétablis, en quelque sorte une grille de lecture de nos maux, recommandant tel ou tel traitement, le même pour tous.

Au suivant !

Sous prétexte qu'elle est submergée par le nombre incalculable, ne cessant de croître, de personnes malades, la médecine moderne, pour être efficace, doit obtenir des résultats aussi rapides que spectaculaires. Pour ce faire, elle a recours à la riche et complexe panoplie des médicaments biochimiques, dont pas un n'exclut de plus ou moins graves effets secondaires à court ou à long terme, mais qui présentent l'avantage, sinon de guérir, du moins de soigner le malade ou, plus exactement, de lui prescrire rapidement le traitement adéquat, afin de pouvoir s'occuper tout aussi rapidement du patient suivant. Le système judiciaire, submergé « d'affaires », ne procède pas autrement. Mais de même qu'il ne devrait pas y avoir de médecine pour tous, chaque patient étant unique en son genre, une même loi, aussi « juste » et nécessaire puisse-t-elle nous paraître, ne devrait pas s'appliquer à tous les individus sans distinction.

La machine humaine et judiciaire

Depuis la Renaissance, puis Descartes et ses émules, dont l'esprit rationaliste a dénaturé toute la pensée de l'Occident, l'être humain étant perçu comme une machine, ce sont bien les engrenages de la mécanique humaine que traitent les médecins. Nous ne nous percevons plus comme un tout ni comme un microcosme à l'image du macrocosme dont nous faisons partie, mais comme un cerveau, un cœur, un foie, un estomac ou tout autre organe, en particulier lorsqu'il présente des défaillances ou de graves dysfonctionnements. Qu'elle soit généraliste ou spécialisée, la médecine se réfère à des lois générales; elle est devenue machinale et systématique. Là encore, il en va de même de la justice, dont le fonctionnement s'apparente lui aussi à celui d'une machine pourvue de rouages s'ébranlant toujours selon les mêmes critères et dans le même but: faire régner la loi et l'ordre! Mais la loi et l'ordre en question reposant sur la nécessité de sauvegarder une certaine normalité en punissant et châtiant sans aucune compassion ni compréhension au cas par cas, toute singularité en est évidemment exclue. Ni la machine médicale ni la machine judiciaire ne tiennent compte des origines de la maladie ou des causes de la faute commise; dans le pire des cas, elles se contentent de donner un coup de scalpel ou de condamner, l'une et l'autre intervention étant d'ordre chirurgical, réalisée en ignorant les racines du mal.

Coupable ou responsable?

Néanmoins, notre conception actuelle de la justice et celle de la santé divergent sur un point crucial. Lorsque nous avons affaire à la justice, nous sommes victimes, accusés ou jugés coupables, y compris si nous finissons par être lésés ou innocentés, ou si, grâce aux jeux subtils, parfois ambigus des avocats, nous réussissons à tirer notre épingle du jeu judiciaire. Dans de tels cas de figure, en effet, il ne suffit pas d'avoir la loi de son côté pour sortir vainqueur ou indemne d'un procès. Mais quoi qu'il en soit, que nous nous croyions victimes ou que nous

nous retrouvions au banc des accusés, lorsque nous avons affaire à la justice, notre responsabilité est toujours mise en cause. Tandis que face à la maladie, nous sommes plutôt traités en irresponsables, jusqu'à être « pris en charge » par un système de santé qui nous rend passifs, voire ignorants.

L'ordre naturel

L'instinct de vengeance, quant à lui, ne se préoccupe d'aucune normalité, encore moins de morale. Cependant, force nous est de constater qu'il répond aux lois de la nature ou à un ordre naturel dont nous nous sommes si éloignés que, désormais, nous sommes bien peu aptes à en comprendre les règles et principes ; d'autant plus que ces derniers font intervenir un processus quasi immuable de transformation et d'adaptation à la réalité ou vérité du moment, cette dernière n'ayant rien de commun avec la vérité que nos esprits logiques et rationnels conçoivent et posent en modèle unique et immuable. Et bien que nous soyons enclins à dominer, maîtriser et contrôler la nature à des fins utilitaires et cupides et, ce faisant, à exercer la même emprise tyrannique sur notre propre nature humaine, l'ordre naturel dont nous faisons partie finit toujours par nous rattraper, nous submerger, nous faire perdre tous nos moyens, bref, par nous rappeler à l'ordre !

L'équilibre naturel

Ainsi, lorsqu'une loi naturelle est transgressée, lorsqu'un abus ou un excès est commis, lorsqu'une force naturelle domine au détriment d'une ou des autres, menaçant de rompre un certain équilibre, lorsque certaines espèces végétales, animales, voire des communautés humaines, adoptent un comportement erroné ou démesuré, quelque chose semble se rétablir « naturellement », parfois douloureusement, au risque d'inciter lesdites espèces ou communautés à s'autodétruire, parfois même à disparaître. À l'échelon de la personne humaine, cet instinct de vengeance (que nous pourrions tout aussi bien envisager sous l'angle d'un instinct d'autopunition) intervient à chaque fois qu'un individu, quel qu'il soit, adopte une fausse attitude ou commet de graves erreurs de comportement vis-à-vis de lui-même.

Deux manifestations naturelles de l'instinct de vengeance

1. Par exemple, un homme présentant une faiblesse hépatique congénitale et s'adonnant à ce qu'il est convenu d'appeler un alcoolisme de salon sera tôt ou tard victime de graves dysfonctionnements et d'affections du foie, voire d'une cirrhose.

2. Autre exemple mettant en scène un grand nombre de nos contemporains : trop de temps passé dans la position assise sur une chaise devant son bureau et son ordinateur, puis sur le siège de son automobile, puis à la table de ses repas engendre tôt ou tard des déplacements et des tassements des vertèbres, et ce fameux mal de dos dont on disait familièrement au xxe siècle qu'il était « le mal du siècle », mais qui promet d'être aussi celui du xxie siècle. Nous sommes là en présence d'une espèce de justice inconsciente et d'instinct de vengeance de la nature qui, tout compte fait, supporte bien moins le vide que le chaos.

Ce qui est juste

D'où nous pouvons conclure que l'instinct de vengeance est un phénomène présidant, lorsque cela s'avère nécessaire, au rééquilibrage des forces naturelles, certes inconscient, comme l'est le principe même de la matière, et suivant la loi de la causalité. Tout se passe comme si devaient s'accorder et se raccorder en permanence les forces intérieures naturelles de l'être humain aux forces extérieures naturelles de son milieu proche et lointain, de son environnement visible et invisible. Exclure cet instinct qui élit ce qui est juste (autrement dit, ce qui est en accord, en harmonie, en osmose avec ce qui existe et se produit à un moment précis et unique de l'univers) avec une évidence et une sûreté infaillibles rend la justice des hommes invalide. Dès lors, si un jugement rendu va à l'encontre de ce qui est juste, à l'instant où la sentence est rendue et exécutée, il se produit un chaos dans l'ordre naturel. Et toutes ces transgressions à l'instinct de vérité s'ajoutant dans la psyché inconsciente collective engendrent tôt ou tard des processus de compensation pouvant se révéler ravageurs ou destructeurs. Mais ignorants que nous sommes de tels processus, nous les attribuons à la fatalité.

La vengeance est un plat qui se mange froid

Lorsque l'instinct de vengeance agit, c'est toujours d'une manière naturelle et spontanée. Certes, ses manifestations peuvent se révéler brutales, violentes ou destructrices. Mais celles-ci ne sont que l'expression d'une nécessité, non pas de rétablir l'ordre, mais de créer une situation s'accordant à ce qui est juste. Dès lors, toute action de vengeance raisonnée et préparée méthodiquement, résultant fréquemment d'une haine nourrie par l'orgueil blessé, par un sentiment de frustration, de trahison, d'injustice, ou encore par un chagrin irrépressible dû à la perte d'un être cher dans des circonstances tragiques, perd son caractère juste et, pourrait-on dire, sacré. Une action envisagée sous cet angle et dans ces conditions révèle en effet que la personne investie par une telle volonté de vengeance est victime d'une idée fixe, voire d'un état pathologique. Elle est inconsciente du fait que ce n'est plus la nécessité de répondre à la vérité du moment qui l'anime, mais un mal-être profondément ancré en elle et qui la possède, dont les causes sont moins dans le préjudice qu'elle a subi que dans ses propres faiblesses et manquements ou son incapacité à gérer ou canaliser des sentiments et des émotions dont elle a été brusquement et irrémédiablement privée par la disparition d'un être cher par exemple. La vengeance n'est donc pas un plat qui se mange froid. Elle ne dépend pas d'un choix, d'une réflexion, d'une volonté lucide d'agir dans un esprit de vengeance. Elle résulte d'une transgression appelant un châtiment immédiat. Cependant, ce dernier n'est pas une fin en soi, ce n'est qu'un moyen préventif d'agir avant que l'équilibre naturel ne soit rompu et avant qu'il n'engendre des dégâts irréparables. L'exécution instantanée dudit châtiment opère telle une pulsion irrépressible, d'où la soif de justice. Il est vrai qu'il faut avoir connu la faim et la soif pour comprendre à quel point nous ne pouvons résister aux besoins pulsionnels et vitaux de manger et de boire.

La loi du talion

Le fameux « œil pour œil, dent pour dent » – ou loi du talion, édictée dans la Bible (Exode, XXI, 23-25) – ne peut en aucun cas s'appliquer à toutes les situations humaines semblant mettre en scène une injustice plus ou moins flagrante. Il est d'ailleurs bon de souligner qu'une des raisons, et pas des moindres, ayant poussé les sociétés à légiférer et à instituer un système judiciaire de plus en plus complexe, auquel nul ne peut (ou ne devrait pouvoir) échapper, repose sur le fait que les hommes et les femmes étant enclins à la colère et à la violence, et donc à nourrir systématiquement des sentiments de haine et de vengeance, il a paru nécessaire, sinon vital, aux dites sociétés d'ériger quasiment en dogme la Justice pour maintenir l'ordre. Ainsi, notre justice contemporaine fait écho à la fameuse et antique loi du talion énoncée dans la Bible en éliminant autant que faire se peut les excès et les violences résultant de l'instinct de vengeance, auquel nous serions, sans cela, en proie trop fréquemment, ce qui, convenons-en, engendrerait un chaos social et de graves préjudices.

Une approche spirituelle de l'instinct de vengeance

Toutefois, qu'il le veuille ou non, et malgré les abus et les excès qu'il persiste à commettre, l'être humain est condamné à évoluer et à élargir le champ de sa conscience s'il veut survivre. Bien que l'instinct de vengeance ait une raison d'être et qu'il puisse de ce fait se comprendre ou se justifier, il n'en demeure pas moins un instinct. Or, l'être humain est voué non pas à inhiber ses instincts comme c'est trop souvent le cas de nos jours, mais à les transcender, à les transformer en se transformant lui-même. C'est en d'autres termes ce qu'il faut entendre dans les exhortations de Matthieu : « Vous avez appris qu'il a été dit : Œil pour œil et dent pour dent. Et moi, je vous dis de ne pas résister au Mauvais. Mais quelqu'un te donne-t-il un coup sur la joue droite, tends-lui aussi l'autre. Et à qui veut te citer en justice et prendre ta tunique, laisse-lui aussi le manteau[17]. » Le « Mauvais » n'est pas le diable, mais le mal. Nous opposons systématiquement le bien au mal, le bon au mauvais, le vrai au faux, excluant une troisième voie : le possible ! La résistance au mal stimule et renforce le pouvoir qu'exerce ce dernier. Plutôt que de s'opposer systématiquement à lui, il est possible de lâcher prise, de se contenter de se défendre ou, plus exactement, de battre en retraite, non pour fuir devant le mal, mais pour lui rendre toute avancée ou agression de plus en plus difficile. Le mal ne peut en effet exercer son emprise sur le mal qu'en se nourrissant du bien. Mais une fois qu'il a réduit le bien à néant, il se néantise à son tour. Néanmoins, le mal ne meurt pas définitivement tant qu'il est enraciné dans notre conscience : tôt ou tard, il revient.

17. Matthieu, V, 38-40.

La troisième voie

Choisir une troisième voie implique de ne plus vivre dans ce conflit intérieur permanent entre le bien et le mal dont chacun de nous est plus ou moins consciemment victime à tout instant. Cette troisième voie de tous les possibles nous guide vers une conscience éthique. Carl A. Meyer écrit : « Pour acquérir une conscience éthique, il n'existe ni méthode ni raccourci. C'est un effort de toute une vie, individuel, solitaire, et qui exige de la patience, de l'amour et de l'humilité ; c'est une quête où la grâce, elle aussi, nous est nécessaire[18]. » Il s'agit en quelque sorte pour notre conscience d'atteindre à cet état de grâce qui rend vain tout affrontement entre le bien et le mal, le juste et l'injuste, d'où peut surgir une vérité plus haute : la vérité du moment qui ne se répète jamais et nous contraint à nous accorder et raccorder en permanence à l'ordre universel au centre duquel nous nous trouvons et qui se situe lui-même au centre de nous-mêmes.

L'union de la psyché inconsciente et de la vie consciente

À l'instar d'un conte de fées, une légende mythique met en scène des préoccupations d'ordre général et universel, enfouies dans la psyché inconsciente collective. Il s'agit en quelque sorte d'un rêve éveillé que nous pouvons tenter d'interpréter. L'histoire de Némésis, qui selon divers récits mythiques grecs, transformés, aménagés ou adaptés au fil du temps fut parfois assimilée ou identifiée à Léda, met en scène des symboles chargés de sens : l'oie, le cygne, l'œuf, entre autres.

• L'oie

Selon les Grecs, l'oie était une figure symbolique de l'hermaphrodite, l'être indifférencié, mais aussi une représentation de la « Mère Nature », générant et sauvegardant toute vie sur terre. D'autre part, la vigilance dont fait preuve l'oie qui se comporte tel un véritable chien de basse-cour, avertissant des intrusions ou dangers, nous invite à voir en elle un symbole de la conscience. D'où l'on peut déduire que, pour se dérober au regard et aux assiduités quasi obsessionnelles et impérieuses de Zeus, Némésis choisit de développer sa conscience.

18. Cité par Rollo May dans *Amour et Volonté*, Stock, Paris, 1971.

MYTHES & SYMBOLES

Némésis, la déesse grecque de la Vengeance

Les transgressions des hommes et des femmes vis-à-vis de l'ordre naturel ne datent pas d'hier. Tout laisse croire qu'elles résultent d'une composante inhérente à la nature humaine poussant cette dernière à la démesure. La déesse grecque Némésis incarnant la « vengeance divine », mais dont le nom signifie « celle qui attribue à chacun sa juste part ou ce qui lui revient de droit », en est une figure mythique exemplaire. Selon la légende la plus célèbre la mettant en scène, Némésis, fille de Nyx (la déesse de la Nuit et comme telle la sœur entre autres d'Hypnos, le dieu du Sommeil, d'Éris, la déesse de la Discorde, et de Géras, la déesse de la Vieillesse), est désirée, plus qu'aimée de Zeus. Comme à son habitude, le dieu des dieux de l'Olympe, dont l'appétit sexuel semble sans limites, la poursuit de ses assiduités. Nous dirions aujourd'hui qu'il la harcèle sexuellement. Pour se dérober au regard et à l'étreinte forcée du dieu, Némésis prend les formes d'animaux divers, jusqu'à adopter celle d'une oie. Cependant, Zeus ayant plus d'un tour de magie divine dans son sac, il se change à son tour en cygne, la séduit, et réussit à s'unir à elle. De ce que nous pouvons considérer comme un viol, l'oie Némésis pondit un œuf qu'elle abandonna ; des bergers le ramassèrent, le remirent à Léda et, une fois éclos, il donna naissance à Hélène, la future reine de Troie, à Castor et à Pollux, les Dioscures.

Néanmoins, bien que le dieu suprême de l'Olympe ait apparemment le mauvais rôle dans cette légende mythique, et bien que la conscience éclaire, elle ne peut rien si elle refuse d'être fécondée par les forces de la psyché inconsciente. Pire encore, en s'y refusant, elle aveugle ou s'aveugle elle-même. Il s'agit en effet d'une conscience dissociée. Ainsi, si l'on se souvient que Némésis est celle qui attribue à chacun sa juste part, en refusant de s'unir à Zeus, elle rend sa justice aveugle et elle n'est pas juste vis-à-vis d'elle-même. Elle transgresse l'ordre naturel et l'équilibre universel.

• Le cygne et l'œuf

Pour déjouer les ruses de Némésis, l'oie personnifiant la conscience, Zeus choisit donc de se transformer en cygne, symbole de sagesse immanente, de transcendance. Il peut dès lors s'unir à la déesse qui pond un œuf, symbole de totalité, de création, de naissance, de régénération, de renouveau. Et le fait que l'oie Némésis abandonne cet œuf contenant une vie future ne signifie pas qu'elle soit une mauvaise mère, mais qu'elle livre ou fait don au monde de son expérience. En effet, les trois enfants qui naissent de cet œuf symbolisent la femme accomplie (Hélène), la vie consciente (Castor) et la psyché inconsciente (Pollux) réunies fraternellement. Ainsi, lorsque notre vie consciente se laisse féconder par notre psyché inconsciente, ou lorsque la seconde s'unit à la première, l'instinct de vengeance n'a plus aucune raison d'être, puisque chacun reçoit la part qui lui est due. L'œuf étant aussi un symbole de la conscience ou d'une vie consciente totale, parfaite, accomplie, cette légende mythique grecque illustre le fait que nous devons toujours faire preuve de vigilance pour être justes, au risque d'être tôt ou tard la proie de forces psychiques inconscientes qui nous submergent jusqu'à ce que l'ordre naturel ou l'équilibre universel soit rétabli. Une conscience totale est nécessairement créatrice. De ce fait, elle se sacrifie volontiers pour créer et faire ce qui est juste car, dans l'ordre des choses, ce qui est juste est toujours neuf. Et toute création surgit du chaos ou d'un désordre (dans notre légende mythique, ce désordre est provoqué par les désirs amoureux du dieu contraignant la déesse à développer sa conscience) et engendre malgré elle une destruction (la coquille de l'œuf est nécessairement brisée pour donner naissance à Hélène, Castor et Pollux).

• Les attributs de Bhramâ

Enfin, il n'est pas impossible que les légendes mythiques grecques mettant en scène tantôt Némésis, tantôt Léda, soient d'inspiration indo-européenne. En effet, Bhramâ, figure du créateur de l'univers dans la mythologie védique et hindouiste, avait pour attributs l'oie et le cygne. Ce dernier étant une espèce de gardien de l'au-delà ou d'intermédiaire entre le monde visible et le monde invisible ou encore entre la conscience et les forces psychiques inconscientes, nous pouvons voir en lui l'envoyé desdites forces ignorées, le semeur des germes du désir et du désordre jouant un rôle perturbateur et créateur pour régénérer la conscience.

Vos rêves de vengeance

Tout rêve de vengeance vous confronte à des blessures d'amour-propre ou à des sentiments d'injustice dont, à tort ou à raison, vous vous croyez victime. Bien sûr, les situations ou circonstances de votre rêve doivent être prises en compte pour l'interpréter. Les moyens ou les armes dont vous usez pour vous venger devraient vous éclairer sur l'intensité du sentiment d'injustice que, dans votre vie consciente, vous éprouvez et que vous compensez par un rêve de vengeance. Plus vous êtes enclin à ressasser, à nourrir de longues rancœurs que vous ne réussissez pas à exprimer pour toutes sortes de raisons inhérentes à des réflexes comportementaux insurmontables, plus vos rêves de vengeance peuvent devenir récurrents et violents. Qu'il s'agisse de rancune, d'envie ou de jalousie, d'un complexe d'infériorité ou d'un complexe de supériorité plus ou moins inhibé ou que vous dissimulez aux autres, mais qui vous procure un constant sentiment d'injustice, dans tous les cas, si votre rêve de vengeance vous permet bien de compenser le mal-être ou les frustrations que vous ressentez, un tel rêve procède de votre manque d'objectivité ou de lucidité à l'égard de vous-même et d'autrui. Et si, effectivement, ce rêve se répète, y compris en adoptant des situations différentes, vous devriez vous demander quelle(s) transgression(s) vous êtes enclin à laisser autrui commettre à votre encontre. Par exemple, si vous avez une propension à la naïveté – ce qui, en soi, n'est pas une mauvaise chose, mais peut le devenir si un tel comportement devient systématique –, il est probable que vous vous laisserez abuser ou bien que, malgré vous, vous autoriserez certaines personnes à vous léser, escroquer, tromper ou trahir. Dès lors, plutôt que de réagir violemment dans la réalité (parce que vous en êtes incapable ou que vous ne pouvez vous y résoudre sans en subir de graves conséquences), vous rêvez de vengeance.

• Le héros vengeur

Le héros vengeur surgissant dans l'un de vos rêves souligne fréquemment votre incapacité à vous défendre ou à vous protéger vous-même dans votre vie consciente, en exploitant vos propres ressources ou qualités humaines. D'une certaine manière, vous vous en remettez à une espèce de justice immanente et inconsciente dont vous pensez qu'elle interviendra toujours pour rétablir l'ordre en vous. Ce héros vengeur de votre rêve incarne parfois une composante de votre personnalité, un complexe par exemple, qui veille sur vous dans votre psyché inconsciente. Bien qu'il ait une indéniable fonction thérapeutique, puisqu'un tel songe rétablit l'ordre en vous à un moment donné, l'apparition dudit héros vengeur dans un rêve, surtout si ce dernier se répète là encore, n'en délivre pas moins le message d'un danger que vous courez : celui d'une dissociation psychique dont vous pourriez bien être victime. En effet, un songe de cette nature révèle fréquemment une espèce de dédoublement de la personnalité ou un penchant à la duplicité dont, évidemment, vous n'êtes pas ou très peu conscient. Pour comprendre ce qui se passe en vous, si vous rêvez de l'un de ces héros vengeurs et qu'il présente toutes les caractéristiques d'un héros ou superhéros mythique ou de fiction, fixez votre attention sur lui. Son comportement et son histoire vous en diront long sur la composante de votre personnalité qui se manifeste à travers lui dans votre rêve et qui surgit pour compenser ou « rendre justice » à tel ou tel complexe que vous vivez mal, que vous refusez ou que vous n'êtes pas en mesure d'intégrer à votre conscience. Généralement, plus ce héros présente des qualités basiques, plus il est aisé pour vous de comprendre ce qu'il signifie, notamment en prenant connaissance des interprétations symboliques de ses attributs.

• Zorro, un archétype de l'instinct de vengeance

Par exemple, Zorro, surnommé « le Renard », qui intervient masqué et qui joue un double jeu pour rétablir l'ordre dans son pays natal, le pays de son père, peut s'envisager tel un archétype de celui qui s'est détourné de ses racines et de ses origines, certes pour de bonnes raisons, mais qui, ce faisant, a laissé son pays natal à l'abandon, lequel est devenu la proie d'une dictature, d'abus de pouvoir, de corruption et d'injustice. Nous sommes ici en présence d'un complexe parental en rapport avec la mère (le pays natal ou la mère patrie) d'une part, et le père d'autre part, tous deux s'étant montrés impuissants à résister à la corruption ou à la combattre. Le fait que Zorro soit surnommé « le Renard » et qu'il chevauche un cheval, Tornado, doué d'une certaine intelligence, révèle qu'il fait appel à ses propres instincts pour rendre justice. Son serviteur muet joue aussi un rôle symbolique important. Le renard figure la ruse ; le cheval, la puissance instinctive sauvage, mais, dans l'histoire de ce héros, domptée par l'intelligence; et le serviteur, la discrétion. Grâce à ces trois qualités (ruse, instinct et discrétion), Zorro réussira à vaincre la corruption qu'inconsciemment il a laissée s'installer dans son pays natal, chez lui ou en lui. Il pourra dès lors montrer son vrai visage et révéler (ou plus exactement recouvrer) sa véritable identité.

- **Les super-héros ou les nouveaux mythes de notre civilisation**

Le succès international que remportent les super-héros constituant les nouveaux héros mythiques auxquels certains d'entre nous, un peu partout dans le monde, s'identifient ou vouent une espèce de culte me semble très révélateur du désordre et du malaise psychologiques dans lesquels nos sociétés et nos modes de vie actuels nous plongent. Ce désordre et ce malaise résultent de profonds sentiments d'injustice. Nous éprouvons de tels sentiments un peu plus chaque jour en regardant le spectacle du monde que nous sommes impuissants à changer. Ils engendrent dès lors un désarroi, puis une soif de vengeance inconsciente et collective que nous compensons ou exorcisons pour le moment en nous contentant de plébisciter les incroyables légendes mythiques et cinématographiques des super-héros. Ainsi, tous ces films ou séries mettant en scène des super-héros constituent autant de rêves surgis de notre psyché inconsciente collective, c'est-à-dire de l'imagination de quelques-uns qui ne font que traduire ce qu'éprouvent ou ressentent, inconsciemment toujours, la plupart d'entre nous. Il s'agit là d'autant de manifestations, inconscientes elles aussi, de l'instinct de vengeance, dont nous devrions craindre qu'il adopte tôt ou tard des formes moins pacifiques, et bien sûr beaucoup moins lucratives pour les créateurs et producteurs de telles fictions, qui exploitent le désordre et le malaise psychologiques de la conscience collective. Lorsque cette dernière sortira de sa torpeur et se réveillera, l'instinct de vengeance auquel elle fera appel malgré elle ou inconsciemment risque en effet d'être d'une violence destructrice inégalée. Une telle perspective devrait nous inciter à réagir au plus tôt à titre préventif et à prendre conscience, individuellement et collectivement, des abus, des excès, des transgressions que nous commettons chaque jour vis-à-vis de l'ordre naturel et de l'équilibre universel et dont chacun de nous est plus ou moins conscient et se sent plus moins responsable.

HUMAN NATURE
REFLECTIVES
COM-PARATIVENESS
EVENTUALITY
LOCALITY
LANGUAGE

En guise de conclusion…

Votre univers onirique est unique en son genre

Dans un monde où nous sommes de plus en plus nombreux à vivre au même endroit au même moment, le risque est grand de nous identifier à la masse ou d'avoir l'impression que notre identité et notre individualité se diluent en elle. Cependant, en nous intéressant de plus près à notre univers onirique, nous pouvons très vite nous apercevoir que celui-ci est unique en son genre. Ainsi, en nous efforçant de découvrir le sens des messages contenus dans nos rêves, nous prenons peu à peu conscience du caractère unique et singulier de notre être, ce qui n'exclut pas les sentiments, pensées, idées, croyances, convictions ni les divers centres d'intérêt que nous avons en commun avec de nombreuses personnes proches ou que nous ne connaissons pas intimement.

Vos rêves ne concernent que vous

En plus de révéler ou de faire remonter jusqu'à votre conscience vos réelles préoccupations intimes, des informations essentielles sur les rouages complexes de votre personnalité, des avertissements relatifs aux erreurs ou transgressions que vous avez commises, que vous commettez ou commettrez probablement à l'égard de vous-même ou vis-à-vis d'autrui, les messages contenus dans vos rêves ne concernent que vous. Voilà pourquoi je vous encourage une fois encore à composer le « journal intime de vos rêves ».

Devenez l'interprète de vos rêves

Mon expérience d'interprète des rêves m'a appris que, pour qu'une personne puisse vraiment tirer avantage des informations que recèle l'un de ses rêves, il convient d'inviter ladite personne à s'en faire elle-même l'interprète, en l'aidant bien sûr, en la mettant sur la voie, en lui posant des questions, non en lui assénant des affirmations, des vérités toutes faites ou des lieux communs.

Il n'y a pas de panacée

Pour voyager dans votre univers intérieur – dont vous devez percevoir que le monde extérieur et tout ce qui gravite et existe autour de vous n'est probablement qu'une projection, un vaste champ où peut s'exprimer et grandir votre conscience –, vous devez vous armer de courage et de patience. Il n'existe pas de méthode idéale, véritable panacée universelle de l'interprétation des rêves ou de l'analyse psychologique favorisant la connaissance de soi et l'éveil de votre conscience. Certes, d'aucuns prétendent détenir la vérité à ce sujet, ou une quelconque recette miracle. Mais n'oubliez jamais que toute vérité énoncée ou affirmée à un moment contient en elle-même sa contradiction.

L'ombre d'un doute

D'où l'intérêt de l'interprétation que vous ferez vous-même de l'un de vos rêves. Et quand bien même votre interprétation ne serait pas parfaitement juste ni conforme à votre vérité du moment, ne vous en inquiétez pas outre mesure. De plus, ne laissez pas vos doutes à ce sujet entrouvrir une porte qui permettrait à une quelconque personne convaincue de connaître la vérité vous concernant de s'introduire dans votre conscience pour exercer une influence sur vous. Douter est bien plus enrichissant que de se cramponner à des certitudes qui ne nous appartiennent pas, nous entretenant dans l'illusion de croire que nous savons. En laissant planer l'ombre d'un doute, tôt ou tard, nous trouvons la lumière et l'obstacle intime qui projetait cette ombre.

CITATION

Tsing/ Le puits, quarante-huitième hexagramme du Yi King

« Quelle que soit la diversité que les dispositions de l'éducation font régner entre les hommes, la nature humaine dans son fond est la même chez tous. Et tout homme peut, au cours de sa formation, puiser à la fontaine intarissable de la nature divine qui est l'essence de l'homme. »

Yi King, le Livre des transformations, traduit par Richard Wilhelm et Étienne Perrot, Librairie de Médicis, Paris, 1973.

Chaque expérience humaine est unique

En réalité, de même que chaque individu, bien que créé dans un moule commun et selon des processus identiques, est unique, de même chaque expérience psychologique ou psychique et chaque univers onirique sont uniques en leur genre. Ils présentent parfois des points communs que l'individu en question partage avec d'autres êtres, mais ils ne peuvent en aucun cas se reproduire à l'infini selon des critères absolument identiques. Il n'existe pas deux expériences, deux itinéraires, deux vies humaines en tous points semblables. Pour le comprendre, toutefois, il faut voir au-delà des apparences auxquelles nous attachons bien trop d'importance de nos jours où l'image et la virtualité ont pris le pas sur l'expérience vécue.

Les schémas et les statistiques

Défiez-vous des schémas réducteurs auxquels il est si facile et confortable de s'identifier ou dans lesquels il est aisé de « caser » les êtres que nous fréquentons ou côtoyons, nous épargnant ainsi l'effort de les connaître, de les comprendre et de nouer avec chacun d'entre eux une relation qui n'est jamais anodine et toujours particulière. Défiez-vous également des statistiques, procédés mathématiques fort séduisants, mais influençant et conditionnant bien trop notre mentalité et nos mœurs contemporaines. N'oubliez jamais qu'elles ne sont fiables que pour un ensemble d'individus, jamais pour une personne isolée, et qu'en conséquence elles l'excluent. Ainsi, lorsque vous vous référez aux statistiques ou que vous en prenez connaissance, ne perdez pas de vue qu'elles véhiculent malgré elles la notion d'exclusion, puisque leurs résultats écartent toujours l'exception. À ce sujet, au plan symbolique et métaphorique, souvenons-nous de la fameuse brebis égarée de l'Évangile selon saint Luc (XV, 4-7), dont les calculs statistiques n'auraient jamais pu prévoir le comportement précisément imprévisible et singulier.

Un plus grand champ de conscience

En devenant de plus en plus attentif à vos rêves et à leur contenu, en faisant remonter au niveau de votre conscience les messages qu'ils vous transmettent, vous ne pourrez que constater que votre champ de conscience s'agrandit. Un tel élargissement engendre une ouverture au monde et à la vie. Vous vous surprendrez dès lors à être plus autocritique et critique, plus apte à relativiser les informations que vous recevez de vous-même et du monde extérieur et, ce faisant, cette ouverture d'esprit vous rendra de plus en plus généreux et bienveillant.

POINT IMPORTANT

Le puits

Proposer des interprétations générales, communes à tous les rêveurs, qu'elles relèvent de l'analyse, du langage des symboles ou de toute autre méthode miracle qui vous serait proposée, est une gageure. Néanmoins, l'universalité du langage des symboles, des mythes et des archétypes qu'utilisent nos rêves pour nous transmettre des messages sur nous-mêmes nous autorise à établir des correspondances à partir desquelles, par associations, recoupements et suivant notre intuition, nous pouvons réussir à interpréter nos rêves. Dans l'univers des rêves, les généralités n'existent pas. En revanche, il y a une espèce de puits de connaissances universelles, commun à tous les êtres et dans lequel chacun de nous peut puiser à satiété.

Bibliographie

AEPPLI, Ernest, *Les rêves et leur interprétation*, Payot, Paris, 1986.

ARTÉMIDORE, *La Clef des songes, Onirocritique*, Arléa, Paris, 1998.

BIEDERMANN, Hans, *Encyclopédie des symboles*, collection « La Pochotèque », Librairie générale française, Paris, 1996.

BLANC, Charles (LE) et MATHIEU, Rémi (dir.), *Philosophes taoïstes*, Gallimard, Paris, 2003.

CHEVALIER, Jean et GHEERBRANT, Alain, *Dictionnaire des symboles*, collection « Bouquins », Robert Laffont, Paris, 1986.

COLIN, Didier, *Dictionnaire des symboles, des mythes et des légendes*, Hachette Livre, Paris, 2000.

CORBIN, Henry, *L'imagination créatrice dans le soufisme d'Ibn'Arabi*, Flammarion, Paris, 1958.

DELTEIL, Joseph, *La cuisine paléolithique*, Arléa, Paris, 1998.

DESNOS, Robert, *Nouvelles Hébrides et autres textes, 1922-1930*, Gallimard, Paris, 1978.

Dröscher, Vitus B., *Le merveilleux dans le monde animal*, Robert Laffont, Paris, 1968.

Durrel, Lawrence, *Justine*, Buchet-Chastel, Corrêa, Paris, 1959.

Eliade, Mircea, *Le chamanisme et les techniques archaïques de l'extase*, Payot, Paris, 1968.

Evola, Julius, *La métaphysique du sexe*, Payot, Paris, 1976.

Fluchaire, Pierre, *La révolution du rêve*, Dangles, Saint-Jean-de-Braye, 1987.

Franz, Marie-Louise (von), *L'ombre et le mal dans les contes de fées*, La Fontaine de Pierre, Paris, 1980.

Franz, Marie-Louise (von), *La psychologie de la divination, Le hasard signifiant*, Poïesis, Paris, 1986.

Franz, Marie-Louise (von), « Quelques réflexions sur la synchronicité », dans Reeves, Hubert et coll., *La synchronicité, l'âme et la science*, Poïesis, 1985.

Franz, Marie-Louise (von), *Alchimie et Imagination active*, éditions Jacqueline Renard – La Fontaine de Pierre, Paris, 1989.

Franz, Marie-Louise (von), *Les modèles archétypiques dans les contes de fées*, La Fontaine de Pierre, Paris, 1999.

Franz, Marie-Louise (von), *La voie des rêves*, La Fontaine de Pierre, Avray, 2008.

Freud, Sigmund, *Sur le rêve*, Gallimard, Paris, 1988.

Fromm, Erich, *Le langage oublié*, Payot, Paris, 1975.

Harding, Esther, *Les mystères de la femme*, Payot, Paris, 1976.

Jung, Carl Gustav, *Basler Nachrichten*, 1er octobre 1939.

Jung, Carl Gustav, *L'homme à la découverte de son âme*, éditions du Mont-Blanc, Genève, 1962.

Jung, Carl Gustav, *Psychologie et Éducation*, Buchet-Chastel, Paris, 1963.

Jung, Carl Gustav, *Aspect du drame contemporain*, Buchet-Chastel, Paris, 1970.

Jung, Carl Gustav, *Les racines de la conscience*, Buchet-Chastel, Paris, 1971.

JUNG, Carl Gustav, *Métamorphoses de l'âme et ses symboles*, Librairie de l'Université, Georg & Cie SA, Genève, 1978.

LACARRIÈRE, Jacques, *Au cœur des mythologies*, Folio, Gallimard, Paris, 2002.

LEIBOVICI, Marcel, *Les songes et leur interprétation à Babylone*, éditions du Seuil, Paris, 1959.

LEROI-GOURHAN, André, *Dictionnaire de la préhistoire*, PUF, 1988.

LIE TSEU, *Le vrai classique du vide parfait*, traduit du chinois par Benedykt Grynpas, Gallimard-Unesco, Paris, 1961.

MAY, Rollo, *Amour et Volonté*, Stock, Paris, 1971.

OPPENHEIM, Leo, *The Interpretations of Dreams in the Ancient Near East*, The American Phisophical Society, Philadelphie, 1956.

REY, Alain, *Dictionnaire historique de la langue française*, Dictionnaires Le Robert, Paris, 1992.

RILKE, Reiner Maria, *Fragments des Lettres à un jeune poète, Poèmes et proses*, Seghers, Paris, 1964.

ROUGEMONT, Denis (DE), *L'Amour et l'Occident*, Librairie Plon, Paris, 1939.

SIMON, Gérard, *Kepler, astronome astrologue*, Gallimard, Paris, 1979.

SÎRÎN, Ibn, *Manuel d'oniromancie musulmane*, Alif Éditions, Lyon, 1992.

TCHOUANG TSEU, *Les chapitres intérieurs*, éditions du Cerf, Paris, 1995.

VARENNE, Jean-Michel et BIANU, Zeno, *L'esprit des jeux*, Albin Michel, 1990.

VIGNE, Jacques, *Éléments de psychologie spirituelle*, Albin Michel, Paris, 1993.

Yi King, le Livre des transformations, traduit du chinois par Richard Wilhelm et de l'allemand par Étienne Perrot, Librairie de Médicis, Paris, 1973.

Table des matières

CHAPITRE 4

Laissez parler vos rêves 209

La bibliothèque des rêves 309